Volleyball

Allgemeiner Hinweis:

Aus Gründen der besseren Lesbarkeit haben wir uns entschlossen, durchgängig die männliche (neutrale) Anredeform zu nutzen, die selbstverständlich die weibliche mit einschließt.

Das vorliegende Buch wurde sorgfältig erarbeitet. Dennoch erfolgen alle Angaben ohne Gewähr. Weder der Autor noch der Verlag können für eventuelle Nachteile oder Schäden, die aus den im Buch vorgestellten Informationen resultieren, Haftung übernehmen.

JIMMY CZIMEK

REGELN
TAKTIK
EVENTS

★★★

VOLLEYBALL

★ ★ ALLES, WAS MAN WISSEN MUSS ★ ★

MEYER & MEYER VERLAG

Volleyball – Alles was man wissen muss

Bibliografische Information der Deutschen Nationalbibliothek

Die Deutsche Nationalbibliothek verzeichnet diese Publikation in der Deutschen Nationalbibliografie; detaillierte bibliografische Details sind im Internet über <www.dnb.de> abrufbar.

Auckland, Beirut, Dubai, Hägendorf, Hongkong, Indianapolis, Kairo, Kapstadt, Manila, Maidenhead, Neu-Delhi, Singapur, Sydney, Teheran, Wien

Gesamtherstellung (Druck): Bookwire, Frankfurt, www.bookwire.de

MIX Papier | Fördert gute Waldnutzung FSC® C083411

Member of the World Sport Publishers' Association (WSPA)

ISBN 978-3-8403-7741-9

Hersteller im Sinne der GPSR:

Meyer & Meyer Fachverlag & Buchhandel GmbH

Von-Coels-Straße 390, 52080 Aachen

www.dersportverlag.de

E-Mail: kontakt@m-m-sports.com

INHALT

VORWORT VON GEORG GROZER JUNIOR

„Die perfekte Sportart!“

Volleyball ist aus meinem Leben nicht mehr wegzudenken. Als Kind habe ich zwar auch Basketball und Fußball ausprobiert, aber Volleyball bietet so viele Facetten, die ich bei anderen Mannschaftssportarten nicht gefunden habe, dass ich dabeigeblieben bin. Was ich damit meine? Es ist ein rasantes Spiel mit durchgängig Action – alle paar Sekunden fightet man wieder um den nächsten Punkt. Diese Sportart besitzt so viel Speed; als Spieler ist man permanent in Bewegung, hat viele Ballkontakte und ist durchgängig am Spielgeschehen beteiligt.

Man kann seine Emotionen zeigen und ist dennoch durch das Netz vom Gegner getrennt und hat somit auch keinen Körperkontakt mit diesem. Trotzdem entsteht eine Atmosphäre voller positiver Aggressivität, Hingabe und Leidenschaft, mit der man eine Halle voller Zuschauer fesseln kann. Und: Volleyball ist ein Mannschaftssport, bei dem der Zusammenhalt eine entscheidende Rolle spielt, denn ein Spieler alleine kann kein Spiel gewinnen. Das Wichtigste ist jedoch: Volleyball macht einfach Spaß! Und das von jung bis alt, egal ob in der Halle oder am Strand.

Ja, Volleyball hat mich meinen Traum leben lassen. Beim Volleyball konnte ich die Person sein, die ich sein wollte und meinen eigenen Charakter ausleben.

Dieses Buch soll auch Ihnen, liebe Leser, den Zutritt zu meiner Sportart ermöglichen. Ich würde mich freuen, wenn es Ihnen meine Lieblingssportart näherbringt und auch Sie das Volleyballfieber packt. Dazu hat Jimmy für Sie nicht nur ein Buch voller Wissen geschrieben, sondern lässt Sie mit zahlreichen Einblicken „aus erster Hand“ tiefer in die Sportart blicken.

Ich hoffe, wir sehen uns in der Zukunft bei einem packenden Spiel,

Ihr Georg Grozer junior

★ 1 ★

EINLEITUNG

In diesem Buch biete ich Ihnen einen Einblick in die faszinierende Welt des Volleyballs. Dabei ist es nicht von Bedeutung, ob Sie sich bereits in dieser Sportart auskennen oder gar Experte sind, sondern ich möchte Ihnen in dieser Lektüre die Sportart so einfach wie möglich erklären. Wenn Sie in Zukunft ein Spiel im Fernsehen oder – besser noch – live in der Halle sehen, so hoffe ich, dass Sie das Geschehen auf dem Feld mit etwas anderen Augen sehen werden und Ihnen viele Dinge verständlicher sind.

Zu Beginn möchte ich Ihnen die Entstehung und Verbreitung des Volleyballspiels näherbringen. Im Anschluss erkläre ich Ihnen das Spiel mit seinen wichtigsten Spielregeln und stelle Ihnen die einzelnen Akteure, die Spielpositionen auf und neben dem Spielfeld vor. Anschließend erhalten Sie einen Überblick über die wichtigsten Techniken und Taktiken der manchmal kompliziert wirkenden Sportart.

Da mittlerweile zu jedem Erstligaspiel Matchreports im Internet frei zugänglich sind, stelle ich Ihnen das Lesen eines solchen Bogens sowie des Spielberichtsbogens in seinen Grundzügen vor. Zusätzlich biete ich Ihnen einen Überblick über das auf den ersten Blick verwirrend wirkende Geflecht aus Liga und nationalen Verbänden und zeige Ihnen im Anschluss die zahlreichen nationalen und internationalen Vereins- und Nationalmannschafts-Wettbewerbe auf. Nach der Präsentation der besten deutschen Teams und erfolgreichsten Nationalmannschaften dürfen natürlich auch die erfolgreichsten Spielerinnen und Spieler aus dem In- und Ausland nicht fehlen.

Am Ende möchte ich Sie auf die Reise zu den mit Volleyball verwandten Sportarten Beach-Volleyball und Snow-Volleyball mitnehmen und das Volleyballspiel der Menschen mit Behinderung in Form von Sitz- und Standvolleyball thematisieren. Zum Abschluss habe ich Ihnen ein Volleyball-ABC mit den wichtigsten Fachbegriffen zum Nachschlagen erstellt, mit dessen Hilfe Sie Kommentatoren und Experten besser verstehen können.

Über das gesamte Buch hinweg sollen Sie Volleyball-Rekorde zum Staunen bringen. Darüber hinaus veranschaulichen zahlreiche von mir persönlich gesammelte Zitate von Volleyball-Persönlichkeiten die Themen und bringen Ihnen diese auf authentische Art und Weise näher. Vielen Dank an dieser Stelle für Eure Unterstützung!

Bedanken möchte ich mich zudem bei meinen Volleyball-Studierenden des großen Schwerpunktfachs Volleyball an der Deutschen Sporthochschule Köln: Mona Dexel, Sebastian Graw, Emma Kohlhoff, Christian Petermann, Miguel Reuss, Jördis Richter, Benedikt Rist, Joline Schmude, Linnea Schneider, Lene Stegelmann und Jakob Wächter sowie meinem Absolventen Patrik „Zimbo" Zimmermann, die mich tatkräftig bei der Vorarbeit und Recherche unterstützt haben.

Zuletzt ein großer Dank an einen Mann, der das Volleyballspiel in Deutschland in den vergangenen beiden Jahrzehnten geprägt hat wie kein anderer: Georg Grozer junior. Er hat sich sofort bereit erklärt, das Vorwort für dieses Buch zu schreiben. Georg, vielen lieben Dank dafür!

Auch wenn vielleicht nicht *Alles, was man über Volleyball wissen muss* in ein einziges Buch passt, so hoffe ich, dass ich Ihnen hier die wichtigsten und interessantesten Themen der Sportart Volleyball zusammengestellt habe. Ich wünsche Ihnen viel Spaß beim Lesen!

★ 2 ★

WIE ALLES ANFING ...

DIE GESCHICHTE DES VOLLEYBALLSPIELS

Ballspiele haben eine lange Tradition und der Ball ist das vermutlich älteste Sportgerät der Welt. Ob im Reich der Mitte, bei den Azteken oder den Mayas, Vorläufer von Ballsportspielen sind bis zu 4000 Jahre v. Chr. überliefert. Reine Hochballspiele, welche sich durch Schlagen des Balls, um ihn in der Luft zu halten, kennzeichnen, wurden zu Formen der Hin- und Rückschlagspiele weiterentwickelt. Das römische Trigon oder das aztekische Indiaka waren solche, bei welchen zwei Parteien versuchten, sich das Spielgerät so lange wie möglich hin und her zu spielen. Im Laufe der Jahrhunderte gab es immer wieder unterschiedliche Spielformen, welche sich jedoch nie längerfristig durchzusetzen schienen. Dies änderte sich Mitte bis Ende des 19. Jahrhunderts. In Europa entwickelten sich Sportarten wie Fußball, Handball oder Hockey. In Amerika entstanden American Football, Baseball und auch Basketball.

William G. Morgan war ein Sportlehrer eines YMCA-Instituts im US-amerikanischen Holyoke im Staat Massachusetts. Dieser suchte für ältere und körperlich beeinträchtigte Männer eine Alternative für das nur wenige Jahre zuvor in Springfield von James Naismith entwickelte Basketballspiel, da er die Ansicht vertrat, dass sich Basketball vornehmlich für Jüngere eignet. Er wollte ein Spiel mit wenig Körperkontakt, sodass er

Elemente von Tennis, Minton (eine Art Squash) und Handball in „Mintonette" einfließen ließ, die Schläger entfernte und das Netz anhob.

Diese Spielform stellte Morgan 1896 seinen Kollegen des YMCA Colleges in Holyoke vor, indem zehn Spieler (in einem fünf gegen fünf Spieler) einen Ball aus Kalbsleder so lange wie möglich über ein Netz hin und her spielten. Ein Lehrer merkte an, dass es doch eher „Volley Ball" heißen solle, da der Ball durchgängig in der Luft gehalten werde (im Englischen „volley"). Dies wurde von Morgan akzeptiert, sodass die Sportart Volleyball 1896 offiziell ins Leben gerufen wurde.

Die inoffiziell beschlossenen Regeln hatten 1896 noch wenig mit dem heutigen Regelwerk gemein, die Spielidee war jedoch geboren. Die Netzhöhe betrug beispielsweise 1,98 Meter, die Spielfeldgröße 7,62 x 15,24 Meter (25 x 50 feet) und die Spieleranzahl sowie Ballkontakte waren im Gegensatz zu heute unbegrenzt. Seit 1895 wurden zahlreiche Regeln angepasst, modifiziert und neu eingeführt. 1897 erfolgte eine erste Niederschrift der Regeln im Athletic Handbook, welche aber immer wieder grundlegend überarbeitet wurden.

Über die YMCA-Bewegung breitete sich das Spiel schnell aus. Deren Anhänger, insbesondere Studierende, brachten den Sport in die Welt. Bereits 1900 wurde „Volley Ball" in Kanada gespielt, 1906 gelangte das Spiel nach Kuba. Ein Studierender der Bewegung führte die Regeln 1908 erstmals in Tokyo in Japan vor, von wo aus die Sportart 1910 nach China und auf die Philippinen gelangte.

Durch den Ersten Weltkrieg brachten amerikanische Soldaten den Sport auch nach Afrika und Europa. Besonders in Osteuropa fand „Volley Ball" begeisterten Anklang, aber auch in Italien wurden die Leute von dem Spiel angesteckt, welches US-Luftstreitkräfte erstmals 1917 bei Ravenna vorführten.

Bis 1917 vergrößerte sich die Netzhöhe bis zu 2,43 Meter und die für einen Satzgewinn notwendigen Punkte wurden von 21 auf 15 reduziert. Zudem wurde festgelegt, dass zum Gewinn eines Matches ein Team zwei von drei Sätzen gewinnen muss. Seit 1920 besteht die Regel, dass ein Team maximal drei Kontakte haben darf, bevor der Ball das Netz überqueren muss.

Durch das immer höher werdende Netz mussten neue Lösungen gefunden werden, den Gegner unter Druck zu bringen, da der Ball bis dato als scharf gespielter Ball zum Gegner gespielt wurde. Auf den Philippinen wurde um 1920 der Angriffsschlag (Spike) entwickelt, wodurch, auch wenn es nicht in den Regeln stand, erste Blockversuche entstanden. Die höhere Bedeutung des Angriffsschlags für das Volleyballspiel gab dem Zuspiel einen höheren Stellenwert und es wurde zuehmend präzisiert.

Schon gewusst? Die erste Angriffstechnik im Volleyball wurde nach den Erfindern „Philippino-Bombe" benannt.

Durch das hohe Netz werden neue Absprungtechniken ausgearbeitet, Trefffläche beim Schlag war nicht mehr die Faust, sondern die Handinnenfläche, um eine höhere Präzision in die Schläge zu bringen. Der hinteren Reihe, das heißt der netzfernen Reihe, war es seit 1922 nicht mehr gestattet, am Netz anzugreifen.

Im Jahr 1923 wurde die Spieleranzahl auf sechs Spieler pro Seite (plus zwölf Ersatzspieler) festgelegt, die feste Rotation der Aufschlagreihenfolge eingeführt, eine Mittellinie unterhalb des Netzes zur Feldabgrenzung beschlossen und zwei aufeinanderfolgende Ballkontakte eines Spielers verboten. Zudem musste der Aufschlag an der hinteren Linie rechts ausgeführt werden.

Bei den Olympischen Spielen 1924 in Paris wurden neben anderen amerikanischen Sportarten auch Volleyball als Demonstrationssportart vorgestellt. Ein Jahr darauf entstand in den Niederlanden die Zählweise, dass man für einen Satzgewinn beim Stand von 14:14 zwei Punkte Vorsprung haben muss und nicht wie bisher, nur zwei aufeinanderfolgende Punkte zu einem Satzgewinn führen. 1930 wurde der Block offiziell ins Regelbuch aufgenommen und der Doppelblock 1938, nachdem die Tschechoslowakei diese Techniken bereits fest in ihr Spiel integriert hatten.

Ab dem Jahr 1935 wurden Kreuze auf das Parkett gezeichnet, um die Spielerpositionen zu bestimmen. Die Netzberührung wurde als Foul betrachtet und eine weitere, wichtige Regel betraf die Angreifer: Es war verboten, das Spielfeld zu verlassen, solange der Ball auf der Angreiferseite im Spiel war. Bis dahin war es üblich, dass der Angreifer während des Satzes von außerhalb anlief und dann mit einem Bein absprang.

Erste Organisationsstrukturen entstanden in vielen Ländern bereits in den 20er- und 30er-Jahren. Erste nationale Verbände gründeten sich, nationale Ligen und Meisterschaften wurden erstmals abgehalten. 1947 war es schließlich soweit: 14 nationale Verbände gründeten den Weltdachverband „Fédération Internationale de Volleyball", kurz FIVB (siehe Kapitel 8.5). Die Gründung brachte auch die Anpassung der offiziellen Regeln der einzelnen Kontinente und Regionen mit sich und führte zu einheitlichen Regelungen weltweit. Man einigte sich auf die festgeschriebene Feldgröße von 9 x 18 Metern und bei den Männern auf eine Netzhöhe von 2,43 Metern, bei den Frauen auf eine Höhe von 2,24 Metern. Ein Spiel war von nun an gewonnen, wenn ein Team drei Sätze für sich entschieden hat. Nur Asien behielt zunächst abweichende Regeln zum Dachverband. Das Feld war größer und man spielte beispielsweise statt einem sechs gegen sechs ein neun gegen neun in drei Dreierreihen.

Ägypten war ebenfalls im Jahr 1947 das erste arabische und afrikanische Land, das Volleyball-Aktivitäten entfaltete und einen nationalen Verband gründete.

Ein Jahr später fand die erste Europameisterschaft der Männer in Rom statt, welche von der Tschechoslowakei gewonnen wurde. Jetzt musste jeder Spieler während des Aufschlags auf „seiner Position" sein und Punkte, die durch einen falschen Aufschlagspieler erzielt worden waren, wurden annulliert. 1949 fanden die ersten Weltmeisterschaften der Männer in Prag statt, parallel dazu die erste Europameisterschaft der Frauen. Am Ende durften sich jeweils die Teams der UdSSR zum Sieger krönen. Bei der Premieren-WM der Männer spielte die UdSSR erstmals mit einem Läufersystem im Sinne des 1:5. Dies bedeutet, dass ein Spieler fest als

Zuspieler abgestellt wird, welcher die Bälle am Netz auf drei mögliche Angreifer verteilt. Auf seinem dritten Kongress im Jahr 1951 entschied die FIVB, dass die Hände der Spieler während des Blockens am Netz übergreifen dürfen, jedoch nur in der Schlussphase des Angriffs.

1952 wurde schließlich auch die erste Weltmeisterschaft der Frauen in Moskau ausgetragen, bei welcher sich auch hier das Heimteam den Titel holte. 1955 führte auch der japanische Volleyballverband die internationalen Spielregeln ein und schrieb sich auf die Fahne, dies auch für die mitasiatischen Länder durchzusetzen.

Bei der Europameisterschaft der Männer 1958 in Prag überraschte das Team der Tschechoslowakei mit einer neuen Technik, dem Annahme- und Abwehrbagger. Diese neue revolutionäre Technik war vermutlich mit ausschlaggebend für den Titelgewinn der Tschechen. Nun waren alle Volleyball-Grundtechniken, welche sich seither nicht grundlegend verändert haben, komplett.

Schon gewusst? Die Technik des Baggers wurde erst im Jahr 1958 erfunden, lange nach der ersten Weltmeisterschaft und sogar erst nach der Einführung des Läufersystems.

Das Internationale Olympische Komitee (IOC) beschloss 1961 die Aufnahme der Sportart Volleyball für die Olympischen Spiele 1964 in Tokio. Bei diesen ersten Spielen gewannen die UdSSR bei den Männern, der Gastgeber bei den Frauen. Dabei war Volleyball die erste olympische Mannschaftssportart für weibliche Athletinnen.

Ein Jahr vor den Olympischen Spielen wurde der europäische Volleyballverband CEV (Confédération Européenne de Volleyball, siehe Kapitel 8.4) ins Leben gerufen. Dieser war von nun an für die Organisation, Leitung und Durchführung aller länderübergreifenden, innereuropäischen Wettbewerbe zuständig.

1974 wurde Polen erstmals Weltmeister. Neu war, dass diese Mannschaft mit Hinterfeldangriffen beeindruckte und so variabel über mehr Positionen als vorher üblich angreifen konnte, welches noch im selben Jahr auch im Regelbuch verfestigt wurde.

Aus erster Hand ... „Bis weit in die 70er-Jahre gab es praktisch kein (gewolltes) Zuspiel im Sprung. Heute muss das neben den Zuspielern jeder Libero beherrschen."

Wolfgang Schütz, ehemaliger Sportdirektor des WVV und langjähriger Ex-Spieler und -Trainer

Im Jahr 1980 wurde kurzzeitig der „Block gegen den Aufschlag" erfunden: Ein oder mehrere Netzspieler standen am Netz, um den gegnerischen Aufschlag direkt und aktiv zu blocken oder sogar direkt (ohne Übergreifen) zurückzuschlagen. Nach den Olympischen Spielen 1984 wurde die Regel aber bereits wieder abgeschafft – damit war sie wohl eine der kurzlebigsten Regeln in der Volleyballgeschichte.

Aus erster Hand ... „Die Entwicklung von Volleyball lässt sich gut am zeitlichen Aufwand erkennen. Anfang der 70er-Jahre wurde ca. dreimal zwei Stunden pro Woche trainiert – also sechs Stunden pro Woche. Heute kommt man an einem einzigen trainingsintensiven Tag schon auf diese Stundenzahl. Das spiegelt sich auch in der athletischen Entwicklung der Spieler wider. Heute gehört das Krafttraining ‚zum täglichen Brot'. Als ich in den 80er-Jahren anfing, auch während der Wettkampfphase mit hohen Gewichten zu trainieren, erntete ich großes Kopfschütteln – ‚jetzt dreht der Sude völlig durch!' Höchstens zur Saisonvorbereitung wurden damals Hanteln aufgelegt."

Burkhard Sude, 203-facher Ex-Nationalspieler in den 80er-Jahren

Bei den Olympischen Spielen 1984 erreichte der Silbermedaillengewinner Brasilien eine große Beachtung durch die Fähigkeit, Sprungaufschläge auszuführen. Die Idee war nicht neu – Argentinien hatte sie schon 1982 bei der Weltmeisterschaft versucht, aber noch nie hatte jemand sie zuvor so effektiv eingesetzt wie die Brasilianer.

Die Weltliga der Männer stellte 1990 eine Neuerung dar, welche die Vermarktung der Sportart auf ein anderes Level hob. Dieses Reiseturnier mit einem Preisgeld von einer Millionen US-Dollar lenkte eine große Aufmerksamkeit auf sich. Vor 10.000 Zuschauern gewann Italien vor Japan.

Das Preisgeld und das Prestige des Turniers wurden in den folgenden Jahren immer weiter gesteigert, drei weitere Siege Italiens später lag das Preisgeld 1994 bereits bei sechs Millionen US-Dollar. 1993 fand erstmals die Frauen-Weltliga statt, Sieger wurde Kuba.

Zum Jahr 1996 sorgte die neue Ganzkörperkontaktregel für Aufsehen: War bislang nur der Ball-Körper-Kontakt bis zum Knie erlaubt, so darf seitdem der Ball mit jedem Körperteil – auch mit dem Fuß – nicht nur passiv, sondern auch aktiv gespielt werden. Zudem wird der Aufschlagraum auf die gesamte 9m-Feldlinie verbreitert. Auch war nun die Doppelberührung beim ersten Ballkontakt möglich: Der Ball darf nacheinander Kontakt mit verschiedenen Körperteilen haben, vorausgesetzt sie erfolgen innerhalb derselben Aktion. Die schließt auch die Doppelberührung beim oberen Zuspiel mit ein – damit war seitdem die Annahme im Pritschen erlaubt.

1999 geschahen die letzten größeren Regeländerungen der FIVB. Der Trainer musste nicht mehr auf der Bank sitzen, sondern er durfte nunmehr auch innerhalb der Freizone vor der Mannschaftsbank bis hin zur Aufwärmfläche stehen oder sich dort bewegen.

Aus erster Hand ... „Früher mussten die Coaches auf der Bank sitzen und durften ausschließlich in den Auszeiten und nach dem Seitenwechsel etwas sagen – ansonsten gab es Strafen! Dann wurde ‚aktives Coachen' erlaubt und einige nutzten das, um als ‚Rumpelstilzchen' am Spielfeldrand ihre Emotionen auszuleben. Heute wird wieder (fast) jede emotionale Reaktion geahndet – dann können sich die Coaches doch auch wieder setzen, oder?!"

Wolfgang Schütz, ehemaliger Sportdirektor des WVV und langjähriger Ex-Spieler und -Trainer

Weitaus einschneidender war jedoch die Einführung einer neuen Zählweise: Statt nur Punkte nach eigenem Aufschlag erzielen zu können, führte von nun an nach dem Rally-Point-System jeder Spielzug zu einem Punkt. Die Satzlänge wurde mit diesem System angepasst, sodass ein

Satz bis 25 Punkte geht, der fünfte Satz, der sogenannte Tie-Break, bis 15 Punkte. Jeder Satz muss mit zwei Punkten Vorsprung beendet werden. Zudem wurde der weiße durch einen bunten Ball abgelöst.

Eine weitere, große Veränderung war die Einführung des Liberos als reinem Annahme- und Abwehrspezialisten, welcher für einen Spieler in der Hinterzone eingetauscht werden kann, um eben jene Elemente zu verstärken. Diese Änderung führte zu einer noch stärkeren Spezialisierung auf den jeweiligen Positionen und zu einem noch höheren Größendurchschnitt und der Sport wurde noch schneller und athletischer.

Aus erster Hand ... „Die Einführung des Liberos trägt seit längerem einerseits zur Rückentwicklung und fast Verarmung im taktischen und strategischen Bereich bei, aber anderseits hat sie die Entwicklung zu mehr Dynamik beeinflusst. Das Spiel ist sehr kraftvoll, sehr schnell und viel abhängiger von den physischen Voraussetzungen geworden."

Athanasios Papageorgiou, langjähriger FIVB- und World Para Volley-Ausbilder

Nachdem 2009 kurzzeitig für sechs Jahre eine Netzberührung mit Ausnahme des weißen, oberen Netzbändchens erlaubt war, kehrte man im Jahr 2015 zur alten Netzregel zurück, dass das Netz während einer Spielaktion nicht berührt werden darf.

Aus erster Hand ... „Volleyball hat sich in den vergangenen fünf bis zehn Jahren unglaublich entwickelt. Das Spiel, das wir jetzt sehen, ist schneller, dynamischer, aufregender als je zuvor geworden. In der Tat ist Volleyball so schnell geworden, dass unabhängige Zuschauer es im Männerbereich kaum noch mit bloßem Auge verfolgen können."

Mark Lebedew, dreifacher Meistertrainer mit den BR Volleys und Ex-Trainer von Polens Spitzenklub Jastrzębski Węgiel

★ 3 ★ VOLLEYBALL IN DEUTSCHLAND UND AUF DER GANZEN WELT

3.1 ENTWICKLUNG DES SPIELS IN DEUTSCHLAND

Volleyball kam während des Ersten Weltkrieges auch nach Deutschland und wurde 1920 an der Deutschen Hochschule für Leibesübungen (DHfL) in Berlin vorgestellt. Eine wirkliche Entwicklung dieser Sportart in Deutschland geschah jedoch erst nach dem Zweiten Weltkrieg vor allem in der sowjetischen Besatzungszone. Im Westen war der Sport hingegen kaum anzutreffen. Diese plötzliche Begeisterung für Volleyball in der damaligen DDR kann vermutlich auf die Begeisterung der Besatzungsmacht für diesen Sport zurückgeführt werden.

1951 wurde im Deutschen Sportausschuss der DDR die Sektion Volleyball in Leipzig gegründet. Erster DDR-Meister wurde sowohl bei den Frauen als auch bei den Männern die HSG Geschwister Scholl Halle. 1955 zog der Westen in Kassel mit der Gründung des Deutschen Volleyball-Verbandes, kurz DVV, nach. 1957 wurde die Pädagogische Hochschule Hannover bei Frauen und Männern erster Meister der BRD.

Die erste Teilnahme beider Verbände an internationalen Wettkämpfen konnte man bei der Weltmeisterschaft 1956 verbuchen. Während Vertretern der BRD international nur die Teilnehmerurkunde zugewiesen werden konnte, entwickelte sich die DDR zu einer international konkurrenzfähigen Volleyballnation. Dem SC Leipzig gelang 1964 der Sieg im Europapokal der Männer. Die männliche Nationalmannschaft der DDR holte 1969 in Berlin den Weltpokal. Im darauffolgenden Jahr wurde die Mannschaft in Sofia nach einem spektakulären Comeback im fünften Satz gegen Bulgarien Weltmeister. 1972 folgte Olympiasilber in München hinter Japan.

Auch die BRD nahm mit einer Auswahl an den Olympischen Spielen teil. Die Spiele von München weckten nun auch in der Westbevölkerung das Interesse an Volleyball und es entstand im Westen ein „Volleyballboom". Zahlreiche Mannschaften und Vereine wurden gegründet, 1974 entstand die 1. Bundesliga der Männer, 1976 die der Frauen.

1975 gewann der SC Traktor Schwerin den Europacup der Pokalsieger der Frauen und 1978 sogar den Europapokal der Landesmeister. 1980 gelang der weiblichen Auswahl der DDR Olympiasilber in Moskau. Es folgten zwei Europameistertitel ´83 und ´87. Am 9. Dezember 1990 konnte man die Vereinigung beider Verbände in West-Berlin feiern.

Der Deutsche Volleyball-Verband (siehe Kapitel 8.1) umfasst 17 Landesverbände mit 4.976 Vereinen (Stand 2016), 6.693 Mannschaften und 405.461 Mitgliedern (Stand 2019). Im Jahre 1998, neun Jahre nach der Wiedervereinigung, konnte der DVV die bisher größte Anzahl mit 535.627 Mitgliedern in seiner Geschichte sowie ein Jahr zuvor 5.474 Vereine und 11.897 Mannschaften aufweisen. Dies ist vor allem auf die aus Japan stammende Anime-Fernsehserie „Mila Superstar" zurückzuführen, welche zwischen 1993 und 1997 ausgestrahlt wurde. Dieser Boom führte vor allem bei den jungen weiblichen Mitgliedern zu einer Wachstumsrate von 77 Prozent in den Jahren '94-'97. Die Zahl der Volleyball spielenden Mädchen unter 18 Jahren stieg in diesem Zeitraum von 61.137 auf 108.526 an. Bei den Jungen stieg die jährliche Wachstumsrate ebenfalls an, war aber nicht so enorm wie bei den Mädchen. Nach Absetzung der Serie flachte auch der Zuwachs wieder stark ab, aber der deutsche Volleyball profitiert noch bis heute von den Auswirkungen dieses Booms.

In den Jahren 2000 und 2004 konnte die deutsche Nationalmannschaft der Frauen einen Platz bei den Olympischen Spielen in Sydney und Athen verbuchen, die Männer 2008 in Peking und 2012 in London. 2011 und 2013 holten die deutschen Frauen ihren größten internationalen Erfolg seit der Wiedervereinigung mit jeweils einer Silbermedaille bei den Europameisterschaften. Der bedeutendste internationale Erfolg der jüngeren deutschen Volleyballgeschichte ist die Bronzemedaille der Männer bei der Weltmeisterschaft 2014 in Polen.

Aus erster Hand ... „Bei der WM 2014 ist mit der Bronze-Medaille, die keiner von uns im Vorfeld erwartet hatte, ein Traum in Erfüllung gegangen. Wir waren jung und haben ein solch geniales Turnier gespielt – das werde ich – genauso wie Olympia 2012 und die EM 2017 nie in meinem Leben vergessen und es war definitiv eines der Highlights in meiner Karriere."

Georg Grozer junior, 165-facher Nationalmannschafts-Diagonalangreifer

Um den nationalen Vereinssport weiter voranzutreiben, wurde 2006 die Deutsche Volleyball Liga (DVL) mit Sitz in Berlin gegründet. Diese wurde 2012 in Volleyball Bundesliga (VBL, siehe Kapitel 8.2) umbenannt. Diese organisiert die 1. und 2. Bundesliga und soll einer besseren Vermarktung und Medienpräsenz und Verbesserung der nationalen Vereins- und Ligastrukturen dienen.

Mit „Sport1" hat die VBL einen Fernsehsender gefunden, welcher seit der Saison 2017/2018 zahlreiche Spiele der 1. Bundesliga im Free-TV überträgt. Zudem konnte „Sporttotal.tv" als Streamingplattform für sämtliche Spiele der 1. und zahlreiche Spiele der 2. Bundesliga ins Boot geholt werden.

Bei den Frauen ist Volleyball mittlerweile die zuschauerstärkste Mannschaftssportart in Deutschland und die einzige, welche ihrem männlichen Pendant im Zuschauerschnitt in nichts nachsteht, auch wenn die BERLIN RECYCLING Volleys mit einem Zuschauerschnitt von über 5000 Fans in der Max-Schmeling-Halle sogar europaweit führend sind.

3.2 VOLLEYBALL IN ANDEREN LÄNDERN

Der internationale Volleyballverband FIVB umfasst weltweit rund 150 Millionen Mitglieder. Das ist zum Vergleich doppelt so viel wie die FIFA im Fußball. Ein Sechstel der Weltbevölkerung kommt Schätzungen zufolge regelmäßig mit Volleyball in Kontakt, ob als Zuschauer oder als Spieler.

Besonders groß ist die Begeisterung für Volleyball in Osteuropa und Italien. Wer als Athlet mit Volleyball viel Geld verdienen möchte, wechselt nach Italien in die Serie A1 (Frauen) und SuperLega (Männer), nach Russland in die Super League oder in die PlusLiga nach Polen.

In Polen ist Volleyball Nationalsport. Der Staat unterstützt den Sport mit öffentlichen Mitteln, die Hallen füllen sich mit tausenden Zuschauern, Fanartikel und Fernsehübertragungen sind im Nachbarland Deutschlands nicht wegzudenken.

Aus erster Hand ... „Polen ist im Volleyball ein spezieller Fall. Es ist ein Land, in dem Volleyball in der Gesellschaft wichtig ist. Für Volleyball sind Italien, Russland und Brasilien vielleicht wichtiger. Aber in Polen ist Volleyball wichtig. Das ist etwas anderes."

Mark Lebedew, dreifacher Meistertrainer mit den BR Volleys und Ex-Trainer von Polens Spitzenklub Jastrzębski Węgiel

2005 verteidigten Polens Frauen den EM-Titel, während auch die Ergebnisse von Polens Nationalwahl liefen. Diese wurde jedoch nur von 2,5 Millionen polnischen Bürgern verfolgt, während neun Millionen Polen mit ihrem Nationalteam mitfieberten. Durch Fernsehverträge und Sponsoren fließen Millionen in die Kassen des polnischen Volleyballverbandes und in die Vereine. Beim Eröffnungsspiel der Heim-WM 2014 der Männer waren die 62.000 Karten innerhalb von 100 Minuten ausverkauft. Eine enorme Geräuschkulisse und ein weiß-rotes Farbenmeer füllten das Warschauer Nationalstadion und sollten Polen zum Titel peitschen. Im Jahr 2017 verfolgten sogar 65.407 Zuschauer das 0:3 des Heimteams Polen gegen Serbien.

Aus erster Hand ... „Spiele der polnischen Nationalmannschaft haben oft Public Viewings wie in Deutschland die Fußballnationalmannschaft. Die Fans übernachten in Zelten vor den Ticketverkaufsständen, wenn sich ein zusätzliches Finalspiel ergibt. Beim Spiel selbst ist der Hallensprecher zwar da, aber zweitrangig, weil in erster Linie die Fanklubs mit ihren Gesängen die Stimmung und Atmosphäre in der Halle gestalten."

Jochen Schöps, von 2012 bis 2018 beim polnischen Spitzenklub Asseco Resovia Rzeszów unter Vertrag

Auch in Italien tummeln sich zahlreiche Stars der Volleyballszene. Die große Volleyballnation im europäischen Zirkus stellt auch in beiden Geschlechtern eine der drei Topligen in Europa. Volleyballinteresse ist in Italien keine Frage. Laut Statistica haben sich zwischen 2010 und 2018 mehr als 50 Prozent aller Italiener mit Volleyball beschäftigt. Pro Saison füllen über 450.000 Zuschauer die Hallen der italienischen Mannschaften. Das Damenteam der Imoco Volleys Conegliano hält europaweit mit durchschnittlich 4.139 Zuschauern den Saison-Rekord bei den Frauen.

Aus erster Hand ... „In Italien fragt Dich keiner, was Du neben dem Sport sonst noch machst. Dort ist klar, dass Volleyballspieler ein Beruf ist, der vollen Einsatz erfordert."

Angelina Hübner (geb. Grün), langjährige Italien-Legionärin

Noch höhere Gehälter sind im möglicherweise volleyballbegeisterten Russland zu finden. Die russische Super League gilt als die beste Liga der Welt und dank sehr finanzstarker Sponsoren und Mäzenen können den besten Sportlern Millionengehälter ausgezahlt werden.

Rekordverdächtig! Laut „InstaVolley" verdiente der Annahme-Außenspieler Wilfredo León beim russischen Klub Zenit Kazan 1,4 Millionen US-Dollar pro Jahr.

Zum Vergleich: In der Volleyball Bundesliga kommen die absoluten Top-Spieler auf ca. 100.000 Euro Jahresgehalt. Dabei ist die Gehaltsspannweite extrem, zahlreiche Spieler erhalten nur ein Zehntel davon.

Aus erster Hand ... „Als ich in Russland gespielt habe, empfanden die Spieler das Training am Tag wie Arbeit. Sie kamen morgens, arbeiteten die Zeit ab und gingen abends nach Hause. Ich denke, heute sind dort auch mehr Emotionen und Spaß dabei."

Jochen Schöps, von 2007 bis 2012 Russland-Legionär

Brasilien gehört ebenfalls zu den erfolgreichsten Nationen der Volleyballgeschichte. Der bewegteste Moment der brasilianischen Volleyballgeschichte war wahrscheinlich der Olympiasieg der Männer 2016 in der Heimat. Aber schon in der Vergangenheit zeigte Brasilien sein Interesse am Sport, indem 1994 für eine Frauen-WM eine Rekordkulisse von 12.000 Zuschauern geschaffen wurde, welche den Sieg Kubas über Brasilien verfolgten. Diese Erfolge ermöglichen auch viele Gelder aus der Staatskasse, welche für Volleyball aufgewendet werden. Die Sportart steht an dritter Stelle der beliebtesten Sportarten in Brasilien nach Capoeira und Fußball.

Rekordverdächtig! Am 26.07.1983 schauten unglaubliche 95.887 Fans das Volleyballspiel zwischen Brasilien und der UdSSR (0:3) im Estádio do Maracanã in Rio de Janeiro (Brasilien). Lustige Randnotiz: Das Spiel wurde durch Regen unterbrochen und die Spieler zogen ihre Schuhe aus, um in Socken weiterzuspielen.

Zum Vergleich: Bei der Premiere des DVV-Pokalfinals in Mannheim wurde eine deutsche Zuschauer-Rekordkulisse erreicht: Über 12.000 Fans strömten am 28. Februar 2016 in die SAP Arena.

Auch in den USA ist Volleyball eine große Nummer. Hier wird der Sport jedoch weniger über eine Profiliga definiert, sondern der Collegevolleyball füllt die Sporthallen der Staaten. Hier kann man die Stars von morgen beobachten. Die Nationalmannschaften gehören ebenfalls zu den besten der Welt. Aufgrund der fehlenden Profiligen wechseln die vielversprechendsten Sportler häufig nach Europa in der Hoffnung, sich von dort in die Nationalmannschaft spielen zu können.

Rekordverdächtig! Beim größten Volleyballturnier der Welt gingen in Orlando, Florida (USA) im Jahr 2012 insgesamt 24.262 Gesamtteilnehmer in 20 verschiedenen Altersklassen an den Start. Dabei war die Altersklasse „16 Club" mit 2.631 Teilnehmern die größte.

Auch in Asien hat Volleyball eine große Bedeutung. In Japan beispielsweise genießen Volleyballspieler einen Stellenwert wie die Superstars Taylor Swift oder David Beckham. Japanische Volleyballer dürfen eigentlich nur in der eigenen nationalen Liga aufschlagen, doch die Nationalspieler erhalten auch die Gelegenheit, ins Ausland zu wechseln, um für internationale Großereignisse konkurrenzfähig zu sein. Bei ihnen explodieren häufig die Social-Media-Kanäle der jeweiligen Vereine mit tausenden neuen „Followern". Fernsehteams laufen über das Sportgelände, Fans reisen aus Japan an, um ihre Idole spielen zu sehen. In Japan dürfen aufgrund einer Regel des japanischen Volleyballverbandes nur maximal zwei ausländische Spieler in einem Team sein. Dies macht wiederum die Liga spannend und lockt Superstars wie den Polen Bartosz Kurek und Volleyballriese Dmitry Muserskiy auf die Inseln. Auch die 345-fache deutsche Nationalspielerin Christiane Fürst spielte von 2016 bis 2018 bei Denso Airybees in Japan.

Finanziell ähnlich gut geht es im Nachbarland China zu, wo die deutsche Nationalspielerin Louisa Lippmann in den Jahren 2019 und 2020 für Shanghai Bright Ubest aufschlug.

Aus erster Hand ... „Volleyball spielt in China eine große Rolle. Die Meisterschaft 2020 wurde coronabedingt in einer ‚Bubble' ausgetragen. Wir hatten keine Heim- und Auswärtsspiele, sondern alle Mannschaften waren an einem Ort und pendelten lediglich zwischen Hotel und Hallenkomplex nebenan. Stippvisiten in der Stadt waren verboten, Kontakt nach draußen untersagt. Bei der Einreise musste ich 14 Tage alleine in einem Hotelzimmer in Quarantäne verbringen – schon eine sehr harte Probe. Zuschauer bei den Spielen gab es nicht, aber alle Partien wurden im Fernsehen gezeigt.

Wenn wir (vor Corona) mit Shanghai bei Auswärtsspielen waren, haben nach dem Spiel vor der Halle 50-100 Fans auf uns gewartet, die ein Foto oder ein Autogramm wollten – hier in Deutschland undenkbar, höchstens beim Fußball. Es ist eine tolle Volleyball-Kultur mit sehr viel Respekt und Anerkennung."

Louisa Lippmann, Vizemeisterin und Meisterschaftsdritte in China

Im arabischen Raum ist besonders der Iran für Volleyball bekannt. Dort spielte beispielsweise der WM-Bronzemedaillengewinner von 2014, Dirk Westphal. Besonders stolz ist man dort jedoch auf die Sitzvolleyballnationalmannschaft (siehe Kapitel 12.3).

Auch im Emirat Katar gibt es mit der „Qatari Volleyball League" eine professionelle Volleyballliga, in der mit Christian Pampel und Jochen Schöps zwei ehemalige deutsche Nationalspieler ihr Geld verdienten.

Aus erster Hand ... „Meine Zeit im Ausland hat mir besonders gezeigt, wie gut es den Sportlern hier in Deutschland eigentlich geht, vor allem in Bezug auf Kritik und den Menschen hinter dem Sport. In vielen Stationen im Ausland ist man häufig mehr eine Maschine, die funktionierend super ist, aber wehedem man spielt mal schlecht oder verletzt sich. Besonders in Korea und Katar habe ich recht harte Erfahrungen gemacht. Wenn ein Verein nicht zufrieden ist mit seinen Spielern, dann werden sie entsprechend ausgetauscht. In einer Saison hat ein Verein in Katar siebenmal die gleiche Position getauscht. Sieben verschiedene Profis sind gekommen und gegangen auf derselben Position im selben Verein ...

Denn in Katar geht es nicht um Zuschauer oder Sponsoren, sondern nur darum, die bessere Mannschaft zu haben und diese zu kontrollieren nach dem Motto ‚Meine Mannschaft ist besser als deine'. Die eigenen Spieler werden dabei gerne auch einem gut befreundeten Verein für ein Turnier ausgeliehen – eine Art von Prestige, dass andere Vereine den eigenen guten Spieler haben wollen."

Christian Pampel, mehrfacher Meister in Katar als Diagonalangreifer

★ 4 ★

WAS WIRD DENN DA GESPIELT?

DIE SPIELIDEE & SPIELREGELN

Schaut man sich ein Volleyballspiel von Freizeit-Volleyballern an, scheint es auf den ersten Blick leicht erlernbar und verständlich zu sein. Doch beobachtet man den Spielverlauf eines offiziellen Wettkampfes in der Halle genauer, stellt sich heraus, dass hinter dem „kontaktlosen Mädchensport", bei dem man sich kaum bewegen muss, deutlich mehr steckt.

Das folgende Kapitel soll Ihnen dabei helfen, die grundlegenden Regeln im Hallenvolleyball zu verstehen. Auch wenn Sie noch nie Volleyball gespielt haben, dieses Kapitel ermöglicht Ihnen einen Einstieg in die Komplexität des Mannschaftsspiels.

4.1 WAS WIRD GESPIELT? DIE SPIELIDEE

Beim Volleyball stehen sich zwei Mannschaften mit je sechs Personen, getrennt von einem Netz, in quadratischen Feldern gegenüber. Sie spielen gegeneinander, indem jede Mannschaft versucht, den Ball mit höchstens drei Ballkontakten im eigenen Team hochzuhalten, um ihn in das gegnerische Feld zu spielen. Dabei wechselte die Spielidee im Laufe der

Entwicklung des Volleyballspiels von „den Ball in der Luft halten" zum Gedanken „den Ball auf den gegnerischen Boden zu bringen", wodurch der Wettkampfcharakter in den Vordergrund rückte. Der heutige Zielgedanke des Spiels ist es, den Ball auf den Boden des gegnerischen Spielfelds zu spielen oder einen Fehler des Gegners zu erzwingen.

Vor jedem Aufschlag müssen sich alle Spieler, abgesehen vom aufschlagenden Spieler, innerhalb des Spielfelds befinden. Sobald die Aufschlagberührung erfolgt, darf jeder Spieler das Spielfeld nach links, rechts und hinten verlassen und somit den Ball auch im „Aus" in der sogenannten Freizone rund um das Spielfeld zu jeder Zeit weiterspielen.

Um als Mannschaft erfolgreich zu sein, muss es einem Team gelingen, einen Spielaufbau zu entwickeln, um einen erfolgreichen Angriff auszuführen, der im besten Fall zu einem direkten Punkt führt. Zudem sollte man die Schwächen des gegnerischen Teams erkennen und sie somit gezielt zu Fehlern zwingen. Volleyball ist demzufolge ein „Spiel der Fehler", bei dem es nicht nur um Athletik und Kraft eines einzelnen Sportlers, sondern auch um Technik, Taktik, mentale Stärke und vor allem Teamgeist geht.

4.2 WO WIRD GESPIELT? DAS SPIELFELD & NETZ

Das Spielfeld im Hallenvolleyball ist rechteckig und beträgt insgesamt 18 Meter x 9 Meter. Somit hat jede Mannschaft auf ihrer Seite ein quadratisches Feld von 9 Meter x 9 Meter zu verteidigen, die durch 5 Zentimeter breite Grund- und Seitenlinien gekennzeichnet sind. Über der Mittellinie der Fläche werden die Spielfelder von einem gespannten Netz getrennt. Links und rechts am Netz werden die Seitenlinien in der Höhe durch je eine Netzantenne abgegrenzt, innerhalb derer der Ball durch den sogenannten „Überquerungssektor" auf die andere Spielfeldhälfte gespielt werden muss.

Schon gewusst? Wenn eine Mannschaft in der Annahme oder Abwehr den ersten Ballkontakt außerhalb der Antennen neben das andere Spielfeld gespielt hat, so darf ein Spieler in die Freizone des gegnerischen Spielfelds laufen und den Ball mit dem zweiten Ballkontakt wiederum außerhalb der Antennen in die eigene Hälfte zurückspielen, um ihn dann mit dem dritten Kontakt durch den Überquerungssektor über das Netz zum Gegner zu spielen. Dabei dürfen die Spieler nicht vom Gegner behindert werden.

Die Angriffslinie verläuft in jeder Spielfeldhälfte drei Meter entfernt parallel zur Mittellinie und unterteilt sie jeweils in eine Vorder- und Hinterzone. Abgesehen vom Spielfeld gehören auch die Freizonen zur Spielfläche. Als Freizone bezeichnet man die spielfreien Flächen, die um das Spielfeld herum einen hindernisfreien, mindestens drei Meter breiten Bereich freihalten müssen.

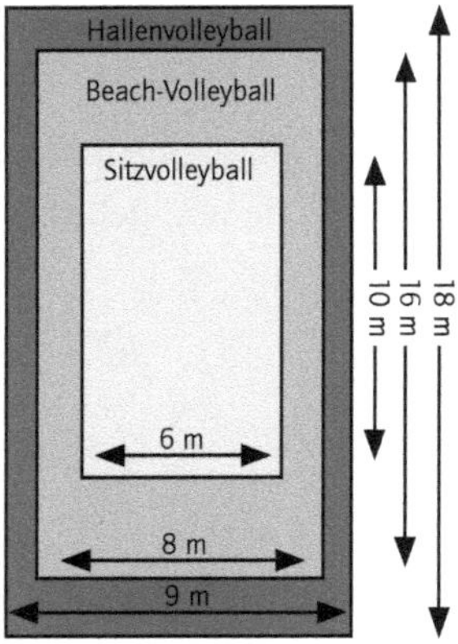

Spielfeldgrößen

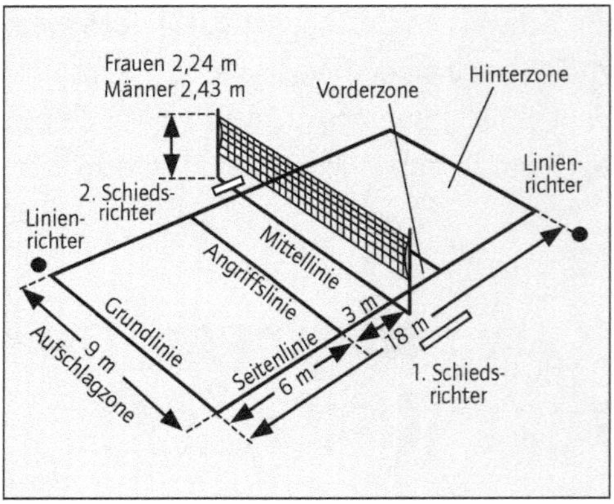

Spielfeld Hallenvolleyball

In der Bundesliga müssen die Freizonen an den Grundlinien mindestens 6,50 Meter und an den Seitenlinien 3 bis 7 Meter breit sein und hindernisfrei gehalten werden. Die Decke muss in der 2. Bundesliga 7 Meter und in der 1. Bundesliga 9 Meter hoch sein. Bei den Frauen ist das Netz 2,24 Meter, bei den Männern 2,43 Meter und im Mixed 2,35 Meter hoch. Im Wettkampf muss die Höhe des Netzes in der Mitte stimmen und darf auf jeder Seite jedoch bis zu 2 Zentimeter abweichen, muss dabei jedoch beidseitig gleich sein.

4.3 WIE WIRD GESPIELT? DIE SPIELREGELN

Die Spielregeln sind im Wettkampfvolleyball hochkomplex – hier erhalten Sie einen Einblick in die wichtigsten Spielregeln.

Aus erster Hand ... „Regeln wurden gemacht, um sie zu brechen. Irgendeiner sollte also schauen, dass sie eingehalten werden."

Nils Weickert, erfahrener Erstliga-Schiedsrichter in der VBL

Basisregeln auf einen Blick

Um Volleyball zu verstehen und in einfachster Form spielen zu können, sind folgende Basisregeln wichtig:

★ Es gibt zwei Teams aus je sechs Spielern, die sich in zwei gleichgroßen Spielfeldern, getrennt von einem Netz, gegenüberstehen und welche im Uhrzeigersinn rotieren.

★ Dabei werden die Spieler in drei Vorder- und drei Hinterspieler unterteilt.

★ Ziel ist es, den Ball, mit höchstens drei Ballberührungen im eigenen Team in das gegnerische Spielfeld zu spielen. Dabei wird versucht, das eigene Spielfeld abzudecken und Angriffe zu verteidigen, sodass der Ball nicht den Boden berührt.

★ Eine Mannschaft erzielt einen Punkt, wenn der Ball innerhalb des gegnerischen Spielfelds den Boden berührt oder es der gegnerischen Mannschaft nicht gelingt, den Ball regelkonform zu spielen und dieser ein Fehler unterläuft oder der Gegner eine Bestrafung (rote Karte) erhält.

★ Die erste Ballberührung pro Spielzug wird als Aufschlag hinter der eigenen Grundlinie ausgeführt.

- ★ Der Ball darf nicht zweimal nacheinander vom selben Spieler gespielt werden (außer beim Block – dieser zählt nicht als Ballkontakt).
- ★ Nur Vorderspieler dürfen einen Ball in der Vorderzone oberhalb der Netzoberkante in die andere Spielfeldhälfte spielen.
- ★ Der Libero im andersfarbigen Trikot ist ein reiner Defensiv-Spieler, der nur in der Hinterzone eingewechselt werden kann und einen Ball nicht oberhalb der Netzoberkante angreifen sowie nicht blocken und aufschlagen darf.
- ★ Ein Satz ist bei 25 Punkten gewonnen (mit zwei Punkten Führung) und ein Spiel endet mit drei gewonnenen Sätzen. Nach jedem Satz werden die Seiten getauscht.
- ★ Der fünfte Satz geht nur bis 15 Punkte (mit zwei Punkten Vorsprung). Hier werden die Seiten bei acht Punkten gewechselt.

Aufstellung, Rotation und Rotationsfolge

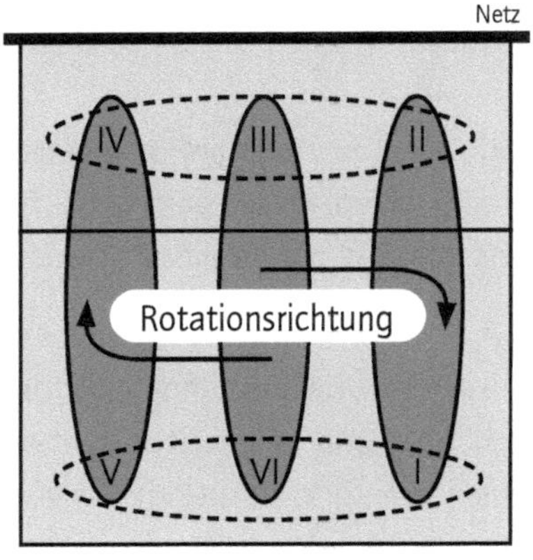

Auf einer Seite eines Spielfelds gibt es insgesamt sechs Spielpositionen (I bis VI als römische Zahl), die sich aus Vorder- (Position II, III und IV, gestrichelte obere Umkreisung) und Hinterspielern (Position I, VI und V, gestrichelte untere Umkreisung) zusammensetzen.

Im Moment des Aufschlags müssen die Spieler beider Mannschaften entsprechend der Rotationsfolge stehen. Dabei muss der jeweilige Hinterspieler hinter seinem Vorderspieler stehen, d. h. Position I hinter II, VI hinter III und V hinter IV (verdeutlicht durch die dunklen Umkreisungen). Zudem müssen die Spieler innerhalb der Vorder- und Hinterreihe in der richtigen Reihenfolge nebeneinanderstehen, d. h. Position VI rechts von Position V und links von Position I sowie Position III rechts von Position IV und links von Position II. Solange diese Regeln eingehalten werden, dürfen sich die Spieler beim Beginn des Spielzugs überall auf dem Spielfeld verteilen, was zu auf den ersten Blick z. T. sehr merkwürdigen Aufstellungen führt (siehe Kapitel 5). Die Startaufstellung seines Teams muss der Trainer vor jedem Satz schriftlich beim 2. Schiedsrichter abgeben.

Schon gewusst? Ist dem Trainer bei der schriftlichen Einreichung der Startaufstellung vor einem Satz ein Fehler unterlaufen, indem er zum Beispiel einen falschen Spieler aufgeschrieben hat, so muss er bereits vor dem ersten Spielzug beim Stand von 0:0 einen Spielerwechsel durchführen, um diesen Fehler zu korrigieren.

Wurde der Aufschlag ausgeführt, dürfen sich alle Spieler überall auf der eigenen Spielfeldhälfte bewegen und es gelten im Spielverlauf nur noch die Regelvorgaben für Vorder- und Hinterspieler.

Eine Regel, die man in kaum einer anderen Sportart findet, ist die Rotation der Spieler auf dem Spielfeld. Wenn eine Mannschaft das Aufschlagrecht erhält, so rotieren alle Spieler im Uhrzeigersinn eine Spielposition weiter, das heißt die Position I auf die Position VI, die V auf die IV usw. Somit wechseln alle Spieler (mit Ausnahme des Liberos) vom Hinter- ins Vorderfeld und umgekehrt, was einen gewissen Universalismus der Spieler (in Block und Abwehr) voraussetzt. Dennoch haben die einzelnen Spieler Spezialaufgaben wie Zuspiel und Angriff über eine entsprechende Position; dies wird in Kapitel 5 erläutert. So wechseln die Spieler innerhalb ihrer Vorder- und Hinterreihe stets wieder auf ihre Spezialposition zurück, um ihre individuellen Stärken auf der dafür vorgesehenen Position ausspielen zu können.

Aus erster Hand ... „Zur Saison 2020/21 sind in der 1. und 2. Volleyball Bundesliga Schiedsrichter-Tablets eingeführt worden, mit deren Hilfe die Schiedsrichter die Möglichkeit haben, Positions- und Rotationsfehler der Mannschaften noch schneller und zielsicherer zu erkennen. Die Einführung der Tablets ist ein weiterer notwendiger Schritt, um die Schiedsrichter in Sachen Digitalisierung mit der technischen Entwicklung aufseiten der Teams schritthalten zu lassen."

Ronny Ackermann, Schiedsrichter-Einsatzleiter der VBL

Ballkontakt

Jedes Team hat insgesamt drei Ballkontakte und somit drei Versuche, den Ball zurück ins gegnerische Spielfeld zu spielen. Sobald der Ball vom Spieler mit der Hand, dem Arm oder einem anderen Körperteil berührt wird, wird dies als Ballkontakt gewertet. Ein Spieler darf den Ball nur einmal hintereinander berühren. Die Ausnahme ist der Ballkontakt bei einer Blockberührung – diese wird nicht gezählt. Somit darf ein Spieler den Ball nach einem ausgeführten Block weiterspielen, auch der Blockspieler selbst.

Während des Spielzugs darf der Ball mit jedem Körperteil durch einen kurzen Kontakt gespielt werden. Ein gefangener oder geworfener Ball wird als „gehalten" bezeichnet und abgepfiffen. Generell hat sich das Spielen mit den Händen bzw. Fingern und Armen durchgesetzt, da es am zielgenauesten ist, jedoch ist auch das Spielen mit dem Kopf, Fuß, Knie oder Oberschenkel erlaubt. Entscheidend ist ein kurzer Ballkontakt. Hier hat sich in der Annahme, Abwehr und Zuspiel das Pritschen des Balls mit den Fingern und Baggern des Balls mit den Armen etabliert, beim Aufschlag und Angriff das Schlagen des Balls mit der flachen Hand und beim Block ebenfalls die Trefffläche des Balls mit Armen und Händen.

Ein beim ersten Ballkontakt einer Mannschaft doppelt gespielter Ball ist kein Fehler – somit darf der Ball in der Annahme und Abwehr technisch „unsauber" mit Doppelberührung gespielt werden.

Schon gewusst? Auch der zweite Ballkontakt des zuspielenden Spielers wird mittlerweile häufig großzügig ausgelegt. Hier unterscheiden sich jedoch die „Linien" von Schiedsrichtern sowie ihre Auslegung zum Teil deutlich voneinander. In spektakulären Aktionen, bei denen eine geringe Unsauberkeit beim Spielen des Balls vorkommt, soll laut FIVB nach dem Motto „Keep the ball flying" gehandelt werden, um für die Zuschauer lange und eindrucksvolle Spielzüge zu ermöglichen.

Der erste Ballkontakt eines jeden Spielzuges ist der Aufschlag. Um diesen auszuführen, hat der auf Position I stehende Spieler nach Anpfiff des 1. Schiedsrichters lediglich einen (Anwurf-)Versuch, den Ball innerhalb von acht Sekunden aufzuschlagen. Vor jedem Spiel wird durch eine Auslosung der Mannschaftskapitäne unter der Leitung der beiden Schiedsrichter entschieden, welche Mannschaft als erste mit dem Aufschlag beginnt.

Aus erster Hand ... „Bei der Auslosung habe ich bei uns im Frauenbereich meist den Aufschlag gewählt – das macht aber nur Sinn, wenn man wirklich eine sehr aufschlagstarke Mannschaft ist – sonst nimmt man lieber die Annahme und kann sofort mit dem ersten Angriff punkten."

Margareta Kozuch, langjährige Ex-Kapitänin der Nationalmannschaft

Ball „In" und „Aus"

Ein Ball wird vom Schiedsrichter „In" gegeben, wenn noch ein Teil des Balls eine der Spielfeldbegrenzungslinien berührt. Dabei muss die Verformung des Balls bei einem harten Schlag mitberücksichtigt werden. Berührt der Ball das Spielfeld nicht, sondern landet außerhalb der Spielfeldlinien, so wird er „Aus" gegeben. Dies ist auch der Fall, wenn er die Decke, eine Wand oder einen sonstigen Gegenstand, ausgenommen das Netz innerhalb der Antennen, berührt. Der Spieler, der den Ball als letztes berührt hat, hat diesen ins „Aus" befördert und begeht damit den Fehler.

Netzfehler, Übertreten und Übergreifen

Das Berühren des Netzes zwischen den Antennen ist für jeden Spieler, der an einer Spielaktion beteiligt ist, verboten und wird als Netzfehler abgepfiffen. Dies kommt häufig beim Block, aber auch beim Angriffsschlag oder Zuspiel vor. Dabei ist es nicht von Bedeutung, ob die obere oder untere Netzkante oder das Netz dazwischen berührt wird. Netzberührungen von Spielern, die nicht an der Spielaktion beteiligt sind, stellen hingegen keinen Fehler dar. Alles, was sich außerhalb der Antennen befindet, also das Netz, die Spannseile und der Netzpfosten darf berührt werden, solange das Spiel dadurch nicht behindert wird.

Im Gegensatz zum Netz darf die Mittellinie berührt werden. Sie darf sogar fast mit dem gesamten Körper überquert werden, solange die Füße auf der eigenen Seite bleiben und das Spiel oder die gegnerischen Spieler in ihrer Aktion nicht beeinflusst werden. Es darf auch der halbe Fuß die Linie überqueren. Wenn ein ganzer Fuß die Mittellinie überquert, wird der Spielzug durch den 2. Schiedsrichter beendet.

Doch nicht nur die Mittellinie unter dem Netz darf nicht übertreten werden, auch die Hinterspieler, die auf den Positionen I, V und VI stehen, müssen beim sogenannten Hinterfeldangriff, bei dem sie den Ball oberhalb der Netzoberkante aus dem Hinterfeld auf die andere Seite spielen, mit dem ganzen Fuß hinter der Angriffslinie abspringen. Die Landung in der Vorderzone, auch Dreimeterraum genannt, ist hingegen erlaubt.

Ein weiterer Fehler ist das Be- oder Übertreten der Grundlinie bei der Ausführung des Aufschlags, da diese bereits zum Spielfeld zählt. Beim Sprungaufschlag müssen die Spieler demzufolge hinter der Grundlinie abspringen, dürfen jedoch im Spielfeld landen.

Generell darf der Ball außer im gegnerischem Raum (der Bereich über dessen Spielfeldhälfte) überall gespielt werden. Im gegnerischem Raum ist lediglich beim Blocken des Balls ein Übergreifen in das gegnerische Spielfeld erlaubt – dies jedoch nur beim Angriff des Gegners und erst nach dem Ballkontakt des Angreifers. Behindert man zum Beispiel den zuspielenden Spieler auf der anderen Netzseite mit einer Blockaktion, so wird dies als „Übergegriffen" abgepfiffen.

Liberoregeln

Ein besonderer Spieler im Volleyball ist der Libero (siehe Kapitel 5.5). Er ist auf dem Spielfeld leicht erkennbar, da er ein andersfarbiges Trikot trägt und meist kleiner als seine Mitspieler ist. Der Libero darf beliebig oft, ohne Genehmigung der Schiedsrichter, vor dem Pfiff des 1. Schiedsrichters zum Aufschlag für einen beliebigen Hinterspieler ein- und ausgewechselt werden. Zwischen den Tauschaktionen muss immer ein vollständiger Spielzug oder eine Bestrafung (rote Karte) liegen.

Er fungiert als „Defensivspezialist" und darf generell nicht oberhalb der Netzoberkante angreifen sowie einen Blockversuch unternehmen. Zudem darf er nicht aufschlagen. Damit der Libero nicht als Zuspieler „missbraucht" wird, darf ein anderer Spieler auch nicht oberhalb der Netzoberkante angreifen, wenn der Libero in der Vorderzone im Pritschen zugespielt hat.

Spielt eine Mannschaft mit zwei Liberos, was mittlerweile gestattet ist, so dürfen diese auch untereinander tauschen (sogenannte „Liberoersetzung"), jedoch nie gleichzeitig auf dem Spielfeld stehen.

Schon gewusst? In den USA darf der Libero zum Teil bereits zum Aufschlag für einen Spieler eingetauscht werden und auch in einer der sechs Rotationen aufschlagen. Er ist dort somit häufig auch „Aufschlagspezialist".

Mannschaftsliste, Spielerwechsel und Auszeit

In einem offiziellen Spiel besteht eine Volleyballmannschaft in der 1. und 2. Bundesliga aus bis zu 14 Spielern (in tieferen Ligen zum Teil nur aus zwölf Spielern), einem Trainer, zwei Co-Trainern, einem Arzt und einem Physiotherapeuten. Jedoch müssen stets zwei Liberos im Kader sein, wenn mehr als zwölf Spieler mitwirken. Jeder Spieler mit Ausnahme des Liberos darf die Rolle des Kapitäns übernehmen.

Aus erster Hand ... „Als Kapitän versucht man, seiner Mannschaft da zu helfen und zu unterstützen, wo es nur geht. Jedoch reicht dies nicht, sondern ausschlaggebend war immer für mich, dass sich jede Einzelne verantwortungsbewusst und mit ihrem Potenzial ins Team einbrachte. Denn so entsteht Team-Spirit: Jede fand so ihre Nische und einzelne nahmen zum Beispiel auch mir Dinge organisatorischer Art ab, für die ich eigentlich verantwortlich war, sodass ich meine Stärken fürs Team weiter ausbauen konnte."

Margareta Kozuch, langjährige Ex-Kapitänin der Nationalmannschaft

Volleyball ist ein temporeiches Spiel, in welchem es nach jedem Ballwechsel eine kurze Pause bis zum nächsten Aufschlag gibt. Längere, dreiminütige Pausen gibt es zwischen den einzelnen Sätzen. Weitere Spielunterbrechungen entstehen durch Spielerwechsel und Auszeiten. Jedem Team stehen sechs Spielerwechsel pro Satz zur Verfügung, das heißt man könnte das gesamte Team auswechseln. Das Besondere an den Wechseln im Volleyball ist jedoch, dass man wieder zurückwechseln darf – wenn, dann aber nur gegen denselben Spieler. Dementsprechend können pro Satz auch drei Spieler ein- und wieder ausgewechselt werden. Die Wechsel erfolgen stets in der Wechselzone, das heißt seitlich der Vorderzone beim 2. Schiedsrichter.

Pro Satz gibt es, wenn eine der beiden Mannschaften acht bzw. 16 Punkte erreicht hat, in der Volleyball Bundesliga jeweils eine einminütige, technische Auszeit, welche jedoch bei Einsatz des Challenge-Systems wegfällt. Des Weiteren hat jedes Team in jedem Satz zwei 30-sekündige (taktische) Auszeiten, die in der Regel genommen werden, um das eigene Team mit aktuellen Informationen zum Spiel zu coachen und den Spielrhythmus des Gegners zu unterbinden.

Aus erster Hand ... „Auszeiten sollte man lieber zu früh als zu spät nehmen, durchaus auch mal bereits früh im Satz oder nach zwei Punkten des Gegners in Folge, um seinen Rhythmus früh zu brechen – auch mal vor einem starken Aufschläger. Ich nehme sie aber durchaus auch mal bei eigenem Aufschlag, um meinen Spielern vor einem entscheidenden Punkt wichtige Infos mitzugeben."

Stefan Hübner, Ex-Weltklasse-Mittelblocker, jetziger Erstligatrainer

Satz- & Spielende

Volleyball ist ein Punktespiel, das nicht auf Zeit gespielt wird, sondern in dem drei Sätze gewonnen werden müssen. Ein Satz wird für sich entschieden, wenn ein Team 25 Punkte mit mindestens zwei Punkten Vorsprung erreicht. Steht es in einem Satz also zum Beispiel 24:24, so muss der Durchgang mindestens bis 26 gespielt werden. Der Satz ist erst dann beendet, wenn einer der Mannschaften mit zwei Punkten führt.

Rekordverdächtig! Den längsten Satz der Bundesliga gab es am 21.12.2019 in der Erstligapartie der Männer beim Spiel Hypo Tirol Alpenvolleys Haching gegen SVG Lüneburg. Mit 50:48 gewann der Gastgeber den dritten Satz und letztendlich auch das Spiel mit 3:1. Lüneburg vergab in dem epischen Durchgang zehn Satzbälle, Haching verwandelte seinen 16. Satzball. Randnotiz: Während des 55-minütigen Satzes mussten sich mit Paulo Da Silva und Danillo Gelinski sogar zwei Hachinger Spieler in die Mülleimer hinter den Spielerbänken übergeben, da sie das Spiel krank absolvierten.

International gab es 2013 in Korea sogar ein 56:54, in der italienischen und griechischen Liga jeweils ein 54:52.

Hat eine Mannschaft einen Satz gewonnen, werden die Seiten gewechselt und der nächste Satz beginnt nach einer dreiminütigen Pause. Somit kann ein Spiel 3:0, 3:1 oder auch 3:2 ausgehen. Muss der fünfte Satz über den Sieg entscheiden, so wird dieser sogenannte Tiebreak lediglich bis 15 Punkte gespielt. Auch hier gilt jedoch die Regel, dass eine Mannschaft mit zwei Punkten führen muss, um zu gewinnen. Vor Beginn des fünften Satzes wird noch einmal das Aufschlagrecht ausgelost.

Rekordverdächtig! Der Guinness-Weltrekord im Volleyball liegt bei 101 Stunden und fand vom 2. bis 6. Januar 2017 in Amstelveen in den Niederlanden als längster Indoor-Volleyball-Marathon statt.

Das längste Einzelspiel im Beach-Volleyball bestritten vier Spieler vom VfB Görlitz aus Deutschland am 3./4. Juli 2010. Es dauerte insgesamt 25 Stunden und 39 Minuten.

4.4 WER LEITET DAS SPIEL? DAS SCHIEDSGERICHT UND SEINE ZEICHEN

Ein Wettkampfspiel wird vom 1. und 2. Schiedsrichter geleitet und der Spielverlauf vom Schreiber protokolliert.

1. Schiedsrichter

Der 1. Schiedsrichter steht auf einer Erhöhung mittig neben dem Spielfeld, gegenüber von den Mannschaftsbänken und dem 2. Schiedsrichter, um einen Überblick über das gesamte Spielgeschehen zu haben. Er pfeift den Spielzug an sowie ab und macht seine Entscheidungen mit Handzeichen kenntlich. Dabei zeigt er zuerst in die Richtung der Mannschaft, die das Aufschlagrecht bekommt und zeigt im Anschluss den Fehler an. Zudem trägt er eine gelbe und rote Karte bei sich, um sanktionswürdiges Verhalten, zum Beispiel Verwarnungen (gelbe Karte) oder Bestrafungen (rote Karte) kenntlich zu machen. Er beobachtet in erster Linie den Spielverlauf, das heißt den Ball und die Spieler in Aktion und achtet darauf, ob der Ball den Boden berührt oder eine Mannschaft einen Fehler begeht. Bezüglich der Aufstellung ist er für die Überprüfung der aufschlagenden Mannschaft verantwortlich.

Aus erster Hand ... „Der 1. Schiedsrichter ist der Mannschaftskapitän der dritten am Spiel beteiligten Mannschaft, dem Schiedsgericht, und sollte sein Team genauso anführen wie die beiden anderen Mannschaftskapitäne."

Nils Weickert, erfahrener Erstliga-Schiedsrichter in der VBL

2. Schiedsrichter

Der 2. Schiedsrichter übt seine Tätigkeit vor dem Anschreiber und in der Nähe des Netzpfostens, gegenüber vom 1. Schiedsrichter aus. Er hat die Aufstellung der annehmenden Mannschaft im Blick. Während der Spielzüge ist er in erster Linie für das Ahnden von Netzberührungen und Übertreten der Mittellinie sowie der Angriffslinie bei Hinterfeldangriffen zuständig.

Schon gewusst? Nur, wenn wie zum Beispiel beim Aufschlag in Netznähe keine Aktion erfolgt, darf er auch die Linie auf seiner Seite mit beobachten. Ein 2. Schiedsrichter, der nach dem Spiel viel über das Spielgeschehen und vor allem gelungene Abwehraktionen berichten kann, hat seine eigentlichen Aufgaben nicht richtig gemacht, oder er hat Chamäleonaugen ...

Linienrichter

Um den 1. Schiedsrichter insbesondere bei In- und Ausbällen zu unterstützen, gibt es ab der 1. Bundesliga und auch unterhalb der Oberliga mindestens zwei Linienrichter, die an zwei der diagonal gegenüberliegenden Ecken der Grundlinie stehen. Somit kann jeder Linienrichter während des Spielzugs zwei Linien beobachten und mittels einer Fahne (Ball in = Heruntersenken der Fahne, Ball aus = Anheben der Fahne) verdeutlichen, ob der Ball im Spielfeld oder außerhalb des Spielfelds gelandet ist. Zudem zeigen die Linienrichter ein Übertreten der Grundlinie beim Aufschlag, einen Fehler bei der Netzüberquerung oder wenn der Ball ein spielfremdes Objekt berührt durch Schwenken der Fahne an. Auch signalisieren sie dem 1. Schiedsrichter einen Blocktouch, das heißt eine Blockberührung eines Blockspielers nach einer gegnerischen Angriffsaktion, die man häufig von der Position hinter dem Spielfeld gut erkennen kann. Dazu heben sie ihre Fahne senkrecht vor der Brust und berühren deren Spitze mit der Handfläche ihrer freien Hand.

Aus erster Hand ... „Die Anwendung der Regeln auf Top-Niveau führt Volleyball-Schiedsrichter nicht selten an die Grenzen der menschlichen Wahrnehmungsmöglichkeit. Das Spiel ist mittlerweile so schnell und athletisch geworden, dass es eine echte Herausforderung darstellt, korrekte Entscheidungen zu treffen. Umso wichtiger ist die Zusammenarbeit aller Beteiligten des Schiedsgerichts (Schiedsrichter, Linienrichter, Schreiber) – nur gemeinsam im Team können enge Spielsituationen korrekt entschieden werden. Einzelkämpfer im Schiedsgericht haben heutzutage auf Dauer keine Chance mehr."

Ronny Ackermann, Schiedsrichter-Einsatzleiter der VBL

Schreiber/E-Scorer

Hinter dem 2. Schiedsrichter sitzt der Schreiber, der an einem Tisch für das Protokollieren des Spiels verantwortlich ist. Er hält die Startaufstellungen, den Punktestand, die Spielerwechsel, die Auszeiten, und die Sanktionen fest. In der 1. und 2. Bundesliga und zum Teil auch in den Ligen darunter geschieht dies auf elektronischem Weg mittels E-Scoring. Um den Zuschauern, den Spielern und den Schiedsrichtern über die Punktezahl Auskunft zu geben, steht neben dem Schreiber eine Anzeigetafel, die der Schreiberassistent bedient. Sie zeigt den aktuellen Punktestand der Teams sowie die bisher gewonnenen Sätze in kleinen Zahlen oben in der Ecke der Tafel an.

Wichtige Schiedsrichterzeichen

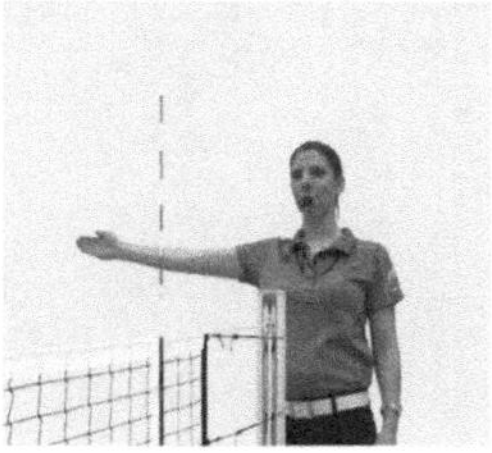

Anzeige Seite

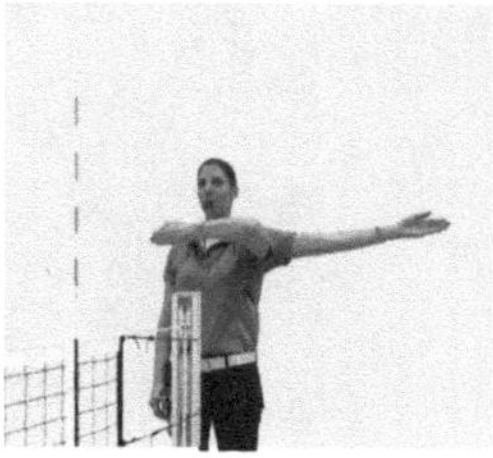

Bewilligung Aufschlag

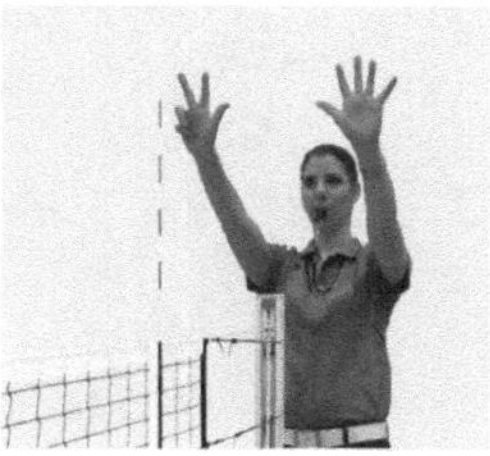

Verzögerung Aufschlag

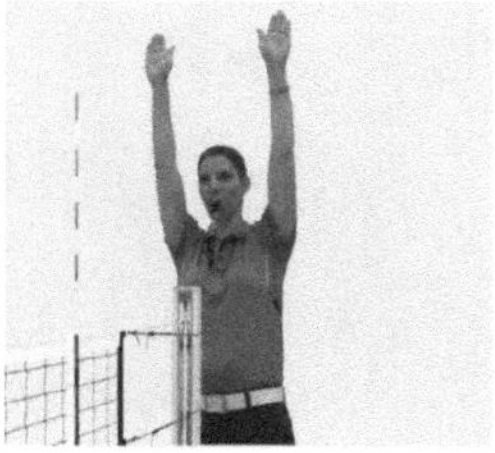

Sichtblock

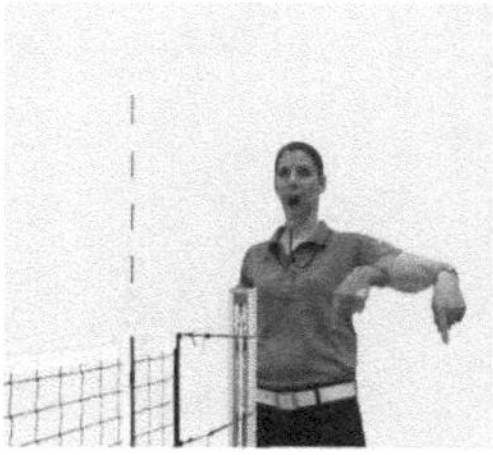

Rotationsfehler

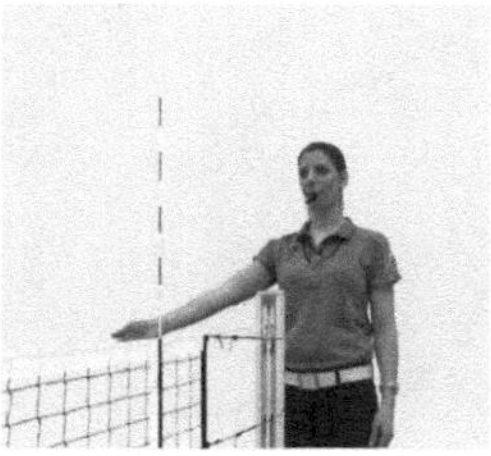

Ball IN

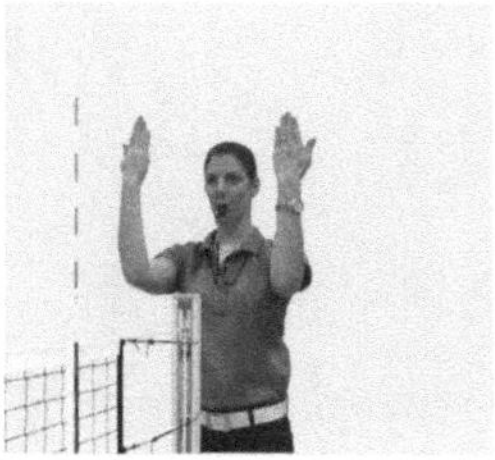

Ball AUS

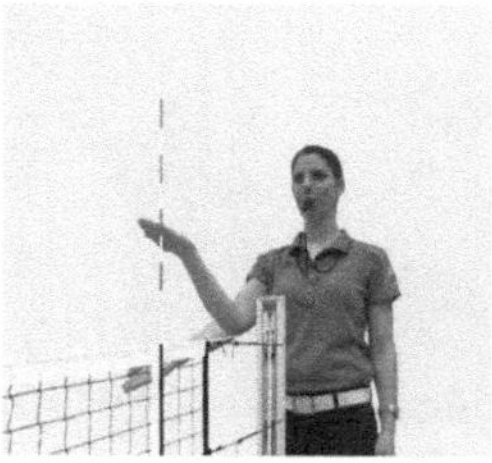

Gehaltener Ball

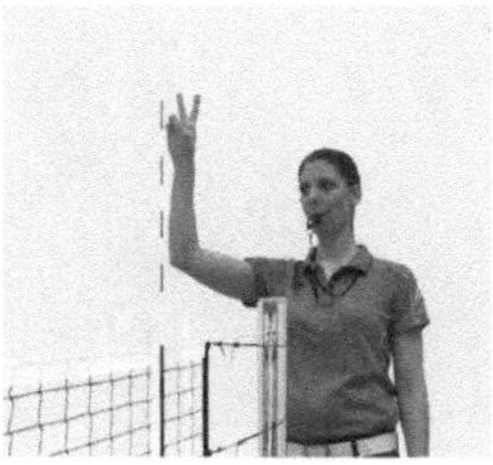

Doppelberührung

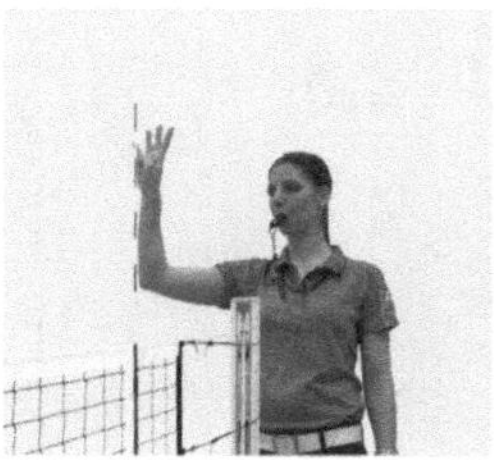

Vier Berührungen

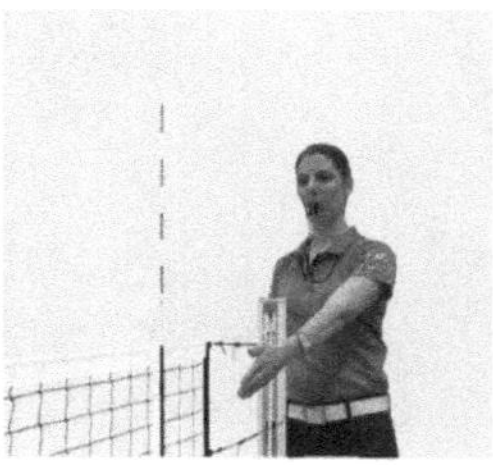

Netzberührung

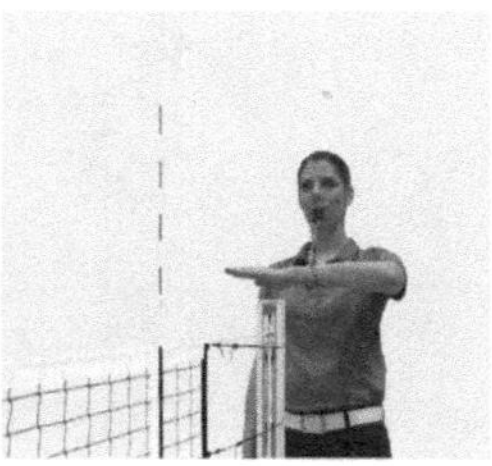

Über Netz reichen

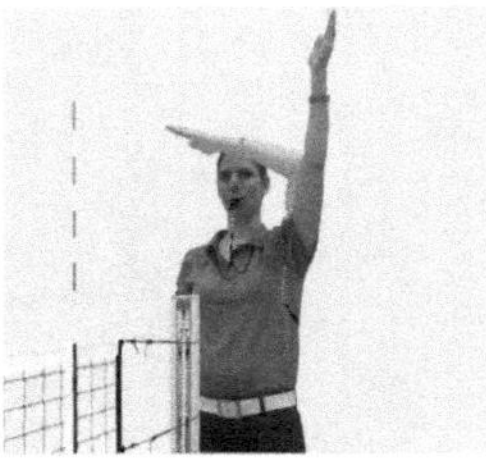

Fehler Angriffschlag

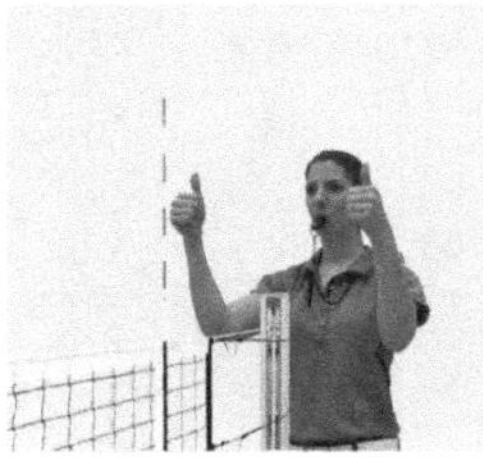

Doppelfehler

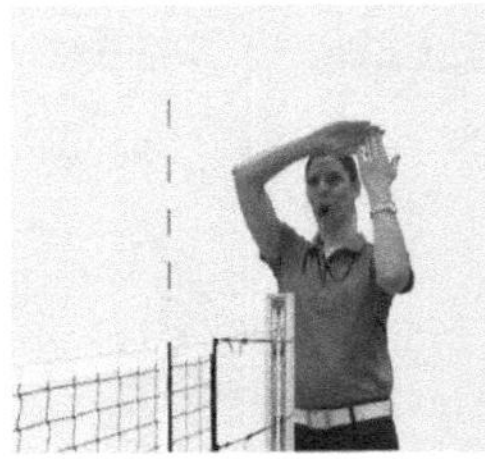

Ball berührt

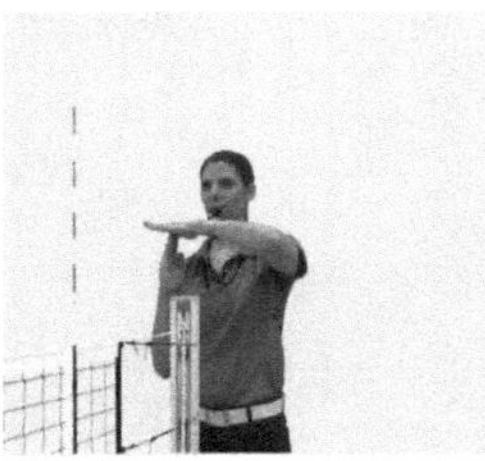

Auszeit

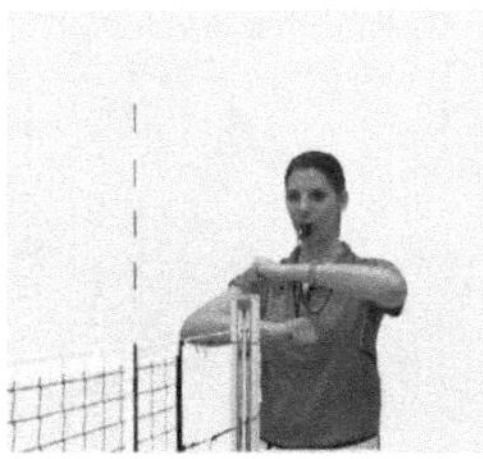

Spielerwechsel

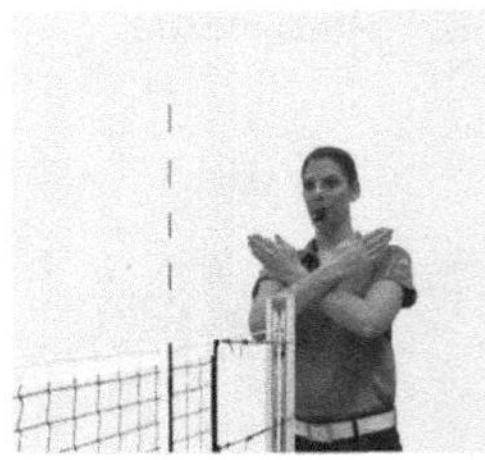

Satz-Spielende

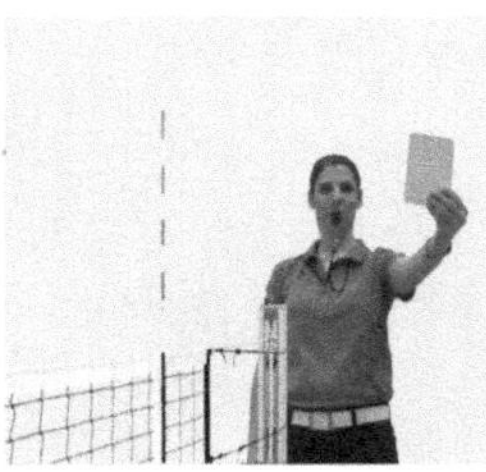

Verwarnung Fehlverhalten

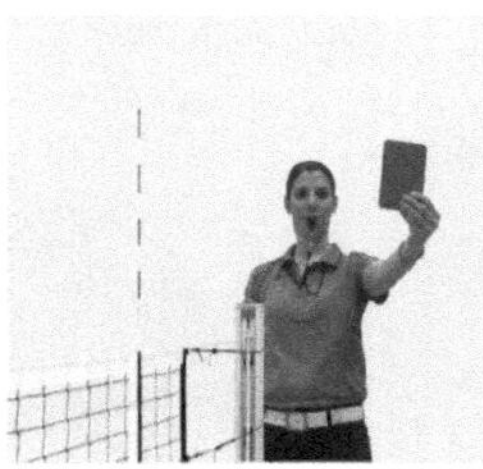

Bestrafung Fehlverhalten

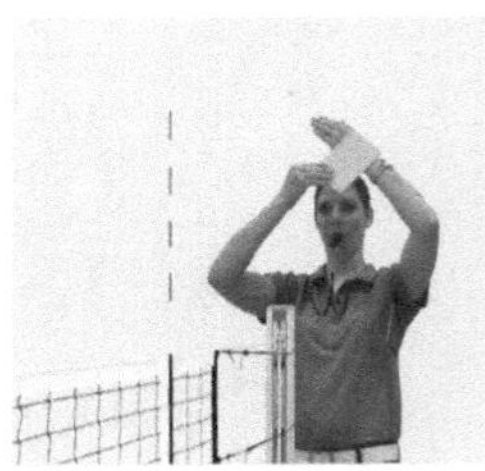

Verwarnung Verzögerung

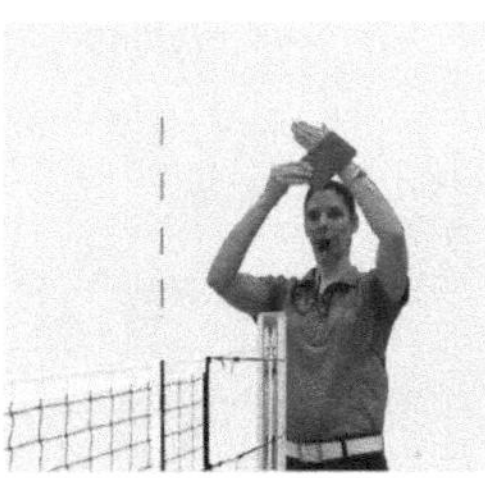

Bestrafung Verzögerung

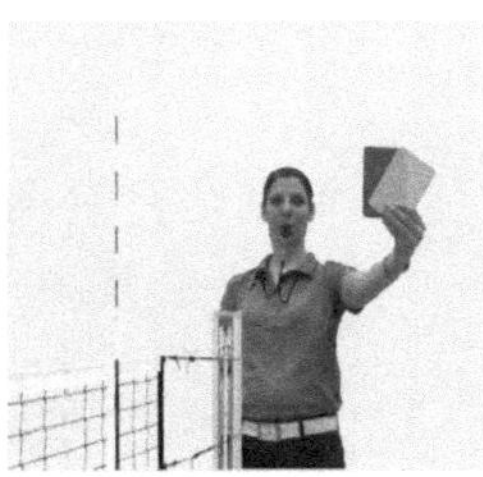

Hinausstellung

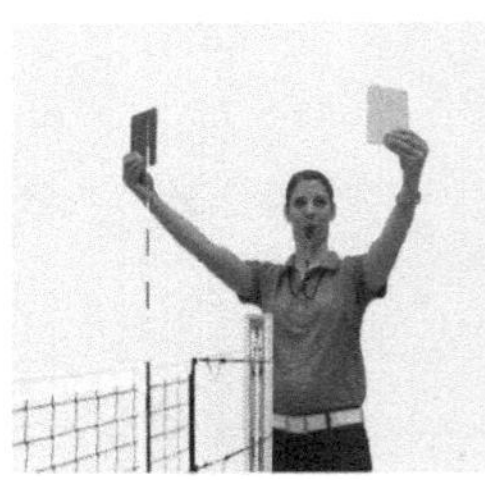

Disqualifikation

Die Schiedsrichterfotos wurden zur Verfügung gestellt vom Schleswig-Holsteinischen Volleyball-Verband.

4.5 DAS ADLERAUGE: DIE VIDEO-CHALLENGE

Vielen sportbegeisterten Zuschauern sind Video-Challenges aus anderen Sportarten, wie zum Beispiel im Tennis oder Fußball, bereits bekannt. Insbesondere im Volleyball, bei dem ein menschliches Auge manchmal nicht schnell genug ist, um eine Spielsituation genau zu beurteilen, kann die Video-Challenge Klarheit verschaffen. Diese wird international bei nahezu allen Veranstaltungen sowie in der Volleyball Bundesliga bei wichtigen Spielen (zum Beispiel Play-off-Finale oder Pokalfinale) eingesetzt.

Während des Spiels beobachten Hochgeschwindigkeitskameras das gesamte Spielfeld aus unterschiedlichen Blickwinkeln. Jede Linie und das Netz werden mit mindestens einer eigenen Kamera versehen, sodass bei Unklarheiten die Überprüfung durch den Challengeschiedsrichter angefordert werden kann. Dieser kann sich die Szene anhand der Aufzeichnungen aus unterschiedlichen Perspektiven anschauen. Somit sollen Fehlentscheidungen des Schiedsgerichtes sowie negative Emotionen von Spielern und des Trainerteams verhindert werden.

Aus erster Hand ... „Ich hätte mir die Challenge auch zu meiner Zeit als Spieler gewünscht. Damit bekommen Fehlentscheidungen viel weniger Einfluss auf das Spiel."

Michael Dornheim, 192-facher Ex-Nationalmannschafts-Zuspieler

Jede Mannschaft darf pro Satz zwei Video-Challenges anfordern. Dabei muss die Challenge unmittelbar nach der vermeintlich fehlerhaften Aktion, innerhalb von acht Sekunden nach Beendigung eines Spielzugs oder direkt nach der Aktion während des Spielzugs, angefordert werden. Eine Mannschaft kann den Spielzug also auch direkt während der Aktion unterbrechen. Dabei kann aber nur die wirklich letzte Spielaktion gechallenged werden. Wenn die Mannschaft kein Recht hat, verliert sie den Spielzug.

Schon gewusst? Auch der erste Schiedsrichter kann jederzeit eine Video-Challenge beantragen, wenn er sich unsicher ist und er die Aktion noch einmal vom Challengeschiedsrichter überprüft haben möchte.

Wird ein Videobeweis von einer Mannschaft beantragt und es stellt sich heraus, dass der Schiedsrichter eine Fehlentscheidung getroffen hat, wird diese korrigiert. Die Mannschaft verliert dabei aber keine ihrer zwei möglichen Challenges. Daher kann eine Mannschaft auch mehr als zwei Video-Challenges in einem Satz beantragen, solange sie im Recht ist. Um den Videobeweis zu beantragen, wird in der Regel mit dem Daumen und Zeigefinger einer Hand ein „C" geformt, manchmal gibt es auch Beantragungstafeln oder einen „Buzzer".

In den verschiedenen Ländern können zum Teil unterschiedliche Situationen „gechallenged" werden. Am häufigsten lassen Trainer In- und Ausbälle, Netzberührungen sowie Blocktouches (Blockberührung oder keine Blockberührung) überprüfen. Es kann aber auch die Antennenberührung eines Spielers oder des Balls, eine Bodenberührung des Balls sowie das Übertreten eines Spielers beim Aufschlag, beim Hinterfeldangriff oder der Mittellinie überprüft werden.

Aus erster Hand ... „Erst gab es Daten, um Spieler zu analysieren, Trainer bewertet man am Sieg oder der Niederlage; jetzt kann man endlich auch mal sehen, wer die besten Schiedsrichter sind – diejenigen, die am wenigsten Video-Challenges verlieren. Und das Gute daran ist, dass wir so die besten Schiedsrichter auf das Podest bekommen."

Vital Heynen, Weltmeistertrainer mit Polens Nationalmannschaft

Dabei helfen die Spieler den Trainern bei der Beantragung, denn sie nehmen die Spielaktionen auf dem Spielfeld meistens am besten wahr.

Bei der Beantragung der Challenges liegen die Trainer bzw. Teams laut FIVB im Durchschnitt in 60 Prozent der Fälle falsch. Es werden jedoch nicht alle Challenges mit der Erwartung gemacht, dass ein Punkt annulliert wird. Einige werden quasi als zusätzliche „Auszeiten" genommen und andere sind spekulative „Nichts zu verlieren"-Challenges, wenn ein Team weit hinten liegt.

★ 5 ★

DIE AKTEURE AUF UND NEBEN DEM SPIELFELD

DIE SPIELPOSITIONEN UND DER TEAMSTAFF

Auch wenn Volleyball von der Dynamik der Spielaktionen und den Ballgeschwindigkeiten von bis zu knapp 140 km/h ein schnelles Spiel ist, so wirkt die Sportart von der Positionierung her eher statisch.

Aus erster Hand ... „Volleyball ist wie Schach – nur mit Tempo 200."

Dr. Hans-Friedrich Voigt, Ex-Dozent an der Ruhr-Universität Bochum & Ex-Trainerausbilder der FIVB (modifiziert nach Arturo Hotz)

Jeder Spieler hat durch die Rotationsfolge eine feste Spielposition, die erst nach der Ausführung des Aufschlags verändert werden darf (siehe Kapitel 4.3). Dann jedoch wechseln die jeweils drei Vorder- und drei Hinterspieler untereinander auf ihre jeweilige Spezialposition im Vorder- und Hinterfeld.

Im Laufe der Zeit haben sich im Volleyball unterschiedliche Spielpositionen entwickelt, die im Spitzenvolleyball nahezu überall in das im Folgenden vorgestellte System münden. Beinahe jede Mannschaft im hochklassigen Bereich agiert derzeit im Spielsystem 1:2:2:1 + L mit einem Zuspieler, zwei Mittelblockern/Schnellangreifern, zwei Annahmeaußenspielern, einem Diagonalangreifer und einem Libero.

In der Grundaufstellung steht der Diagonalangreifer entsprechend seiner Bezeichnung diagonal zum Zuspieler. Die beiden Außenangreifer stehen ebenfalls diagonal zueinander wie auch die beiden Mittelblocker/Schnellangreifer, von denen jedoch in den meisten Teams der hintere nach seinem Aufschlag durch den Libero ersetzt wird.

Mit dem Zuspieler auf der Position I ergibt sich die folgende Grundaufstellung:

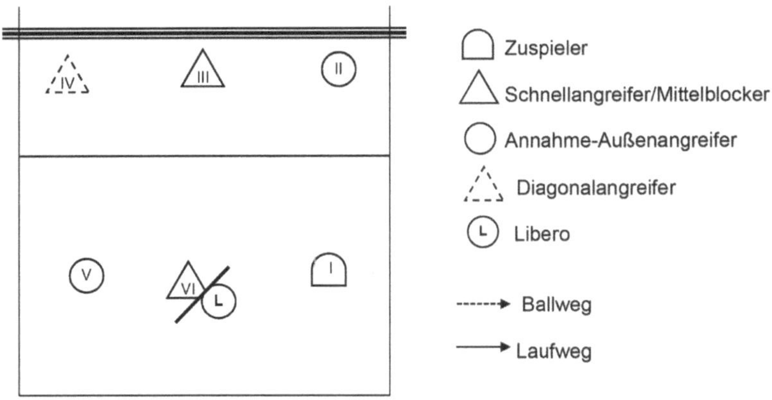

Grundaufstellung im Spielsystem 1:2:2:1+L mit Zuspieler auf Position I

Universalspieler, die auf mehreren Positionen einsetzbar sind, sind aufgrund der starken Spezialisierung leider selten geworden. Jedoch sollten die Spieler im Nachwuchsbereich noch möglichst lange universell, das heißt vielfältig ausgebildet werden.

Aus erster Hand ... „Wie viele Spieler braucht man, um deutscher Vizemeister zu werden? Heute gibt es bei nationalen und internationalen Spielen und Meisterschaften oft den 14er-Kader. Das macht auch durchaus Sinn, da man dann alle Positionen doppelt (und dreifach) besetzt hat. Mit Düren sind wir im Jahr 2005 immerhin deutscher Vizemeister geworden – und das mit genau zehn Spielern. Möglich war dies nur durch die beiden Universalspieler im Kader: Sven Anton und mich. So hatten wir zum Beispiel nur zwei ‚richtige' Mittelblocker und Außenangreifer. Sven und ich haben immer dort gespielt, wo das Team uns brauchte. Ich habe die Saison als Außenangreifer begonnen und bin nach der Verletzung des Diagonalspielers auf dessen Position geblieben. Sven hat oft in der Mitte ausgeholfen und war dann in den Play-offs Außenangreifer und hat auf dieser Position gegen den damaligen amtierenden Meister SCC Berlin den Matchball im Halbfinale verwandelt."

Christian Dünnes, Ex-Nationalspieler und jetziger Sportdirektor des DVV

Aufgrund der Rotationsregel muss jeder Spieler um eine Position weiterrotieren, wenn sein Team dem Gegner das Aufschlagrecht abnimmt und selbst zum Aufschlag kommt. Somit muss jeder Spieler grundsätzlich auf jeder der sechs Spielpositionen agieren. Mithilfe von Positionswechseln versuchen die Mannschaften jedoch, diese Rotation jeweils im Vorder- und Hinterfeld zumindest teilweise rückgängig zu machen. Das Ziel der Positionswechsel ist es, dass jeder Spieler entsprechend seiner Stärken auf der Position im Spielfeld steht, auf der er seinem Team die meisten Vorteile bringt.

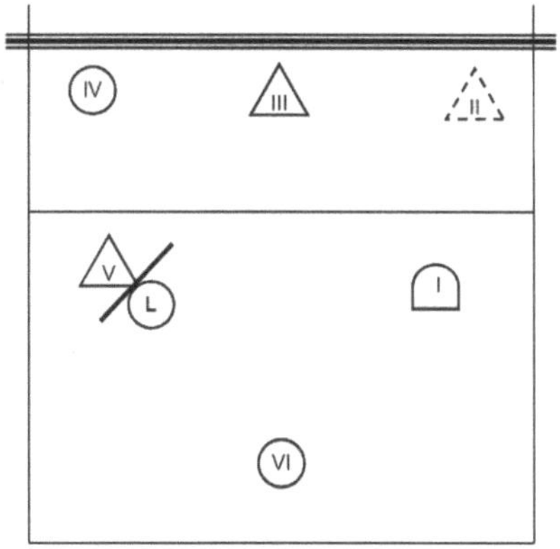

Positionierung im Spielfeld nach erfolgten Positionswechseln im Spielsystem 1:2:2:1+L mit Zuspieler auf Position I

Somit versucht man den Zuspieler im Vorderfeld stets auf der Positon II und im Hinterfeld auf der Position I zu haben, um von dort aus die Zuspielpässe auf dem Spielfeld zu spielen, denn so bekommen die überwiegend rechtshändigen Angreifer den Ball günstig auf ihre Schlagschulter.

Die Mittelblocker/Schnellangreifer sollen zentral am Netz positioniert werden, da sie so auf sämtlichen Positionen das Blockspiel gegen alle gegnerische Angreifer unterstützen können. Im Hinterfeld sollen diese in der Regel langen, eher annahme- und abwehrschwachen Spieler versteckt werden; dies gelingt durch den Austausch durch den Libero hervorragend.

Die Annahme-Außenangreifer werden im Vorderfeld auf der Position IV im Angriff aus der Annahme auf der Außenposition benötigt und im Hinterfeld überwiegend auf der Position VI für den zentralen Hinterfeld-VI-Angriff.

Der Diagonalangreifer ist das Pendant zum Zuspieler. Ihn hat man stets auf der gleichen Spielfeldhälfte wie den Zuspieler, um diesen mit seinem in der Regel fehlenden Angriff zu kompensieren, da der Diagonalangreifer nicht nur über Position II (wenn der Zuspieler im Hinterfeld auf der I steht), sondern auch über die Hinterfeldposition I angreifen kann. So wird auch mit dem Zuspieler auf der Position II noch gefährlich über diese Spielfeldhälfte angegriffen.

Insgesamt ergeben sich im Spielsystem 1:2:2:1+L sechs verschiedene „Bilder" in der Annahme, die im Folgenden kurz skizziert werden. Es sind immer die drei Annahmespieler, der Laufweg des Zuspielers sowie die Anlaufwege der Vorder- und Hinterfeldangreifer eingezeichnet.

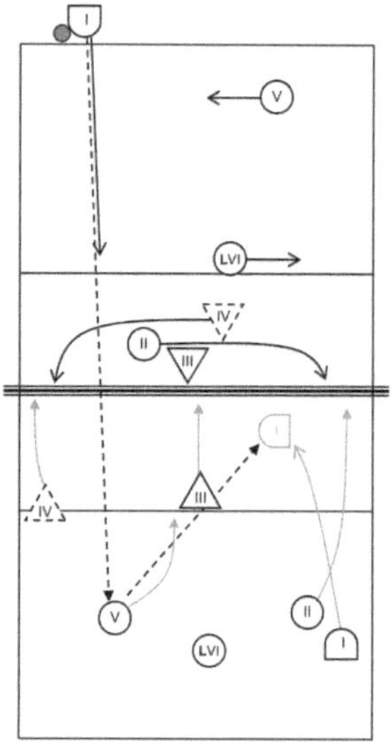

Aufschlag- und Annahme-situation mit Läufer I

Im Läufer I (die Bezeichnung „Läufer" wird verwendet, weil der Zuspieler aus dem Hinterfeld „läuft") ist die Besonderheit, dass der Zuspieler einen langen Laufweg aus der Annahme von Position I hat. Zudem greift der Diagonalangreifer auf der für ihn ungewohnten Position IV (über die linke Spielfeldhälfte) und der Annahme-Außenangreifer über die für ihn ungewohnte Position II (rechte Spielfeldhälfte) an. Aus diesem Grund ist der Läufer I bei vielen Teams die unbeliebteste Aufstellung.

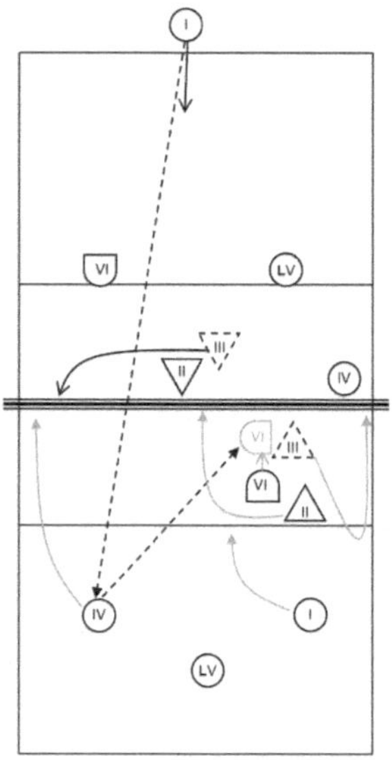

Aufschlag- und Annahme-situation mit Läufer VI

Im Läufer VI hat der Zuspieler einen sehr kurzen Laufweg aus der Annahme und der Diagonalangreifer kann direkt über seine Libelingsposition II angreifen. Nachteil in dieser Aufstellung ist es, dass kaum eine Veränderung des Annahmeriegels (anderer Spieler in die Annahme, Umstellung auf einen Viererriegel) vorgenommen werden kann. Der Pipe-/Hinterfeld-VI-Angriff ist vom Annahme-Außenangreifer, der jedoch auf Position I annimmt, nicht ganz leicht umzusetzen.

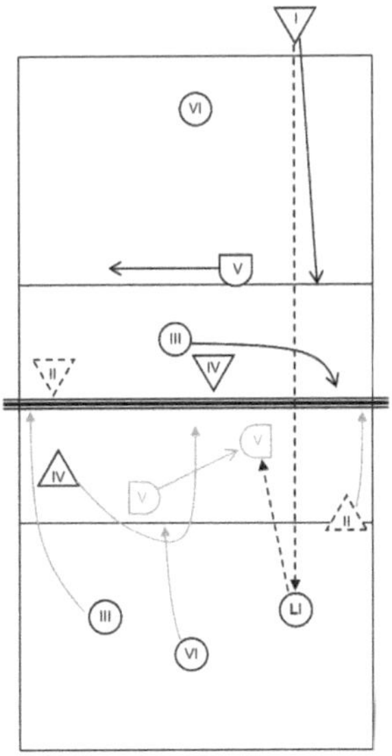

Aufschlag- und Annahme-situation mit Läufer V

Im Läufer V hat der Zuspieler einen langen Laufweg aus der Annahme und muss sich vor dem Zuspiel zusätzlich noch drehen. Der Schnellangreifer auf Position IV hat ebenfalls einen längeren Laufweg. Insgesamt können aber alle Spieler (inkl. dem Pipe-/Hinterfeld-VI-Angreifer) aus einer optimalen Ausgangsposition eingesetzt werden.

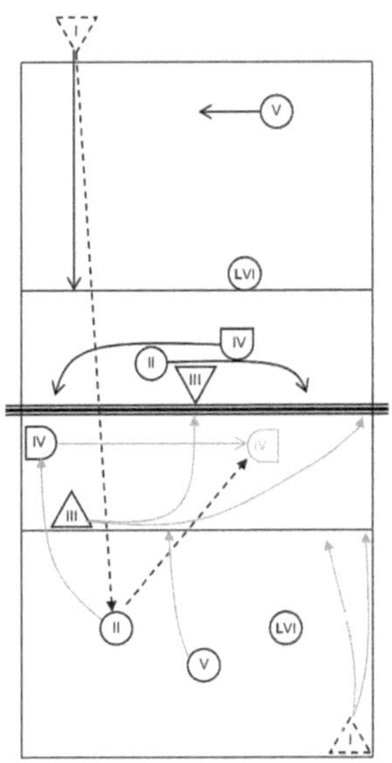

Aufschlag- und Annahme-situation mit Zuspieler IV

Im Zuspiel IV [da der Zuspieler jetzt nicht aus dem Hinterfeld „läuft", wird nun nicht von Läufer, sondern von Zuspiel(-position) gesprochen], hat der Zuspieler den längsten Laufweg aus der Annahme inklusive einer Drehung um 180 Grad vor dem Zuspiel. Aufgrund der Zuspiel-Vorne-Situation ist der Hinterfeld-I-Angriff über den Diagonalangreifer wichtig. Im Frauenbereich läuft die Schnellangreiferin überwiegend zum einbeinigen Angriff hinter der Zuspielerin. Hier läuft dann die Hinterfeld-I-Angreiferin einen etwas eingerückten Pass zwischen Position I und VI an.

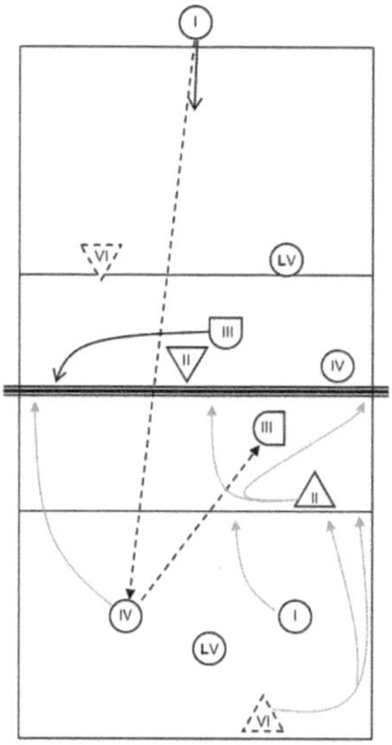

Aufschlag- und Annahme-situation mit Zuspieler III

Im Zuspiel III steht der Zuspieler in der Annahmesituation bereits auf seiner optimalen Position und der Schnellangreifer hat beide Optionen, vor oder hinter dem Zuspieler anzugreifen. Der Pipe-/Hinterfeld-VI-Angreifer läuft etwas unglücklich von Position I aus an und der Diagonalangreifer mit beiden Möglichkeiten über Hinterfeld Position I (eingerückt oder außen).

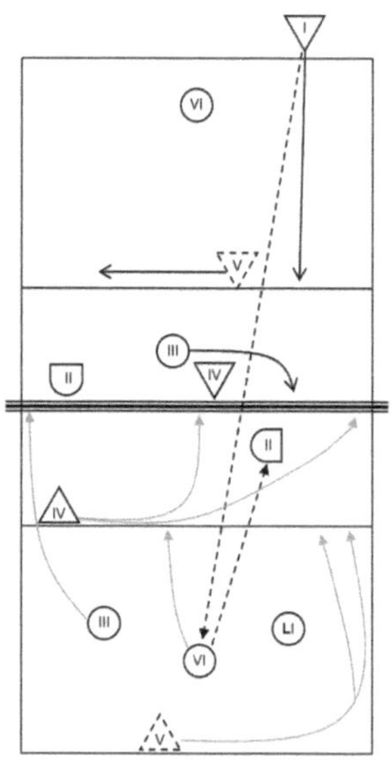

Aufschlag- und Annahme-situation mit Zuspieler II

Im Zuspiel II steht der Zuspieler in der Annahmesituation wiederum auf einer optimalen Ausgangsposition. Der Schnellangreifer greift vor oder hinter dem Zuspieler an. Der einbeinige Überkopfangriff ist jedoch bei den Frauen nicht unbedingt die Stärke dieser Spielerin, da diese Spielerin ihn nur in dieser Situation spielt, in den anderen beiden Rotationen jedoch vor der Zuspielerin agiert, da dann die Diagonalangreiferin über die Position II angreift. Der Diagonalangreifer hat in dieser Rotation einen sehr langen Anlaufweg zum Hinterfeld-I-Angriff.

5.1 DER 10ER DES VOLLEYBALLS: DER ZUSPIELER

★

Steckbrief Zuspieler

Charakter/Typ: Lenker & Denker – Ruhepol – verlängerter Arm des Trainers auf dem Spielfeld – Stratege mit Spielwitz und Spielintelligenz – Spielmacher – muss insbesondere unter Druck cool und abgeklärt agieren – behält stets die Nerven und den Überblick über das Spiel – kommunikativer Typ für einen Informationsaustausch mit seinen Mitspielern, insbesondere mit den Angreifern – muss stets positiv bleiben und Vertrauen in die Fähigkeiten seiner Mitspieler haben.

Aufgaben: Architekt, Organisator, Koordinator und Umsetzer der Zuspiel- und Angriffsstrategie – spielt stets den zweiten Pass auf seiner Spielfeldseite mit dem Ziel des optimalen Einsetzens seiner Angreifer, das heißt, er verschafft seinen Angreifern im besten Fall eine blockfreie Angriffssituation bzw. einen Angriff gegen einen Einerblock oder offenen Doppelblock.

Fähigkeiten: Außergewöhnlich gute Pritschtechnik zum Spielen des Zuspielpasses – muss schnell sein zum Erreichen des angenommenen Balls – sehr gutes peripheres Sehen und Blicksprungtechnik zur Beobachtung der gegnerischen Block- und Feldverteidigung.

Besonderheiten: Springt mit 34 (Frauen) und 26 (Männer) Sprüngen pro Satz von allen Spielpositionen am häufigsten – muss sich mit seiner Funktion identifizieren, auch wenn er nur sehr wenige eigene Punkte erzielt.

★

Der Zuspieler wechselt im Vorderfeld stets auf die Position II und im Hinterfeld auf die Position I, um von dort aus einer für die Angreifer günstigen Position das Zuspiel zu übernehmen.

Er hat das Spiel seines Teams im wahrsten Sinne des Wortes „in der Hand", denn im Optimalfall spielt er stets den zweiten Kontakt für sein Team. Er ist damit das Bindeglied zwischen der Annahme/Abwehr (erster Ballkontakt) und dem Angriff (dritter Ballkontakt). Er muss die Stärken der eigenen Angriffsspieler und die Schwächen der gegnerischen Block-/ Feldverteidigung kennen und gegeneinander abwägen. Daraus ergibt sich, welchem Angreifer er wie zuspielen wird.

Aus erster Hand ... „Der Zuspieler ist das ‚Hirn' sowie der Dreh- und Angelpunkt des Teams – er sollte deshalb ein absoluter Leadertyp sein."

Patrick Steuerwald, 125-facher Ex-Nationalmannschafts-Zuspieler

Der Zuspieler muss nicht nur ein Multitasking-Talent sein und ein überdurchschnittlich gutes peripheres Sehen besitzen, um die gegnerischen Blockspieler zu beobachten und sein Zuspiel danach auszurichten, sondern auch eine enorm präzise Zuspieltechnik haben. Ganz klar dominiert bei ihm das obere Zuspiel, das Pritschen, womit der Ball am besten kontrolliert werden kann. Dabei spielt er nach Möglichkeit alle Zuspiele im Sprung zu, da er so das Angriffsspiel beschleunigt sowie als Vorderspieler eine zusätzliche Bedrohung durch das eventuelle Spielen einer Zuspielfinte darstellt. Hierbei geht es zudem um den Überraschungseffekt.

Der Zuspieler muss die vorher mit dem Trainer abgesprochene Spielidee auf dem Spielfeld umsetzen und die Verantwortung dafür mit übernehmen. Dazu verwendet er vier unterschiedliche Angriffswellen für verschiedene Passgeschwindigkeiten. Dabei sollte er einerseits die Pässe variantenreich auf seine vier Vorder- und Hinterfeldangreifer verteilen, andererseits sollte er wissen, wer in den entscheidenden Spielsituationen der „go-to guy", das heißt der effektivste Angreifer seines Teams, ist. Diesem wird in den wichtigen Spielsituationen die Verantwortung im Angriff aufgetragen.

Bei jedem seiner Pässe sollte der Zuspieler eine neutrale Körperstellung haben, um dem Block so spät wie möglich seine Aktion zu verraten. Trotzdem müssen die Pässe natürlich präzise zum Angreifer kommen.

Aus erster Hand ... „Wenn ich den Block ausgespielt habe und der gegnerische Mittelblocker in die andere Richtung gerannt ist, habe ich ihn manchmal gefragt: ‚Ist bei euch heute Wandertag?'"

Manuel Rieke, 33-facher Ex-Nationalmannschafts-Zuspieler

Nach erfolgtem Pass muss der Zuspieler den Angriff sichern, falls dieser geblockt wird. Passiert das nicht, bereitet er sich zum Block vor, denn ihm gegenüber greift der Außenangreifer der gegenerischen Mannschaft an. Wenn der Zuspieler in der Rotation hinten ist, geht er in der Abwehr auf die Position I.

In der Annahmesituation gibt es einige Besonderheiten: Da der Zuspieler möglichst jeden Ball zuspielen sollte, um den effizientesten Angriff zu erzielen, wird er aus der Annahme herausgenommen. Zudem positionieren sich die Annahmespieler so im Feld, dass der Zuspieler einen kurzen Weg zu seiner Zuspielposition hat. Diese Umstrukturierung unter Beachtung der Aufstellungsregeln ist nicht immer leicht.

Aus erster Hand ... „Eine gute Zuspielerin erkennt man nicht in den ‚Dankeballsituationen', sondern in den schwierigen Spielsituationen. Vor allem darf man als Zuspieler niemals die Bindung zu seinem Schnellangreifer verlieren. Wenn man den Block ausspielen will, muss die Möglichkeit, ihn einzusetzen, so lange wie möglich bestehen bleiben."

Mareike Hindriksen, langjährige Ex-Bundesliga-Zuspielerin

Zuspieler sind häufig eher älter, da insbesondere bei dieser Spielposition eine gewisse Spielerfahrung von großem Vorteil ist. Zudem müssen sie extrem fehlerresistent sein, falsche Entscheidungen sofort abhaken können und „auf Reset stellen" können.

5.2 DIE UNIVERSALGENIES: DIE ANNAHME-AUSSENANGREIFER

★

Steckbrief Annahme-Außenangreifer

Charakter/Typ: Cool in der Annahme – abgezockt im Angriff.

Aufgaben: Er ist zusammen mit dem Libero für den ersten Pass zum Zuspieler verantwortlich und nimmt gemeinsam mit ihm die gegnerischen Aufschläge an – er greift in der Regel über die linke Spielfeldhälfte sowie das Zentrum des Hinterfelds an – agiert in der Feldverteidigung meist auf der Position VI in der hinteren Feldmitte – greift im Kombinationsangriff zweites, ansonsten drittes und viertes Tempo an.

Fähigkeiten: Sehr gute Bagger- und zum Teil auch Pritschtechnik für die Annahme der gegnerischen Aufschläge – gute Kopplungs- und Rhythmusfähigkeiten, da er die beiden Techniken Annahme oder auch Abwehr und Angriff häufig unmittelbar hintereinander ausführen muss – variantenreich im Angriff – beherrscht nicht nur den harten Schlag, sondern auch Shots und Tipp-Bälle – muss in der Abwehr auf der Position VI hervorragende antizipatorische Fähigkeiten zum Lesen des gegnerischen Angriffs besitzen.

Besonderheit: Wird vor allem auch aus schlechter Zuspielsituation eingesetzt und muss dann kreative und dennoch fehlerfreie Angriffslösungen finden.

★

Der Annahme-Außenangreifer definiert sich, wie sein Name schon verrät, durch eine äußerst schwierige Kombination aus zwei Fähigkeiten – der Annahme und dem (Außen-)Angriff. Er greift im Vorderfeld überwiegend auf der linken Feldhälfte auf Position IV an und stellt auch dort den Block gegen den gegnerischen Diagonalangreifer. Zudem unterstützt er den Mittelblocker im Block gegen den Schnell- und Hinterfeldangreifer VI.

Im Vorderfeld wird er sehr häufig angespielt, vor allem gehen auch oft „Notpässe" nach einer schlechten Annahme oder Abwehr zu ihm, weshalb er Vertrauen in seine eigenen Fähigkeiten braucht. Dazu muss er sehr flexibel angreifen können und auch schlechte Pässe in Punkte verwandeln bzw. den Gegner zumindest damit in Bedrängnis bringen können. Häufig steht ihm ein Doppel- oder sogar ein Dreierblock gegenüber, weswegen er Alternativen zum harten Angriffsschlag, der bei ihm als Angriffstechnik überwiegt, haben muss. Diese sind zum Beispiel gelegte Bälle oder das gezielte Anschlagen des Blocks.

Aus erster Hand ... „Für mich als kleiner Angreifer hat der Block viele Gesichter. So kann ich ihn zum Beispiel für ein gezieltes Anschlagen nutzen. Denn nicht nur Härte gewinnt Punkte, sondern als (kleiner) Angreifer muss man überraschen können."

Ines Bathen, 1,73 Meter große, langjährige, ehemalige Bundesliga-Annahme-Außenangreiferin

Nach dem Angriff geht der Angreifer in die Blockposition und muss im Anschluss sofort wieder angriffsbereit sein. Dies erfordert ein gutes Orientierungsvermögen sowie Schnelligkeit.

Durch die doppelte Belastung von Annahme und Angriff steht der Annahme-Außenangreifer unter äußerst großem psychischen und physischen Druck. Befindet er sich in der Rotation vorne am Netz, kann er nach der Annahme sofort als Kombinationsangreifer eingesetzt werden. Ist er hinten, so steht er auf der Position VI und verteidigt dort vor allem die langen Bälle und kann für Hinterfeldangriffe angespielt werden. Auch ist hier ein Kombinationsangriff als Angriffskombination mit dem

Schnellangreifer möglich, der sogenannte „Pipe-Angriff" aus dem Hinterfeld.

Aus erster Hand ... „Das Spiel wird immer schneller und natürlich möchte man nach der Annahme so schnell wie möglich in den Angriff übergehen. Leider passiert es dann ab und an, dass der Kopf einfach schon beim Angriff ist und die Annahme zur Nebensache wird. Wenn das passiert, dauert es nicht lange und der Trainer steht neben einem und sagt: ‚Erst die Annahme, dann der Angriff!' Klingt komisch, ist aber so!"

Matthias Pompe, ehemaliger Bundesliga-Annahme-Außenangreifer

In jedem Team stehen zwei Annahmespieler auf dem Spielfeld – häufig ein etwas kleinerer Spieler mit besseren Annahmequalitäten, der in diesem Spielelement mehr Verantwortung übernimmt sowie ein größerer Spieler. Dieser nimmt zwar schlechter an, besitzt aber eine bessere Durchschlagskraft im Angriff.

Aus erster Hand ... „Als Annahme-Außen hat man die Mischung aus allen Elementen und die Verantwortung, an vielen Aktionen beteiligt zu sein. Das hat mir, wenn ich als Diagonalangreiferin gespielt habe, gefehlt. Dabei war die Annahme das Element, das mich mental am meisten herausgefordert hat."

Angelina Hübner (geb. Grün), 297-fache Ex-Nationalmannschafts-Annahme-Außen- und -Diagonalangreiferin

5.3 LANG UND UNTERSCHÄTZT: DIE MITTELBLOCKER/SCHNELLANGREIFER

★

Steckbrief Mittelblocker/Schnellangreifer

Charakter/Typ: Meist der Größte auf dem Spielfeld – mannschaftsdienlich, denn er gibt, meist ohne selbst viel zu punkten, stets alles für sein Team.

Aufgaben: Seine Hauptaufgabe ist das Blockspiel gegen alle gegnerischen Angreifer – hierbei kämpft er nicht nur für den eigenen Blockerfolg, sondern in erster Linie, um seinen Abwehrspielern durch Stellen eines guten Blockschattens die Feldverteidigung zu erleichtern – er kommt aus der Annahme und zum Teil auch aus der Abwehr mit wenigen Schritten zum Schnellangriff im ersten Tempo – er bekommt dabei in der Regel nicht viele Bälle zum Angreifen, sondern dient vor allem als „Lockvogel", um den gegnerischen Mittelblocker zu binden.

Fähigkeiten: Sehr gute Blocktechnik – besitzt trotz seiner Größe hervorragende koordinative Fähigkeiten, da er stets unter Zeitdruck sehr schnelle und koordinativ anspruchsvolle Laufschritte zum Blockort ausführen muss – hervorragende Beoachtungsfähigkeiten, da er alle vier bis fünf gegnerischen Angreifer im Blick haben muss, um gegen diese einen effektiven Block zu stellen.

Besonderheiten: Muss nicht nur groß sein, sondern auch möglichst lange Arme besitzen, um Reichhöhe im Block und Angriff zu generieren – muss eine große Frustrationstoleranz besitzen, da er im Angriff nur selten eingesetzt wird, dann aber abliefern muss und auch im Block eher selten Erfolgserlebnisse hat.

Aus erster Hand ... „Wenn du mit Volleyball Geld verdienen willst, werde nicht Mittelblocker oder Libero."

Felix Weber (geb. Isaak), ehemaliger Bundesliga-Mittelblocker

Der Spielertyp des Mittelblockers/Schnellangreifers hat ebenfalls zwei zentrale Aufgaben. Um diese erfolgreich zu meistern, ist eine außerordentliche Körpergröße wichtig – so ist er meist groß gewachsen (Männer: ≥ 2,00 m, Frauen: ≥ 1,90 m). Seine erste Aufgabe ist es vor allem, den gegnerischen Zuspieler „zu lesen" und sich nicht von ihm täuschen zu lassen, sondern den richtigen Angreifer zu erkennen. Dann gilt die Devise: Blocken, blocken, blocken.

Aus erster Hand ... „Vor jedem Ballwechsel sollte sich der Mittelblocker in den gegnerischen Zuspieler hineinversetzen und sich überlegen: ‚Wie würde ich mich jetzt ausspielen wollen?' Somit sind die Mittelblocker die Spieler, die die gegnerische Mannschaft am besten kennen müssen."

Felix Weber (geb. Isaak), ehemaliger Bundesliga-Mittelblocker

Hierfür brauchen Mittelblocker eine besonders gute Beobachtungsgabe, um den „Informationsoverload", der von der gegnerischen Angriffswelle auf ihn einwirkt, zu verarbeiten und die richtige Handlungsentscheidung daraus abzuleiten, um rechtzeitig einen guten Block gegen den gegnerischen Angriff stellen zu können. Damit er überall am Netz im Block mithelfen kann, steht er auf der Position III zentral am Netz.

Er darf sich jedoch nicht an seinen direkten Blockpunkten messen – vielmehr muss es ihm darum gehen, sein Team dabei zu unterstützen, den gegnerischen Angreifer zu verteidigen. So springt der egoistische Mittelblocker der Einfachheit halber immer bei seinem direkten Gegenspieler mit, um diesen ab und an zu blockieren. Damit vernachlässigt er aber sträflich seine wichtigeren Blockaufgaben bei den anderen gegnerischen Angreifern.

Aus erster Hand ... „Was einen guten Mittelblocker ausmacht, ist eine gewisse Ruhe und Geduld auf dem Spielfeld. Er muss sich die Zeit für seine Blockaktion nehmen, bis er wirklich ein klares Muster beim Gegner erkennt bzw. sieht, wohin der Ball wirklich gespielt wird – dann jedoch muss er super schnell agieren."

Stefan Hübner, 245-facher Ex-Nationalmannschafts-Mittelblocker

Neben dem Block im Bereich der Defensive ist es seine zweite Aufgabe, sich in der eigenen Offensive für einen schnellen Angriff anzubieten – ob er den Pass auch bekommt, oder er nur mit seinem angsteinflößenden Anlauf den gegnerischen Block „zieht", steht auf einem anderen Blatt.

Dieses permanente „Umsonst-Anlaufen" darf ihn jedoch nicht frustrieren, denn er darf sich an der Häufigkeit seiner Angriffe genauso wenig messen wie an seinen direkten Blockpunkten. Eigentlich ist jeder schlechte Block, das heißt ein Einerblock und ein offener Doppelblock gegen die anderen Angreifer seines Teams sein Verdienst und somit sein Punkt, denn er hat ja den gegnerischen Mittelblocker gebunden – nur leider wird dieser „Assist" im Volleyball nicht offiziell gezählt oder gewertet.

Aus erster Hand ... „Als Mittelblocker braucht man ein hohes Maß an Frustrationstoleranz. Man läuft ständig an und bekommt so gut wie nie den Ball. Der Zuspieler des Gegners hat in guten Situationen immer einen enormen Vorteil und man steht nur die Hälfte des Spiels auf dem Feld. Aber wenn man angreift und das Ding scheppert oder wenn man dann den entscheidenden Block setzt, da gibt es nichts – alles ist vergessen."

Jaromir Zachrich, ehemaliger Bundesliga-Mittelblocker

Dafür erwarten alle von ihm, dass er, wenn er endlich einmal den Ball erhält, auch den Punkt macht. Sieben von zehn Bällen sollte ein guter Schnellangreifer schon zu einem direkten Punkt verwerten – viel mehr Angriffe gibt es auch häufig nicht im Spiel.

Da sein Zeitfenster für den Angriff sehr kurz ist, muss er sich „blind" mit seinem Zuspieler verstehen, weil das schnelle Tempo ein perfektes Zusammenspiel von Zuspieler und Angreifer erfordert und sehr fehleranfällig ist. Er hat jedoch nur eine Chance, eingesetzt zu werden, wenn die Annahme oder Abwehr nahezu perfekt auf die Zuspielposition ans Netz kommt. Ansonsten kann er seinen Angriff direkt abbrechen und sofort zur Angriffssicherung der anderen Angreifer übergehen.

Aus erster Hand ... „Mittelblocker sind oftmals die Spieler in der Mannschaft über die am vorschnellsten geurteilt wird. Dabei vereinigt diese Position für mich alles, was Volleyball ausmacht: Antizipation, Kognition, Emotion, Partizipation und manchmal auch Frustration. Mehr geht nirgendwo."

Jaromir Zachrich, ehemaliger Bundesliga-Mittelblocker

Wechselt der Mittelblocker in der Rotation nach hinten, wehrt er nur bei eigenem Aufschlag ab. Bei einem Punktverlust verlässt er in nahezu allen Teams das Spielfeld und der annahme- und abwehrstärkere Libero übernimmt seine Position im Hinterfeld. Er wechselt erst wieder auf die Position IV auf das Spielfeld zurück.

Aus erster Hand ... „Mittelblocker sind schon lange nicht mehr die großen aus der Mannschaft, die man nur irgendwo hinstellen muss, damit sie möglichst wenig Schaden anrichten können. Der moderne Volleyball stellt so hohe Ansprüche, dass die Anforderungen an diese Position enorm gewachsen sind."

Jaromir Zachrich, ehemaliger Bundesliga-Mittelblocker

5.4 KAISERLICH: DER DIAGONALANGREIFER

★

Steckbrief Diagonalangreifer

Charakter/Typ: Der Kaiser auf dem Spielfeld – setzt die wichtigsten Akzente im Angriff – der größte Klopper und Hau-Drauf.

Aufgaben: Der Hauptpunktesammler einer Mannschaft im Angriff – greift dazu effektiv im Vorderfeld über Position II und aus dem Rückraum über die Position I an – glänzt bei den Männern meist mit seinen Hammer-Sprungrotationsaufschlägen.

Fähigkeiten: Muss sich in schlechter Situation auch gegen einen Dreierblock durchsetzen können – muss in Big-Point-Situationen die Hauptlast im Angriff tragen – muss in kritischen Situationen seine Abgezocktheit zeigen und besonders da für sein Team punkten – besitzt ein großes Angriffsrepertoire inkl. eines gefühlvollen Roll-Shots über den Block – kann die Blockpositionierung gut einschätzen und entsprechend hart entlang der Linie oder diagonal vorbeischlagen.

Besonderheiten: Meist der auffälligste, sehr athletische Spieler einer Mannschaft, da er die meisten spektakulären Punkte mit harten Angriffsschlägen beisteuert – aus diesem Grund auch häufig der „Best-Verdiener" des Teams.

★

Dieser mit einer meist überdurchschnittlichen Sprungkraft und einer hohen Schlaghärte gesegnete Spieler hat seinen Namen, da er in der Grundaufstellung diagonal zum Zuspieler steht. Er übernimmt häufig 25

Prozent und mehr der Angriffsaktionen seines Teams und greift – außer im Läufer I – im Rücken des Zuspielers an. Linkshänder bzw. -schläger bringen für diese Position den Vorteil mit, dass der Ball beim Angriff nicht erst ihren Körper passieren muss, weshalb sie häufig auf dieser Position zu finden sind.

Aus erster Hand ... „Der Diagonalangreifer wird meist als Punktemaschine angesehen und muss manchmal aus Mist Gold machen. Dabei wird er oft als Held dargestellt, doch sollte er stets mannschaftsdienlich bleiben und nicht vergessen: Ohne Team ist man nichts!"

Jochen Schöps, 318-facher Ex-Nationalmannschafts-Diagonalangreifer

In der Regel übernimmt er die Rolle des Hauptangreifers im Team. Er ist zudem der Spezialist für den Hinterfeldangriff von der Position I, also von rechts hinten im Spielfeld. Diagonalangreifer sind meist groß gewachsene, wuchtige Spieler mit einem Hammer-Armzug, doch müssen sie – wie die Außenangreifer – variabel schlagen und Lücken ausnutzen können, da sie meistens gegen einen Zweier- und sogar Dreierblock angreifen.

Aus erster Hand ... „Ich habe das Gefühl, dass sich die Position der Diagonalangreiferin im Moment wandelt und die Elemente Abwehr, Block und Zuspiel immer mehr an Bedeutung gewinnen."

Louisa Lippmann, 150-fache Nationalmannschafts-Diagonalangreiferin

Deshalb muss der Diagonalangreifer nicht nur harte Linie angreifen und diagonal am Block vorbeischlagen, sondern den Block auch hart oben anschlagen können, um auch noch aus einer schlechten Angriffssituation den Punkt zu erzielen. Der Roll-Shot ist ebenfalls eine wichtige Angriffstechnik, mit der der Diagonalangreifer bei ansatzloser Ausführung die Abwehrspieler täuscht.

Aus erster Hand ... „Ein Diagonalangreifer braucht unbedingt einen guten Angriff die Linie herunter. Häufig spielt man gegen starke Mittelblocker, die einem das Leben in der Diagonalen schwer machen, aber es gibt tatsächlich nur relativ wenige Außenblocker, die die Linie richtig gut dicht machen können. Viele schaffen das noch gegen die harten Bälle die Linie runter, aber gegen den ‚Touch-out' tun sich viele schwer. Das sind übrigens auch die Bälle, die besonders viel Spaß machen. Und das ist dann auch die hohe Kunst des Angreifens für den Diagonalspieler – dieser Wechsel zwischen den beiden Angriffstimings: Hart ins Feld und verzögert an die Außenhand – natürlich nur, wenn nicht jeder zweite Ball an die Antenne gesetzt wird. Besonders freue ich mich, wenn ich mitkriege, dass ich Linie geblockt werden soll und ich kriege die Bälle doch immer wieder an die Außenhand und der gegnerische Trainer fängt an, seine Blockspieler anzumeckern ..."

Christian Pampel, 212-facher Diagonalangreifer der Nationalmannschaft

Dabei kann er sich meist voll und ganz auf seine Angriffsaufgabe fokussieren, da er in der Regel in den meisten Teams keine Annahmefunktion übernehmen muss. Lediglich gegen besonders hart aufschlagende Spieler geht er aushilfsweise mit in den Annahmeriegel.

Aus erster Hand ... „Ich liebte das Spiel über die Diagonalposition. Da ich mich nicht direkt auf die Annahme konzentrieren musste, nutzte ich diese paar Sekunden mehr für meinen Fokus auf den kommenden Angriff und fühlte zudem in die Situation hinein, was gerade für mein Team wichtig ist. Manchmal vielleicht auch ein wenig zu viel, sodass ich vom Aufschlag, der eigentlich aus war, abgeschossen wurde. Einmal davon passierte es in China bei einem Länderspiel. Ich wäre am liebsten im Boden versunken, als ein lautes Raunen in Form von ‚ooohhh' vom asiatischen Publikum durch die Halle klang."

Margareta Kozuch, 336-fache Ex-Nationalmannschafts-Diagonalangreiferin

Außerdem ist er ein wichtiger Blockspieler, denn ihm gegenüber steht der gegnerische Außenangreifer, der ebenfalls viele Bälle im Angriff bekommt.

5.5 DEFENSIV-SPEZIALIST: DER LIBERO

★

Steckbrief Libero

Charakter/Typ: Abwehrkatze – häufig der kleinste Spieler auf dem Feld – steht völlig im Dienst seines Teams, da er keine Punkte beisteuert – muss eine hohe Frustrationstoleranz besitzen, da er dennoch Fehler machen kann – meist Motivator des Teams auf dem Feld – mutiger Fels in der (Angriffs-)Brandung – willens- und kampfstark.

Aufgaben: Annahme- und Abwehrspezialist sowie -organisator – Haupt-Angriffssicherungsspieler – Haupt-Dankeball-Spieler – Nebenzuspieler auf dem Spielfeld, insbesondere, wenn der Zuspieler abwehrt.

Fähigkeiten: Besitzt eine perfekte Pritsch- und Baggertechnik – beherrscht sämtliche Abwehrtechniken, auch im Fallen – gutes oberes Zuspiel, auch einbeinig im Sprung – gute Beobachtungs- und Antizipationsfähigkeit – schnelle und gute Reflexe – sehr wendig mit einer guten Körperbeherrschung.

Besonderheiten: Trägt ein andersfarbiges Trikot – bekommt im Spiel häufig sehr wenige Ballkontakte, da er in der Annahme gemieden wird und es in der Abwehr sehr schwer hat – gehört häufig zu den am schlechtesten bezahlten Spielern – schlägt sich gerne vor dem Spiel mit ein, um zu zeigen, dass auch er (blockfrei) angreifen kann.

★

Der Libero agiert nur im Hinterfeld und kommt dort meist für den schlechtesten Abwehrspieler, in der Regel den Mittelblocker, für die Hinterrotation auf das Spielfeld. In der Abwehr steht er bei den meisten Teams auf der Position V, das heißt links hinten auf dem Feld. Er wehrt vereinzelt aufgrund seinen hervorragenden antizipatorischen Fähigkeiten auch auf der Position VI ab.

Ursprünglich sollte durch ihn der erste Angriff der Gegner abgeschwächt und die Ballwechsel sollten länger werden, jedoch trat durch seine starke Annahme genau das Gegenteil ein. Die Ballwechseldauer nahm anfangs ab, da durch ihn und seine Annahmequalitäten mehr Kombinationsangriffe und Angriffe erster Welle möglich wurden.

Wurden die Liberos anfangs von einer anderen Spielposition umgeschult und konnten sich nicht immer zu 100 Prozent mit ihrer Aufgabe identifizieren, so hat insbesondere die Abwehrqualität der Liberos in den vergangenen Jahren enorm zugenommen. Seitdem Liberos häufig bereits seit der späten Jugend speziell ausgebildet werden, gehen nahezu alle Spieler mittlerweile völlig in ihrer Spielposition auf und leisten insbesondere in der Abwehr Unglaubliches, sodass die Ballwechsel mittlerweile wieder länger geworden sind.

Aus erster Hand ... „Als Libero kann man eigentlich nur verlieren. Es ist so ähnlich wie bei einem Fußball-Torwart: Kriegt man die Bälle, wird das als völlig normal angesehen. Macht man dagegen einen Fehler, ist dieser meist nicht mehr korrigierbar. Der Libero fällt nicht auf, sondern steht im Schatten der Angreifer, die schmettern und die Punkte machen."

Kerstin Tzscherlich, 373-fache Ex-Nationalmannschafts-Libera

Der Libero ist der Annahme- und Abwehrspezialist der Mannschaft, daher sollte er in diesem Bereich auch der beste Spieler seines Teams sein. Da er in der Annahme vom Aufschläger in der Regel gemieden wird, muss er von sich aus größere Spielfeldbereiche übernehmen und seine Mitannahmespieler entlasten.

Er organisiert die Annahmeformation und – zusammen mit dem Mittelblocker – die Block- und Feldverteidigung. Unverzichtbar ist daher ein gutes Spielverständnis. Oftmals ist er somit ein sehr kommunikativer, emotionaler Spieler, der sein Team auf dem Spielfeld mit anführt. Mit seinem Einsatzwillen kann er mittels atemberaubenden Abwehraktionen Spiele entscheidend prägen.

Aus erster Hand ... „Das Zusammenspiel Abwehr und Zuspiel ist vor allem dann unglaublich wichtig, wenn mit Schnellangriffen und Angriffskombinationen gespielt wird. Blindes Verständnis der beiden Spielertypen Libero und Zuspieler kann dem Angriffsspiel zusätzliche Qualität und Attraktivität verleihen. Nicht nur die spektakulären Abwehrszenen des Liberos, sondern vor allem seine Spielübersicht und Präzision ist für den weiteren Spielaufbau ausschlaggebend, um letztendlich den Abwehrball auch ‚vergolden' zu können."

Renate Riek-Bauer, mit 518 Einsätzen Volleyball-Rekordnationalspielerin

Zu seinen Fähigkeiten sollte vor allem eine ausgezeichnete Antizipation gehören, weshalb es bei diesem Spieler häufig ist, wie bei einem guten Wein: Je älter, desto besser – außer, er fängt an zu korken ...

5.6 NEBEN DEM SPIELFELD: DAS TRAINERTEAM

Cheftrainer

Der Cheftrainer hat die sportliche Verantwortung für den Erfolg, aber insbesondere auch für den Misserfolg seines Teams. Im Bereich der Trainingssteuerung muss der Trainer die Trainingseinheiten planen, durchführen und reflektieren. Im Training sollte die Organisation ‚von alleine' funktionieren – das Hauptaugenmerk des Trainers sollte auf der Verbesserung seiner Spieler liegen, was er unter anderem durch Korrekturen und positive Verstärkung erreicht. Aus diesem Grund sollte ein Trainer ein guter Kommunikator und Motivator bzw. Bestärker seiner Spieler sein.

Aus erster Hand ... „Der Trainerberuf ist eine grandiose Passion, in der wir uns immer bewusst sein sollten, dass wir für die Spieler verantwortlich sind – und nicht umgekehrt!"

Michael Warm, Ex-Trainer u. a. beim SCC Berlin und beim VfB Friedrichshafen

In seiner zweiten Funktion als Coach am Spieltag muss er zahlreiche taktische Entscheidungen treffen. Hierzu gehört zur Vorbereitung vor dem Spiel die Gegneranalyse und Einstellung seines Teams mittels eines eigenen Spielkonzepts. Aber auch die Analyse der eigenen Mannschaftsleistung, d. h. die Überprüfung der Umsetzung und Wirkung seiner getroffenen Entscheidungen während und nach jedem Spiel ist für einen guten Trainer selbstverständlich.

Aus erster Hand ... „Mitten in der Saison 1989/90 übernahm ich als Trainer die Bundesligamannschaft Fortuna Bonn und hatte die Luxussituation, zwei hauptamtliche Co-Trainer zu haben. Bei mir als Trainer hatten sie nicht die Aufgabe, während des Trainings Bälle zu sammeln, sondern nach einer intensiven Einführung zur grafischen und schriftlichen Spielbeobachtung sollte jeder unsere Gegner bis ins Detail erfassen, beobachten und analysieren. Einmal, unabsichtlich, habe ich den Fehler gemacht, beiden die gleiche Videokassette zum Analysieren zu geben. Die Analyse des gleichen Spiels von beiden Co's war so unterschiedlich, wie diese es nur sein konnte. Ich habe beide zur Aussprache untereinander ins Trainerzimmer gebeten. Sie kamen raus, sagten kein Wort und wussten, dass zumindest einer von ihnen nach der Saison nichts mehr bei Fortuna Bonn zu suchen haben würde!!!"

Athanasios Papageorgiou, Meistertrainer in der 1. Bundesliga Männer

Während des Spiels ist im Hallenvolleyball aktives Coaching erlaubt. Der Coach darf sich dazu in der Freizone von der Spielerbank bis zur Seitenlinie bewegen. Er bestimmt die jeweilige Startformation seines Teams in den einzelnen Sätzen und nimmt Auszeiten sowie Spielerwechsel vor. Seine Ansprechperson hierfür ist der 2. Schiedsrichter.

Aus erster Hand ... „Wer als Cheftrainer einer Mannschaft selbst nicht loyal ist und nicht delegieren kann, wird nicht erfolgreich sein können. Darüber hinaus benötigt jeder Cheftrainer ein in jeder Hinsicht sehr gesundes Familienumfeld – eine unabdingbare Voraussetzung für alle Berufe, aber noch viel mehr für den Trainer im Spitzenbereich."

Athanasios Papageorgiou, langjähriger Ex-Trainerausbilder des DVV

Co-Trainer

Zum Trainerteam zählen neben dem Cheftrainer auch ein bis zwei Co-Trainer. Sie sind – je nach Angestelltenverhältnis – sowohl in die Trainingsplanung und insbesondere -durchführung als auch in die Analyse der Trainingseinheiten und Spieltage integriert. In vielen Teams sind die Co-Trainer im Training für eine bestimmte Spielposition, wie z. B. die Mittelblocker oder ein spezielles Spielelement, wie beispielsweise die Annahme, hauptverantwortlich. Während des Spiels sitzen die Co-Trainer auf der Mannschaftsbank.

Aus erster Hand ... „Über die Mannschaft bekommt man als Co-Trainer mit einem offenen Ohr deren Wünsche, Probleme und Unstimmigkeiten häufig schneller mit als der Cheftrainer. Das kann sehr hilfreich sein, um drohenden Konflikten vorzubeugen und Probleme frühzeitig zu beheben. Ein guter Co-Trainer schafft es dabei, Verständnis für die Probleme der Spieler zu zeigen und sich trotzdem loyal dem Cheftrainer gegenüber zu verhalten. Nur so bleiben die Autorität und die Führungsrolle des Cheftrainers unangetastet; dies ist die Bedingung für gute Teamarbeit. An anderer Stelle, unter vier Augen, kann es jedoch sehr hilfreich sein, dem Cheftrainer gegenüber kritisch zu sein, eine Gegenposition einzunehmen und Alternativen aufzuzeigen. Der Co-Trainer nimmt also immer die Rolle an, die dem Team in der jeweiligen Situation am meisten hilft."

Max Filip, Ex-Co-Trainer bei DSHS SnowTrex Köln, dem VCO Berlin, dem USC Münster und derzeit Co-Trainer beim Dresdner SC

5.7 DAS TEAM HINTER DEM TEAM

Scout

Der Scout benötigt ein umfassendes Know-how aller Prozesse im Volleyballspiel. Nur so kann er das eigene und gegnerische Team detailliert analysieren und eine taktische Spielvor- und -nachbereitung für den Trainer erstellen. Hierfür gibt es mittlerweile spezielle Scouting-Softwares (siehe Kapitel 7.2), da das statistische Erfassen von Hand bei Spitzenspielen aufgrund der Geschwindigkeit fast unmöglich geworden ist. Das Scouting liefert jedoch nur einen Beitrag zum Spiel – das Spiel selbst spielt die Mannschaft. Dabei kann das Scouting den Bereich Technik, Individualtaktik und Psyche nicht ersetzen, sondern lediglich bestmöglich unterstützen.

Aus erster Hand ... „Das Scouting und somit der Scout kann sowohl helfen, den Gegner zu analysieren, als auch eigene Stärken oder Potenziale zu erkennen und entsprechende Trainingsschwerpunkte zu setzen. Bei der Gegneranalyse zur Spielvorbereitung muss man jedoch darauf achten, wie sehr man sich an das Spiel des Gegners anpasst und wie viel des eigenen Spiels man beibehält. Solange das eigene System bzw. die eigenen Spieler der Situation gewachsen oder überlegen sind, ist es häufig besser, auf das eigene Spiel zu vertrauen."

Manuel Hartmann, ehemals Scout und Co-Trainer, jetzt Juniorinnen-Bundestrainer

Physiotherapeut und Mannschaftsarzt

Im Spitzenbereich ist in jeder Mannschaft ein Physiotherapeut zu finden sowie meist direkt ein ganzes Ärzteteam. Sie helfen den Spielern nicht nur bei akuten Verletzungen im Spiel, sondern begleiten diese durch die ganze Saison und helfen präventiv und rehabilitativ. Im Spiel ist es vor allem wichtig, eine schnelle Einschätzung zu treffen, ob der Spieler bei einer Verletzung noch spielfähig ist oder nicht. Aus diesem Grund sitzen ein Arzt und ein Physiotherapeut bei den Erstligisten mit auf der Mannschaftsbank. Oft sind bei Verletzungen die Sprunggelenke, die Knie, der Schultergürtel oder die Finger betroffen.

Psychologe

Vor allem, wenn eine Mannschaft aufgestiegen ist oder sie durch zahlreiche Spielerwechsel aus komplett neuen Spielern besteht, kann der Saisonauftakt holprig verlaufen. Es braucht Zeit, bis ein eingeschworenes Team entsteht und erste Niederlagen können das Selbstbewusstsein schnell in den Keller drücken. Meist sind es nur kleine Fehler, die über Sieg und Niederlage entscheiden. ‚Abhaken' ist wohl eines der Wörter, die ein Spieler seit seiner Jugend am häufigsten hört. Wer einen Fehler mental mit in den nächsten Ballwechsel nimmt, wird nicht mit voller Konzentration und vollem Selbstbewusstsein spielen. So muss der Trainer Drucksituationen und psychischen Stress für seine Athleten bereits im Training kreieren, um seine Athleten bestmöglich auf den Wettkampfstress vorzubereiten. Sportpsychologen können hier unterstützend zur Seite stehen und ebenfalls mit den Athleten arbeiten und ihnen zum Beispiel Entspannungs- und Aktivierungstechniken nahebringen.

Aus erster Hand ... „Als ich 1997 mit meiner Arbeit als Sportpsychologe anfing, war ich noch ein Exot, der wenig in die Sportszene hineinpasste. So wollte mich ein Vereinspräsident zunächst als ‚Physiotherapeut' anstellen. Bei meinem ersten Verein wurde ich als ‚Motivationstrainer' vorgestellt, um die Spielerinnen nicht zu verschrecken. Mittlerweile ist die Sportpsychologie ein fester Bestandteil des Leistungssports. Sportpsycholog*innen gehören in jeden Staff im Spitzensport und Top-Athleten rühmen sich für die Zusammenarbeit mit ihnen. Sinnbildlich dafür steht zum Beispiel die Tatsache, dass meine Kollegin Anett Szygeti den Beach-Volleyball-Olympiasiegerinnen Laura Ludwig und Kira Walkenhorst die Trophäe zur Wahl von ‚Deutschlands Sportmannschaft des Jahres' 2016 live im ZDF übergeben durfte."

Lothar Linz, langjähriger Sportpsychologe

Teammanager

Der Teammanager agiert als Bindeglied zwischen Spielern, Trainern, Verein und Volleyball Bundesliga. Er kümmert sich um die Spielerlizenzen, die Meldeliste und ist für Spieltagsverlegungen verantwortlich. Er ist der erste Ansprechpartner für Schiedsrichter und Gastmannschaften. Außerdem übernimmt er die Reiseplanung und Buchung bei Auswärtsspielen und schafft die Rahmenbedingungen für das Training (Halle, Zeit, Material, etc.). Auch in der Nationalmannschaft gibt es bei Lehrgängen und Turnieren stets einen Teammanager, der das Team als Delegationsleiter führt.

Aus erster Hand ... „Der Teammanager ist dafür verantwortlich, dass wirklich alles im Umfeld des Teams so läuft, wie es für den sportlichen Erfolg notwendig ist. Das bedeutet, dass man auf der einen Seite für die Kommunikation vor Ort mit den höchsten Offiziellen und den Ausrichtern verantwortlich ist. Auf der anderen Seite stehen Kleinigkeiten, die oft ähnlich wichtig für einzelne Spieler sein können. Dazu gehört zum Beispiel auch die Bärchen-Glücksunterhose, die unbedingt nach dem Spiel sofort gewaschen zurückkommen muss, um direkt am nächsten Tag wieder einsatzbereit zu sein. Wenn alles perfekt läuft, ist man eigentlich ‚unsichtbar'. Erst, wenn es offensichtliche Probleme gibt, rückt man in den Fokus. So stellte uns im Rahmen der Weltliga ein Hotel in Österreich zum Snacken vor dem Spiel zwei große Töpfe – Reis und Reis – aufs Buffet, sonst nichts. Natürlich ist das nicht normal und war auch anders bestellt – da muss man dann schnell umorganisieren."

Thomas „Bob" Ranner, langjähriger Teammanager der Männernationalmannschaft

Pressesprecher

Einschaltquoten und Sponsorengelder zeigen deutlich die wachsende mediale Relevanz des Sports. Es ist daher nicht verwunderlich, dass das Amt des Pressesprechers immer wichtiger wird. Der Pressesprecher vermittelt zwischen Spielern/Mannschaft/Verein und den Journalisten. Er koordiniert Interviewanfragen, plant PR-Aktionen, führt Pressekonferenzen durch und schreibt sowie veröffentlicht Vor- und Nachberichte zu den Spielen.

Helferinnen und Helfer

Auch wenn sie meist völlig unscheinbar sind, ist ihre Rolle von größter Bedeutung, denn sie tragen zu einem organisatorisch gelungenen Spieltag bei. In erster Linie muss beim Auf- und Abbau das vorgeschriebene Courtlayout hergerichtet werden. Hierzu ist das Verlegen des fremdlinienfreien Bodens die größte Herausforderung, die ein mehrköpfiges Helferteam mehrere Stunden in Anspruch nimmt.

Schaut man neben das Spielfeld in die Ecken, sieht man dort meistens Jugendspieler sitzen, die sich als „Ballroller" die Bälle hin- und herrollen und dem Aufschlagspieler den Ball zu werfen. Sie halten die Pausen zwischen den einzelnen Ballwechseln kurz. Nach spektakulären Abwehraktionen laufen sofort „Wischer" mit Lappen auf das Spielfeld, die durch das Trockenwischen das Ausrutschen der Spieler verhindern.

Natürlich gibt es noch viele weitere Helfer, die beispielsweise die Heimspielorganisation und den Kartenverkauf übernehmen. Jedes Team, egal mit welchem Etat, ist auf eine Vielzahl ehrenamtlicher Helfer angewiesen.

Aus erster Hand ... „Einige Dinge machen den Hallenvolleyball unglaublich reizvoll, die ich im Beach-Volleyball so nie gefunden habe: Dieser ganze Team-Spirit, der Zusammenhalt und die Unterstützung in einer Mannschaft und auch darum herum sind einfach herausragend. So fällt es leichter, sich gemeinsam in der Vorbereitung durch die glühende Halle im August zu quälen. Vorbereitungsfahrten nach Tschechien und Polen waren Highlights und auch die Zeit um Weihnachten, in der alle anderen frei hatten, nur eben die eigene Mannschaft nicht, schweißen ein Team zusammen."

Sebastian Fuchs, ehemaliger Hallen- und Beach-Volleyballprofi

★ 6 ★

TECHNIKEN & TAKTIKEN

KURZ UND KNAPP

Aus erster Hand ... „Gute Technik zeichnet sich aus durch zuverlässige und wiederholbare Präzision im Ergebnis. Und durch Einfachheit und Natürlichkeit in der Form."

Michael Warm, Ex-Trainer u. a. beim SCC Berlin und beim VfB Friedrichshafen

Volleyball ist ein technisch höchst anspruchsvolles Spiel, da sämtliche Spieltechniken nicht der Alltagsmotorik entsprechen, sondern sich im Volleyballspiel speziell entwickelt haben. Mithilfe der Techniken wird versucht, das Ziel, zu verhindern, dass der Ball auf der eigenen Seite auf den Boden fällt und im Gegenzug den Ball auf der gegnerischen Seite auf den Boden zu spielen, zu erreichen. Diese Techniken stellen also gewissermaßen die Bausteine dar, aus denen sich das sehr komplexe Spiel entwickelt.

Aus erster Hand ... „Jede Technik ist immer individuell! Jeder Athlet ist anders! Die große Herausforderung in unserem Job ist es zu erkennen, welche Techniken zu den physischen Voraussetzungen des einzelnen Athleten passen!"

Felix Koslowski, Nationaltrainer Deutschlands und zweifacher Meistertrainer des SSC Palmberg Schwerin

Dabei sind zwar die Techniken Pritschen und Baggern Volleyball-Grundtechniken, ihre Ausführung wird jedoch, je nachdem, in welchem Spielelement (zum Beispiel Annahme, Danke-Ball oder Feldzuspiel) sie angewendet werden, sehr unterschiedlich ausgeführt.

Neben den Techniken sind im Volleyball die Taktiken ebenfalls entscheidend. Dadurch, dass ein Spieler den Ball nicht zweimal hintereinander spielen darf, kann ein guter Spieler nicht allein gewinnen, sondern es bedarf einerx ausgereiften Taktik. Diese wird in die drei Bereiche Individual-, Gruppen- und Mannschaftstaktik untergliedert.

Individualtaktik ist die Strategie, die jeder einzelne Spieler für sich wählt und situationsabhängig in Abhängigkeit des Balls, seiner Mit- und Gegenspieler sowie der Umgebung wie zum Beispiel des Spielstands ausführt. Gruppentaktik meint die Taktik, die ein bestimmter Teil des Teams verfolgt, beispielsweise beim Doppelblock, bei dem zwei Spieler zusammen einen Block ausführen. Mannschaftstaktik ist die Strategie des gesamten Teams, wie zum Beispiel der Block- und Feldverteidigung.

Die Wahl von Techniken und Taktiken muss trotz aller Absprachen und Taktikvorgaben immer noch der Spieler selbst treffen. Für diese Entscheidung hat er meistens nur wenige Sekundenbruchteile Zeit. In der Offensive muss er abwägen wie gut der Pass ist, wie die gegnerische Defensive aussieht, wie die Ballwechsel vorher verlaufen sind und was er mit seinen eigenen Fähigkeiten noch für Optionen hat, diese Situation zu lösen. In der Defensive muss er dazu noch einschätzen, welcher Spieler auf der anderen Seite angreift oder aufschlägt, was dessen Lieblingsschläge sind bzw. was dieser für Möglichkeiten hat, die Spielsituation zu lösen. Je mehr technische Optionen der Angreifer oder der Verteidiger hat, desto besser können sie taktische Lösungen finden.

Aus erster Hand ... „Ich versuche, aus meinen Athletinnen immer ‚Jungle-Tiger' und keine ‚Zoo-Tiger' zu machen. Sie sollen verstehen, was sie tun und selbstständig Entscheidungen treffen. Die Taktik ist wichtig – noch wichtiger ist es jedoch, das Spiel zu verstehen!"

Felix Koslowski, Nationaltrainer Deutschlands und zweifacher Meistertrainer des SSC Palmberg Schwerin

6.1 DIE ERÖFFNUNG JEDES BALLWECHSELS: DER AUFSCHLAG

Die erste Möglichkeit, das Ziel zu erreichen, den Ball auf den Boden des Gegners zu befördern, besteht bereits mit der Spieleröffnung, dem Aufschlag. Im Spitzenbereich kann der Aufschlag somit auch als erster Angriff bezeichnet werden. Hierbei gibt es viele Varianten des Aufschlags, deren Nutzung sich sehr oft ausgehend vom Spielniveau, Geschlecht und aufgrund des Leistungsvermögens einzelner Spieler unterscheidet. Mit Ausnahme des Liberos, der nach den internationalen Regeln nicht aufschlagen darf, sollte jeder Spieler idealerweise mehrere Aufschlagvarianten beherrschen, um im Spiel taktisch vielseitig agieren zu können.

Dabei gibt es beim Aufschlag eine Besonderheit: Es ist das einzige Spielelement im Volleyball, bei dem der Spieler den Erfolg komplett selbst in der Hand hat, da der Aufschlag ohne Einfluss der Mitspieler und des Gegners ausgeführt und auch gut isoliert geübt werden kann. Dennoch ist der damit verbundene psychische Druck dieses vermeintlich leichten Spielelementes, insbesondere vor tausenden Zuschauern, nicht zu unterschätzen.

Aus erster Hand ... „Viele Spieler haben ein bestimmtes Ritual vor dem Aufschlag wie Rafael Nadal im Tennis. Ich selbst hatte einen speziellen Prell-Rhythmus wenn ich zu meiner Aufschlagposition gegangen bin und habe immer vor dem Anwurf das Ventil des Balls nach unten gedreht, weil er dann angeblich besser floaten sollte ... ☺ "

Nadja Schaus, 54-fache Ex-Nationalspielerin

Aufschlagtechniken

Während im Anfängerbereich noch ein **Aufschlag von unten** zu sehen ist, so wird auf höherem Leistungsniveau ausschließlich von oben aufgeschlagen. Dabei unterscheidet man grundsätzlich den flach über die Netzkante gespielten Flatter- und den Rotationsaufschlag. Beim **Flatter- oder Floataufschlag** wird dem Ball durch einen kurzen Kontakt ein Flatter- (daher der Name) und Absinkeffekt mitgegeben, sodass er im letzten Moment vor der Annahme seine Flugkurve plötzlich seitlich oder in der Höhe verändert, was es der Annahme erschwert, den Ballflug zu antizipieren und ihn zum idealen Zuspielort anzunehmen.

Im Spitzenbereich führen nahezu alle Spieler die Flatteraufschläge als **Sprungflatteraufschlag** nach einem Absprung aus. Hierzu laufen die Spieler zum Teil an oder springen – wie häufig beim Beach-Volleyball zu sehen – aus dem sicheren Stand ab. Ausnahmen sind der einbeinige Absprung beim Aufschlag. Aufgrund der höheren Abschlaghöhe aus dem Sprung kann der Ball noch flacher und druckvoller als beim Aufschlag aus dem Stand über das Netz gespielt werden und erreicht Geschwindigkeiten von 70-80 km/h. Im Männerbereich wird diese Aufschlagart häufig im Pritschen angenommen, was mit zunehmender Geschwindigkeit jedoch umso schwieriger wird. Diese Art Aufschlag verlangt dem Sportler höchste koordinative Fähigkeiten insbesondere beim Anwurf des Balls ab, da Korrekturen in der Luft bei einem eventuell zu ungenauen Anwurf nicht oder nur kaum mehr möglich sind.

Der **Rotationsaufschlag** wird auf höherem Spielniveau fast ausnahmslos im Sprung aufgeschlagen, da seine Flugkurve durch die Rotation des Balls gut vorherberechenbar ist. Beim harten **Sprungrotationsaufschlag**, dem König des Aufschlags, ist es somit das Ziel, den Aufschlag mit höchstmöglicher Geschwindigkeit auf die andere Spielfeldseite zu befördern, um der Annahme den größtmöglichen Druck zu bieten. Auf Weltklasseniveau ist die Geschwindigkeit so hoch, dass die Annahmespieler nicht einmal mehr einen Schritt machen können, um zum bzw. hinter den Ball zu kommen.

Rekordverdächtig! Der schnellste Aufschlag im Hallenvolleyball wurde bei Ivan Zaytsev mit 134 km/h im Länderspiel Italien gegen Serbien (Endstand 3:0) während des Eröffnungswochenendes der Volleyball Nations League am 27. Mai 2018 gemessen.

Zum Vergleich: Im Beach-Volleyball liegt der Rekord „nur" bei 119km/h. Erreicht hat ihn der Italiener Paolo Nicolai im Jahr 2018 beim FIVB Major-Turnier in Gstaad.

Beim Sprungrotationsaufschlag kommt dem Anwurf eine noch größere Bedeutung zu. Der Ball wird im Männerbereich häufig acht Meter hoch angeworfen und der Spieler schlägt nach maximalem Absprung am höchsten Punkt ab, um den Ball ähnlich wie beim Angriff maximal schnell ins gegnerische Spielfeld zu schlagen. Eine taktische Alternative ist der kurze „Roller"-Aufschlag, bei dem der Ball mit starkem Handgelenkseinsatz und starker Rotation kurz vor den hinten stehenden Annahmeriegel gespielt wird.

Aus erster Hand ... „Harte Aufschläge bereiten den eingerollten kurzen Aufschlag vor."

Jochen Schöps, 318-facher Ex-Nationalspieler und einer der besten Roller-Aufschläger der Welt

Eine relativ junge Technik, die nahezu ausschließlich im Männerbereich zu sehen ist, ist der **Hybridaufschlag**, eine Mischung aus Sprungflatter- und Sprungrotationsaufschlag. Bei dieser Aufschlagvariante wird der Ball ähnlich wie beim Sprungflatteraufschlag, also eher flach, angeworfen, aber der Spieler hält sich bis kurz vor Abschlag des Balls offen, ob er daraus einen Sprungflatter- oder einen Sprungrotationsaufschlag ausführt. Somit weiß der Annahmespieler erst beim Abschlag, was ihn genau erwartet und er kann sich in der Regel nicht weit vorne im Spielfeld zur Annahme im Pritschen positionieren, sondern muss in der Annahme hinten im Spielfeld stehen. Kommt dann solch ein Flatteraufschlag, muss er diesen – statt wie gewohnt im Pritschen – im Baggern annehmen, was häufig zu Problemen führt.

Aus erster Hand ... „Meist sind die schlecht getroffenen, leicht flatternden Sprungrotationsaufschläge die Besten."

Jochen Schöps, 318-facher Ex-Nationalmannschafts-Diagonalangreifer

Aufschlagtaktiken

Es gibt zahlreiche Aufschlagstrategien, die ein Spieler oder ein Team verfolgen kann. Grundsätzlich muss man das Risikomanagement beachten, denn es kann zum einen das Ziel sein, mit viel Risiko den direkten Punkt zu erzielen oder zum Beispiel bei einer eigenen guten Blockreihe eher etwas sicherer aufzuschlagen. Im Herrenbereich hat jedes Team meist mindestens ein bis zwei Spieler auf dem Spielfeld, die risikoreich „auf Punkt" aufschlagen dürfen, während der Rest durchaus druckvoll, aber mit geringerer Fehlerquote agieren muss. So liegt die Fehlerquote beim harten Sprungrotationsaufschlag im Durchschnitt bei ca. 25 Prozent; beim Sprungflatteraufschlag ist jedoch nur einer von zehn Aufschlägen ein direkter Fehler und somit ein Punktgewinn, den sich der Gegner nicht erarbeiten musste, sondern „geschenkt" bekommt.

Rekordverdächtig! Die meisten Asse in einem olympischen Volleyballspiel schlug Ekaterina Kosianenko aus Russland in Rio 2016 auf. Der Zuspielerin gelangen acht Asse beim 3:0-Erfolg gegen Argentinien.

Bei den Männern hält der australische Außenangreifer Samuel Walker den Rekord in einem offiziellen Spiel der FIVB Volleyball Nations League. Er servierte beim 3:2-Sieg gegen Brasilien insgesamt sieben Asse.

Generell sollte es das Ziel sein, den Annahmespieler zur Bewegung zu zwingen, da die Annahme dann deutlich schwieriger ist. So schlagen viele Teams in die Schnittstellen der Spieler, das heißt zwischen die Annahmespieler auf, um hier Missverständnisse zwischen ihnen zu bewirken. Eine andere Strategie ist es, in den Rücken des Zuspielers in Richtung Position I aufzuschlagen, da der Zuspieler den Ball dann aus seinem Rücken bekommt, was viele nicht mögen und dann berechenbarer zuspielen.

Im Frauenbereich wird häufig die annehmende Außenangreiferin auf der Position IV mit langen Aufschlägen unter Druck gesetzt, sodass ihr Anlauf zum Angriff gestört wird. Gleiches kann man auch mit kurzen Aufschlägen in den Bereich des Laufweges eines dominanten Schnellangreifers oder eines annehmenden Hinterfeld-VI-/Pipe-Angreifers bewirken.

Als Mannschaftstaktik schlagen Teams auch lediglich auf einen der drei Annahmespieler auf, um diesen – vor allem psychisch – besonders unter Druck zu setzen. Gleiches geschieht häufig mit einem eingewechselten oder jungen Spieler, der oftmals sofort von den Aufschlägern gesucht wird. Auch bietet sich ein Aufschlag auf einen Spieler an, der gerade einen Fehler gemacht hat und somit möglicherweise verunsichert ist. Zudem kann ein Spieler, der lange Zeit nicht angespielt wurde und somit „keinen Balltouch" hat, in einer entscheidenden Phase des Spiels bewusst gesucht werden.

Aus erster Hand ... „Spiele mit dem Annahmeriegel, indem du versuchst, die Gedanken der Annahmespieler zu lesen und daraufhin deinen eigenen Plan erstellst. Mache dann entweder deinen besten Aufschlag (Richtung/Härte) oder verfolge ein taktisches Ziel."

Jochen Schöps, 318-facher Ex-Nationalmannschafts-Diagonalangreifer

Generell schlagen die Frauen immer noch deutlich häufiger mit dem weniger fehlerbehafteten Sprungflatteraufschlag auf, während die Männer die Annahme mit den risikoreicheren Sprungrotationsaufschlägen unter Druck setzen. Grund hierfür ist nicht nur die größere Kraft der Männer, sondern auch das flachere Netz bei den Frauen, welches in Relation zur Absprunghöhe auch die Sprungflatteraufschläge deutlich gefährlicher macht, da eine Annahme im Pritschen nur schwer möglich ist.

Aus erster Hand ... „Wenn alle eine Bombe im Aufschlag erwarten, mache einen so einfachen Aufschlag, dass der Gegner die Gelegenheit zum ersten Tempo nutzen will und deine eigene Blockreihe darauf vorbereitet ist und dort comittet, das heißt im Block mitspringt."

Jochen Schöps, 318-facher Ex-Nationalmannschafts-Diagonalangreifer

6.2 DER ERSTE KONTAKT DES SPIELAUFBAUS: DIE ANNAHME

Der Gegenpart zum Aufschlag ist die Annahme. Befindet sich die gegnerische Mannschaft beim Service, so stellt die Annahme die erste Spielaktion dar, mittels derer der aufgeschlagene Ball des Gegners zum Zuspieler befördert wird. Eine gelungene Annahme ist somit unabdingbar für das Ziel, um möglichst viele seiner Angreifer in eine bestmögliche Angriffsposition zu bringen.

Bei allen Annahmeaktionen befindet sich der Spieler in der sogenannten „Lucky-Luke-Grundposition" mit Blick zum Aufschläger. Dabei steht er in leichter Schrittstellung mit gebeugten Knien und lockeren, leicht angewinkelten Armen spiel- und bewegungsbereit in jede Richtung auf dem Feld. Erfolgt eine Bewegung in der Annahme zum Ball, so sollte sie in schneller, gleitender Beinarbeit ohne eine Hoch-Tief-Bewegung des Körpers erfolgen. Der Oberkörper bleibt hierbei stets ruhig und der Blick zum Ball gerichtet.

Aus erster Hand ... „Aufschlag-Annahme ist wahrscheinlich der Bereich mit der auffälligsten Entwicklung, seit ich 2010 meine Knieschoner an den Nagel gehängt habe. Aber grundsätzlich ist es immer noch so, dass die Annahme immer ein direktes Duell gegen den Aufschläger ist: Der Aufschläger versucht, die Schwächen des Annehmers auszunutzen und dieser wiederum versucht, sie zu kaschieren. Dabei ist die Annahme letzten Endes 70 Prozent Selbstvertrauen und 30 Prozent Können."

Wolfgang Kuck, 204-facher Ex-Nationalmannschafts-Außenannahmespieler

Annahmetechniken

In der Annahme unterscheidet man zunächst grundsätzlich zwischen der unteren Annahme, dem Annahmebagger, und der oberen Annahme, der

Annahme im Pritschen – andere Techniken finden keine Anwendung. Im **Annahmepritschen** wird der Ball mit offenen Händen und Spannung in den Fingern vor der Stirn gespielt. Damit diese Ball-Körperposition erreicht wird, müssen die Spieler diese Technik auch häufig **im Fallen** einsetzen, um hinter den Ball zu kommen, denn im Pritschen ist es nicht möglich, den Ball neben dem Körper zu spielen.

Anders verhält es sich beim **Annahmebagger**, bei dem der Rücken rund geformt ist wie ein Katzenbuckel. Bei dieser Annahmetechnik wird der Ball mit dem unteren Drittel der gestreckten Arme, dem sogenannten Spielbrett, gespielt. Dabei kann der Ball **frontal** vor dem Körper, das heißt in der Ebene zwischen den Beinen/Knien, oder **seitlich** neben dem Körper gespielt werden. Letzteres ist der Fall, wenn der Spieler seinen Körper nach links oder rechts aufdreht und seine Arme die Körperebene nach links oder rechts verlassen und der Ballkontakt somit neben dem Körper stattfindet. Dabei sollten die Arme nach Möglichkeit erst seitlich des Körpers zusammengeführt werden.

Beim Annahmebagger findet möglichst wenig Eigenimpuls aus den Beinen oder den Schultergelenken statt. Meist haben die Aufschläge im Spitzenbereich eine solche Geschwindigkeit, dass der „Rebound"-Impuls völlig für das Weiterspielen zum Zuspieler ausreicht. Es ist dann lediglich das richtige Einstellen des Winkels des Annahmespielbretts zum Zuspieler gemäß dem Prinzip „Einfallswinkel gleich Ausfallswinkel" vonnöten. Im Männerbereich muss sogar häufig in der Annahme noch Tempo aus dem Ball herausgenommen werden, was durch ein Zurückziehen der Arme/Schultern, ein Absenken des Körperschwerpunktes oder „Nach-hinten-fallen-lassen" des Körpers zu erreichen versucht wird. Sollte einmal ein Impuls zum Weiterspielen des Balls, zum Beispiel bei kurzen Aufschlägen, benötigt werden, so erfolgt dieser in erster Linie durch das Schultergelenk. Bei sehr kurzen Aufschlägen wird in Ausnahmefällen die Sondertechnik der **Annahme im Knien** für das Erreichen einer stabilen Körperposition eingesetzt.

Um möglichst viel Körper hinter den Ball zu bekommen, haben sich in der Annahme vor allem **Falltechniken zur Seite** etabliert, mittels derer der Annahmespieler es durch einen weiten Ausfallschritt schafft, seine Körperachse hinter den Ball zu bringen, um diesen damit abzuschirmen und besser kontrollieren zu können. Gelingt es dem Annahmespieler nicht, seinen Körper rechtzeitig aus der Flugbahn des Balls zu nehmen, so werden die Hilfstechniken **Annahme ohne Bodenkontakt/im Sprung** oder die **einbeinige Annahme** angewendet.

Annahmetaktiken

Generell ist die Annahme im Pritschen zu bevorzugen, da der Ball im Pritschen besser kontrolliert werden kann als im Baggern. Insbesondere im Männerbereich ist die Annahme im Pritschen gegen Sprungflatteraufschläge daher die erste Wahl. Die Ausgangsposition der Annahmespieler ist weit vorne im Spielfeld, meist zwischen drei bis vier Metern, während sie harte Sprungrotationsaufschläge auf rund acht Metern erwarten.

Den Frauen fällt die Annahme im Pritschen zum einen aufgrund der kleineren Hände und benötigten Fingerspannung, zum anderen aber auch aufgrund des deutlich flacheren Netzes erheblich schwerer. Den optimalen Ausgangspunkt zu finden, bei dem die Spielerin alle ankommenden Sprungflatteraufschläge im Pritschen annehmen kann, ist kaum und wenn, dann nur bei sehr großen Spielerinnen möglich. Meist muss die Spielerin alternativ auch noch auf den Annahmebagger vorbereitet sein. Somit nehmen die Frauen zu knapp 95 Prozent mittels Annahmebagger an, starten dabei in der Regel auf 4,5 bis 6,5 Metern und laufen in der Annahme mit dem Ball nach hinten, da so ein plötzlich herunterfallender Aufschlag noch angenommen werden kann.

Beim Annahmebagger ist grundsätzlich die frontale Annahme im sicheren Stand anzustreben, da der Ball durch diese Technik am leichtesten zu kontrollieren ist. Aufgrund der größeren Reichweite der Männer gegenüber den Frauen ist zu erkennen, dass bei ihnen knapp 34 Prozent aller Annahmen im Stand erfolgen, während es bei den Damen nur knapp 19 Prozent sind.

Ist dies nicht möglich, so versuchen die kleineren Annahmespezialisten, durch einen Ausfallschritt und das Fallen zur Seite, ihren Körper immer noch frontal hinter den Ball zu bekommen. Durch das Fallen gewinnen die Spieler Zeit und können ihren Körper und ihr Spielbrett in eine noch bessere Spielposition bringen.

Die größeren Annahmespieler, die auch die Folgehandlung des Angriffs im Hinterkopf haben, neigen tendenziell eher dazu, bei schwierigen Bällen neben den Körper seitlich anzunehmen – die Basis dafür ist jedoch auch ein sicherer Stand. Eine Annahme in Bewegung oder im Sprung ist am instabilsten und gilt es somit, grundsätzlich eher zu vermeiden. Sie kommt aber aufgrund des immer größer werdenden Zeitdrucks in der Annahme durch druckvolle Aufschläge dennoch häufig vor.

Auch in der Annahme ist das Risikomanagement des gespielten Balls einer der zentralen Aspekte. Somit muss der Annahmespieler bei jedem Ball entscheiden, wie präzise er den Ball zum Zuspieler annehmen möchte. Der optimale Zielort ist mit einer mittelhohen Flugkurve des Balls nah am Netz zwischen Position II und III (Zone A), da der Zuspieler von dort aus im Sprung alle Angreifer ideal einsetzen kann. Wird der Ball jedoch etwas zu dicht ans Netz angenommen, entsteht ein sogenannter „Overpass" und der Ball geht über das Netz auf die gegnerische Seite, was den Gegner sofort in eine gute Angriffsmöglichkeit bringt. Somit kann die Annahme bei schwierigeren Aufschlägen auch bewusst etwas weiter weg vom Netz erfolgen (Zone B) oder bei sehr schwer anzunehmenden Aufschlägen sogar nur hoch in die Mitte des eigenen Spielfelds (Zone C), denn auch damit kann immer noch ein erfolgreicher Angriff ausgeführt werden. Einen direkten Annahmefehler gilt es hingegen unbedingt zu vermeiden.

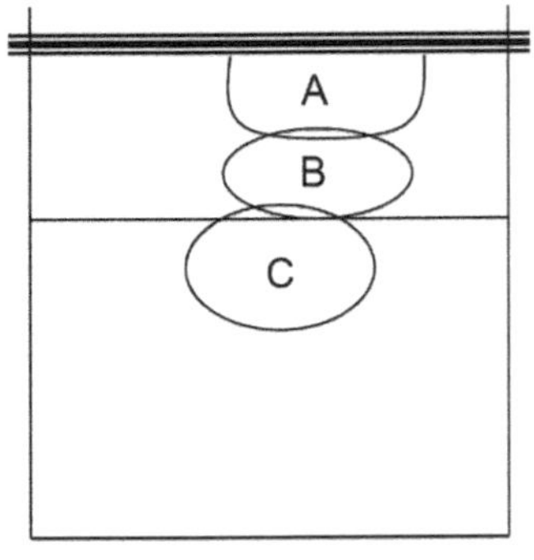

Annahmequalitätszonen

Es gibt auch Teams, die in der Annahme und in Dankeballsituationen den Ball in flacherer Flugkurve nach vorne ans Netz zum Zuspieler spielen. Hiermit versuchen diese Teams, den Zeitdruck auf die gegnerische Block- und Feldverteidigung zusätzlich zu erhöhen – jedoch müssen auch die eigenen Angreifer das erhöhte Tempo mitgehen können.

Insbesondere in der Annahme spielt die Antizipation des Balls eine bedeutende Rolle. Dazu beobachtet der Annahmespieler den Aufschlagspieler genauestens in seiner Aufschlagbewegung und versucht somit frühzeitig, den Annahmeort vorherzuberechnen. Dabei gilt der Grundsatz, dass der Annahmespieler spätestens stehen soll, wenn der Ball ca. drei Meter vor ihm ist und ab dann nur noch mit den Armen sein Spielbrett ausrichten soll bzw. durch Fallen des Körpers ausgleichen sollte.

In der Regel bilden der Libero und die beiden Annahme-Außenangreifer den Annahmeriegel. Sollte gegen starke Aufschläger ein Dreierriegel nicht ausreichen, so geht der Diagonalspieler mit in den Riegel. Der Zuspieler und die Schnellangreifer sind stets Hilfsannahmespieler und müssen auf sehr kurze Aufschläge oder Netzroller vorbereitet sein. Meist deckt der Libero als bester Annahmespieler den größten Teil des Felds ab, da er tendenziell von den Aufschlägern gemieden wird und er diesen somit den Aufschlag erschwert.

Aus erster Hand ... „Ob eine Annahme gut ist, hängt maßgeblich auch von der Qualität des gegnerischen Aufschlags ab. Diese Erkenntnis hat bei mir sehr viel mentale Energie in Form von Lockerheit freigesetzt und dadurch die Fehlerverarbeitung extrem erleichtert."

Lisa Thomsen, 112-fache Ex-Nationalmannschafts-Libera

Generell ist der annahmestärkste Spieler auf dem Feld auch der Chef, welcher die Riegelformation organisiert. In den allermeisten Fällen übernimmt diese Aufgabe der Libero im Team. Die Organisation hängt dabei unter anderem davon ab, welcher Aufschlag vom Gegner erwartet wird und wie die aktuelle Leistung der Annahmespieler auf dem Feld ist.

So kann zum Beispiel ein starker Spieler einen Bereich eines annahmeschwachen Spielers übernehmen.

Eine weitere taktische Möglichkeit ist es, den Annahmeriegel nach vorne oder hinten, sowie nach links oder rechts zu verschieben. So kann der Aufschläger beispielsweise zu Fehlern gezwungen werden, diesem Zonen anbieten, die kurz vor dem Abschlag des Aufschlägers wieder abgedeckt werden. Es können aber auch einzelne Spieler aus der Annahme raus- oder reingenommen bzw. -geschoben werden, also im Zweier- oder Viererriegel agieren. Ein Viererriegel kann zum Beispiel die Annahmeleistung dadurch verstärken, dass jeder einen etwas kleineren Verantwortungsbereich übernehmen muss; dies erfordert allerdings auch mehr Kommunikation untereinander. Umgekehrt kann bei sehr guter Annahmeleistung ein Zweierriegel dafür sorgen, dass sich ein Spieler mehr auf seinen Angriff konzentrieren kann und dieser nicht erst die Annahme bewältigen muss.

Aus erster Hand ... „In die Annahmeformation kann man die Spezifität eines Spielers perfekt einbauen. So haben wir beim USC Münster jahrelang sehr kreativ den Annahmeriegel variiert und dabei auch mit Täuschungsaufstellungen und Positionswechseln kurz vor Ausführung des Aufschlags gearbeitet. Ziel war es unter anderem, den Gegner zu überraschen und aus der Balance zu bringen, da er nicht wusste, wo welcher Annahmespieler hinwechseln wird.

Ines Bathen, langjährige, Ex-Bundesliga-Annahme-Außenspielerin

Auch die Annahmezonen können taktisch variabel aufgeteilt werden. So gibt es Teams, welche im Streifensystem agieren, das heißt das Spielfeld ist bei ihnen für jeden Annahmespieler in längliche Streifen eingeteilt und jeder trägt für seinen Streifen die Verantwortung. Andere wiederum agieren eher in einem Diagonalsystem, bei dem die Verantwortungsbereiche der Annahmespieler diagonal eingeteilt sind und somit die Schnittstellen zwischen zwei Spielern klar geregelt sind. So ist ein Spieler in diesen Schnittstellen für die Bälle rechts vor sich und links hinter sich verantwortlich. Generell stehen die meisten Teams in der Annahme nahezu auf einer Linie bzw. in einer ganz leichten Halbkreisformation.

6.3 TECHNISCH ANSPRUCHSVOLLE ASSISTS: DAS ZUSPIEL

Das Zuspiel ist nach der Annahmehandlung stets die zweite Aktion in einem Ballwechsel. Es dient dazu, den angespielten Angreifer in eine günstige Angriffssituation zu bringen. Dabei ist der Zuspieler in seinen Möglichkeiten stark von der Annahmequalität abhängig.

Aus erster Hand ... „Bei dauerhaft schlechter Annahme habe ich meine Annahmespieler manchmal scherzhaft gefragt: ‚Soll ich heute besser meine Laufschuhe anziehen?'"

Manuel Rieke, Ex-Bundesliga- und Nationalmannschafts-Zuspieler

Grundsätzlich findet das Zuspiel zwischen den Positionen II und III in unmittelbarer Netznähe statt, damit die meist rechtshändigen Angreifer den Ball aus einer für sie günstigen Richtung erhalten und der Ball beim Angriff nicht erst ihren Körper passieren muss. Aus diesem Grund bietet sich auch ein linkshändiger Diagonalangreifer auf Position II an.

Die Bewegung vom idealen zum tatsächlichen Zuspielort findet möglichst in schnellen, nähmaschinenartigen Vorwärtsschritten statt. Der Lauf zum Zuspielort gestaltet sich immer als kurzer Sprint mit immer langsamer werdenden kurzen Schritten bis zur Ruheposition mit anschließender Ausrichtung zum Ball.

Zuspieltechniken

Die Hauptzuspieltechnik ist das **obere Zuspiel (Pritschen) im Sprung**, da der Zuspieler dadurch den Angriffsaufbau beschleunigt und insbesondere den gegnerischen Mittelblocker unter Zeitdruck setzt. Dabei bildet der Zuspieler mit seinen Händen eine Körbchenhaltung, in welche der Ball theoretisch hineinfallen und verharren könnte. Der Ball wird federnd mit gespannten Fingern über/vor der Stirn gespielt. Der Impuls erfolgt dann lediglich aus der Armstreckung, den Handgelenken und den Fingern. Der Daumen fungiert als sogenanntes „Gaspedal", durch das das Tempo des Balls dosiert wird. Damit ein oberes Zuspiel regeltechnisch nicht abgepfiffen wird, sollte der Ball beide Hände gleichzeitig verlassen, da ansonsten ein Doppelkontakt abgepfiffen wird. Zudem sollte der Hand-Ball-Kontakt nur von sehr kurzer Dauer sein, damit das Zuspiel vom Schiedsrichter nicht als gehobener Ball herausgenommen wird.

Aus erster Hand ... „Beim Weltligaspiel mit der Nationalmannschaft 2009 in Argentinien wurde ich mit dem Doppelwechsel als Zuspieler eingewechselt. Mein erstes Zuspiel wurde direkt abgepfiffen – doppelte Berührung – der Ball hat sich schneller gedreht als ein Autoreifen bei 120 km/h ... Mein zweites Zuspiel landete direkt auf dem Schreibertisch – Jochen Schöps hatte noch versucht, es zu retten. Ich wurde direkt wieder ausgewechselt. Keiner sagte etwas, alle Auswechselspieler klatschten mit mir ab, um mich aufzumuntern. Nachdem ich ca. zehn Sekunden bei ihnen stand, sagte Björn Andrae: ‚Ich wusste gar nicht, dass bei uns auch der Busfahrer mitspielen darf.' Alle (auch ich) mussten so sehr lachen, dass wir Tränen in den Augen hatten!"

Manuel Rieke, Ex-Bundesliga- und Nationalmannschafts-Zuspieler

Die Spielstellung des Zuspielers ist idealerweise passunabhängig, immer gleich in der sogenannten „neutralen Position", damit das Zuspiel von den gegnerischen Blockspielern nur schwer „gelesen" werden kann und sie erst spät den Angriffsort zum Blocken erreichen.

Beim Zuspiel im Sprung springt der Zuspieler in der Regel **beidbeinig** ab, um den Ball im höchsten Punkt des Sprunges, dem Kulminationspunkt zu spielen. In letzter Zeit ist jedoch auch der **einbeinige Absprung** beim Zuspiel immer häufiger zu beobachten. Der Hauptvorteil des einbeinigen Absprungs liegt darin, dass der Zuspieler bei langen Laufwegen noch zum Ball hinspringen kann, um ihn so überhaupt noch im Sprung zu spielen. Zudem ist der Zuspieler, wenn er auch diese Technik beherrscht, für die gegnerischen Blockspieler noch einmal deutlich schwerer zu lesen.

Das einbeinige Sprungzuspiel wird aus regeltechnischen Gründen auch gerne von Liberos eingesetzt, die im oberen Zuspiel in der Vorderzone den Ball zu einem Angreifer spielen wollen. Dabei muss der Libero mit dem netzentfernten Bein aus dem Hinterfeld in die Vorderzone springen und den Ball vor seiner Landung in der Vorderzone spielen, damit sein Angreifer ihn oberhalb der Netzkante auf die andere Seite spielen darf.

Das **obere Zuspiel im Stand** kommt beim Zuspieler nur in ungünstiger Spielsituation bei zu flacher Annahme oder beim Hilfs- oder Feldzuspiel vor, bei welchem ein anderer Spieler das Zuspiel übernimmt. Aus dem Stand ist ein technisch sauberes Zuspiel deutlich leichter umzusetzen, jedoch eine Täuschung der Blockspieler deutlich schwerer möglich.

Aus erster Hand ... „Beim Einschlagen über die Position IV hatte ich eine Abneigung gegen hohe Pässe aus einer einfachen, perfekten Spielsituation. So musste mein damaliger Co-Trainer des Nationalteams beim Anwerfen die Bälle immer absichtlich ungenau zu mir werfen, denn so habe ich mich auf meine Bewegung zum Ball fokussiert und nicht auf die Technik und Flugkurve des Balls. Nur jeder, der das Einschlagen beobachtet hat, dachte, der Co-Trainer könnte keine Bälle zuwerfen ..."

Tanja Hart-Schneider (geb. Hart), 206-fache Ex-Nationalmannschafts-Zuspielerin

Die Zuspielrichtung muss nicht ausschließlich frontal sein, sondern gute Zuspieler beherrschen das Zuspiel in alle Ebenen, das heißt über Kopf zum Diagonalangreifer oder auch lateral, womit die gegnerischen Blockspieler umso mehr getäuscht werden können.

Die verbleibenden beidhändigen oberen **Zuspieltechniken im Fallen rückwärts** und **seitwärts** sowie das **obere Zuspiel im Knien** sind lediglich Hilfstechniken. Sie ermöglichen es, den Ball bei deutlich zu flacher Annahme noch präzise im oberen Zuspiel zuspielen zu können.

Das obere Zuspiel kann jedoch auch **einhändig** erfolgen, was jedoch ausschließlich angewendet wird, wenn der Ball zu dicht an das Netz angenommen wird, da es sehr schwer regelkonform durchzuführen ist. Meist wird vom Zuspieler damit nur ein kurzer Ballweg zu seinem Schnellangreifer gespielt.

Das **untere Zuspiel (Baggern)** wird von den Zuspielern nur als Hilfstechnik eingesetzt, wenn der erste Pass zu flach oder ungenau erfolgt, sodass dieser nicht mehr im Pritschen weitergespielt werden kann. Es unterscheidet sich technisch vom Baggern in der Annahme lediglich durch die Impulsgebung. Während in der Annahme eher kein Impuls auf den Ball erfolgt oder dieser sogar noch entschärft werden muss, so muss der Zuspieler dem Ball beim Baggern durch eine Streckung der Beine und eine Aufwärtsbewegung der gestreckten Arme aus den Schultergelenken einen aktiven Impuls mitgeben.

Auch beim Baggerzuspiel hat der Zuspieler die Möglichkeit, in alle Achsen, das heißt frontal, über Kopf und lateral zuzuspielen. Die Techniken **Zuspielbagger im Fallen seitwärts**, **rückwärts** und der **Zuspielbagger im Knien** sind wiederum nur Hilfstechniken bei noch schlechterer Annahme oder Abwehr. Dabei wird der Körperschwerpunkt so weit abgesenkt, dass der Ball noch während des Fallens mit Impuls aus den Schultergelenken und stabiler Armausrichtung zum Zielort gespielt wird.

Eine weitere wichtige Technik eines Zuspielers ist die **Zuspielfinte**. Hierunter wird das Spielen des zweiten Balls ins Feld des Gegners mit dem Ziel, einen direkten Punkt zu erzielen, verstanden. Damit er selbst als zusätzliche Bedrohung für die Blockspieler wahrgenommen wird, sollte er als Vorderspieler nach Möglichkeit immer in der Lage sein, eine derartige Angriffsaktion durchführen zu können.

Man unterscheidet bei den Zuspielfinten zwischen aggressiven und konservativen Angriffsaktionen. Bei der aggressiven Variante wird der Ball über das Netz flach abwärts gepritscht oder mit der offenen Hand gelegt, während der Zuspieler bei der konservativen Variante den Ball kurz über den Block oder lang ins Hinterfeld spielt. Die Zuspielfinte kann dabei einhändig oder beidhändig erfolgen.

Die einhändige Zuspielfinte ins Spielfeldzentrum des Gegners (kurze Position VI) wird am häufigsten von Zuspielern angewendet – und zwar dann, wenn der Gegner mit einem Außenstart des Blockers auf Position IV arbeitet und der Außen- oder Mittelblocker beim Zuspieler nicht mitspringt. Anders wird bei einem Innenstart des Außenblockers oder einer Doppelblockbildung beim eigenen Mittel- bzw. Schnellangreifer gerne die Zuspielfinte mit der rechten, also netznahen Hand nach hinten auf die kurze Position IV gespielt, da sich dann dort eine Lücke ergibt. Gerade im Damenbereich bietet sich auch die Variante auf die lange Position V an, wenn der Abwehrspieler auf der Position V in der Nahsicherung steht und der gegnerische Spieler auf Position VI nicht bereit ist und die lange Position V abdeckt. Hier bietet sich auch die Technik des Pokeshots an, mittels der der Ball ins hintere Eck gespielt werden kann.

Aus erster Hand ... „Eine Zuspielfinte lohnt sich besonders, wenn der Mittelblocker und bestenfalls auch noch der Diagonalspieler hinten sind und natürlich nicht am Anfang des Spiels oder eines Satzes – da geht es ja noch um nichts ... ;-)"

Patrick Steuerwald, 125-facher Ex-Nationalmannschafts-Zuspieler

Ist der Zuspieler Linkshänder, so kann er natürlich auch direkt mit dem zweiten Ball einen harten Angriff durchführen.

Als Hinterspieler ist auch eine Zuspielfinte aus dem Stand möglich, jedoch braucht der Ball aufgrund der erst ansteigenden Flugkurve relativ lange, um auf den gegnerischen Boden zu fallen, sodass diese in der Regel verteidigt wird und keine große Gefahr darstellt.

Zuspieltaktiken

Aus erster Hand ... „Es gibt Zuspieltaktiken, aber genauso Flow und Intuition. Gegen Letzteres gibt es allerdings keine Gegenmaßnahmen."

Michael Dornheim, 192-facher Ex-Nationalmannschafts-Zuspieler

Hauptidee des Zuspielers ist es, seine Angreifer so in Szene zu setzen, dass sie es möglichst leicht haben anzugreifen. Ziel ist es also, für seinen Angreifer eine Einerblock- oder zumindest eine offene Doppelblocksituation zu schaffen. Dabei kann ein guter Zuspieler durch eine sehr gut ausgeprägte Ballkontrolle und Technik eine schlechte Annahmesituation so verbessern, dass die Angreifer nach einer weit vom Netz entfernten Annahme trotzdem noch in Netznähe den Ball druckvoll in Richtung Gegner angreifen können.

Ein Zuspieler, der sein Zuspiel stets im Sprung ausführt, beschleunigt das Spiel und bindet – wenn er Zuspielfinten spielen kann – als Vorderspieler eventuell einen Blockspieler an sich, weil er jederzeit selbst einen „zweiten Ball" auf die andere Feldhälfte spielen kann.

Bei der Wahl unterschiedlicher Zuspieltempi kann der Zuspieler dafür sorgen, dass der Gegner Probleme bekommt, gegen jeden Angreifer einen Doppelblock zu stellen. Man unterscheidet dabei vier verschiedene Angriffswellen.

Schon gewusst? Angriffe erster Welle mit einer Passzeit von ca. 0,4-0,6 Sekunden sind schnelle Bälle, wie zum Beispiel Aufsteiger und Zwei-Meter-Schuss-Bälle für den Schnellangreifer. Die Passzeit von Bällen der zweiten Welle liegt bei ca. 0,6-0,9 Sekunden und sind Kombinationsangriffe wie der schnelle Pass über Außen oder der Pipe-Angriff. Unter Angriffen der dritten Welle (ca. 0,9-1,2 Sekunden) werden normal hohe Pässe über Position IV und II verstanden. Der hohe Sicherheitspass über Position IV oder Hinterfeld I hat eine Zeitdauer von über ca. 1,2 Sekunden.

Dabei sollte der Zuspieler möglichst immer in einer neutralen Spielposition zum Ball stehen, sodass die gegnerischen Blockspieler nicht bereits an seiner Ausrichtung zum Ball oder seiner Körperhaltung den späteren Angriffs- und Blockort antizipieren können.

Weiter sollte ein Zuspieler in der Lage sein, vor einer neuen Ballsituation zu wissen, welche Angreifer auf der eigenen Seite gerade gegen welche

Blockspieler der anderen Seite agieren und den Angreifer mit den besten Punktchancen, zum Beispiel den Angreifer gegen den kleinsten direkten Gegen-Blockspieler, einzusetzen wissen. Ein guter Zuspieler weiß das für jede der sechs Rotationen im Spiel. Dennoch sollte der Zuspieler in der Lage sein, aus ähnlichen Spielsituationen trotzdem möglichst variabel zu spielen, damit der Gegner im Laufe eines Spiels keine Muster erkennen kann.

Aus erster Hand ... „Ein Zuspieler spielt wie in einem spannenden Krimi zu – das Unerwartete kommt immer zum Schluss des Buches bzw. Satzes ..."

Michael Dornheim, 192-facher Ex-Nationalmannschafts-Zuspieler

Dabei sollte der Zuspieler mittels peripherem Sehen oder Blicksprüngen die Ausgangsposition der gegnerischen Blockspieler und Veränderungen beobachten und ausnutzen.

Zudem muss er ein Gespür für das aktuelle Spiel haben und den „Hot-Hand-Angreifer", der gerade einen Lauf hat und bereits viele Punkte gemacht hat, vermehrt mit Nachspielen oder auch bewusst in der Crunchtime einsetzen. Auch schenken viele Zuspieler einem Angreifer unmittelbar nach einem Angriffsfehler sofort durch einen weiteren Pass ihr Vertrauen, um ihn schnell wieder aufzubauen.

Bei vielen Zuspielern ist das Muster zu erkennen, dass sie gerne lange Ballwege spielen, um die ganze Spielfeldbreite auszunutzen, sodass der Mittelblocker, der mit dem Zuspieler und Schnellangreifer am Netz folgt, eine längere Laufdistanz zum Blockort zurücklegen muss.

Grundsätzlich werden zwei Grundstrategien eines Zuspielers, die „Separation" und der „Overload" unterschieden. Bei der **Separation**, dem Separieren eines Angreifers, wird das Prinzip des langen Weges des gegnerischen Mittelblockers ausgenutzt, sodass der Angreifer bestenfalls gegen einen Einerblock oder offenen Block agieren muss, da der gegnerische Mittelblocker gar nicht oder zu spät zum Blockort kommt.

Aus erster Hand ... „Meine Lieblingstechnik war ohne Zweifel der Überkopfpass. Der Zwei-Meter-Schuss-Ball für die Schnellangreiferin gepaart mit dem schnellen Pass nach hinten war für mich die ‚tödlichste Waffe' im Angriffsspiel. Hatte ich dann noch eine Linkshänderin auf Position II, war diese Separation-Kombination nicht zu stoppen."

Tanja Hart-Schneider (geb. Hart), 206-fache Ex-Nationalmannschafts-Zuspielerin

Beim **Overload**, dem Überladen einer Angriffszone, setzt der Zuspieler zwei Angreifer räumlich nah beieinander ein, das heißt der Zuspieler täuscht den Zwei-Meter-Schuss-Angriff an und spielt bei mitspringendem gegnerischen Mittelblocker einen Pass nach außen auf Position IV, sodass der Mittelblocker kein zweites Mal zum Block hochspringen kann. Hierfür ist allerdings ein perfektes Timing sowie eine gute „Hangtime" der beiden Angreifer in der Luft vonnöten, damit sie das „Binden" des Mittelblockers durch den Schnellangreifer ausnutzen und der Außenangreifer maximal nur noch gegen einen Einerblock agieren muss.

Häufig kann man als Strategie auch beobachten, dass viele Zuspieler zu Beginn des Spiels oder eines Satzes häufig schnell über die Mitte spielen, um den gegnerischen Mittelblocker von Beginn an dort im Block zu binden.

Ein guter Zuspieler darf jedoch nie seine eigenen Angreifer aus dem Blick verlieren und muss diese in ihren jeweiligen Möglichkeiten stets einschätzen können. Kommt die Annahme beispielsweise sehr schnell und flach nach vorne und die Angreifer kommen nicht hinterher, so muss er auch sein Zuspiel verzögern können.

6.4 DIE KÖNIGSDISZIPLIN: DER ANGRIFF

Der Angriff ist das spektakulärste Spielelement des Volleyballspiels. Das Ziel des dreimaligen Spielens des Balls auf der eigenen Seite dient in erster Linie dazu, den Angreifer, der in der Regel den dritten Ballkontakt ausführt, in eine gute Angriffssituation zu bringen. Dabei ist es im Angriff nicht nur das Ziel, den Ball auf den Boden des gegnerischen Spielfelds zu bringen, sondern auch durch Anschlagen des Blocks einen Punkt zu erzielen.

Aus erster Hand ... „Das Gefühl, einen Ball perfekt zu treffen und zu einem Punkt zu machen, bleibt unvergessen. Noch jetzt würde ich mich gerne mit einschlagen ... ☺"

Angelina Hübner (geb. Grün), ehemalige weltbeste Angreiferin

Angriffstechniken

Die wichtigsten Schlagtechniken, die einem Angreifer im Hallenvolleyball zur Verfügung stehen sind der harte Angriffsschlag, der Shot und der Driveschlag. Hinzu kommt noch der Tipp-Ball, der mit der offenen Hand gespielt wird. Entscheidend ist bei allen Techniken, dass der Angreifer immer mit vollem Einsatz seinen Anlauf und Stemmschritt mit Absprung vollzieht, sodass die gegnerische Block- und Feldverteidigung nicht bereits im Vorfeld erahnen kann, welche Technik er anwenden wird.

Der **harte Angriffsschlag**, auch Schmetterschlag oder Smash genannt, wird vom Angreifer sehr gerade und hart nach unten geschlagen. Das Ziel dieser spektakulären Technik ist es, den Ball so hart zu schlagen, dass er auf dem Boden aufkommt, bevor ein Abwehrspieler ihn spielen kann oder durch reine Schlaghärte dafür zu sorgen, dass der Ball in der Abwehr nicht mehr kontrolliert weitergespielt werden kann.

Die anderen beiden Schlagtechniken sind risikoärmere, aber dafür platziertere Schläge, die aus schwieriger Angriffssituation, das heißt gegen einen sehr gut postierten Block gespielt werden. Sowohl beim Shot als auch beim Driveschlag bekommt der Ball durch einen Handgelenksimpuls eine Topspin-Rotation. Durch diese wird der Ball über den Block gespielt, jedoch kommt er dadurch auch schnell wieder auf den Boden. Während der **Driveschlag** von unten über den Block gespielt wird, wird der **Shot** weit oben und somit schärfer abgeschlagen, sodass dieser noch deutlich schneller auf den Boden des gegnerischen Spielfelds auftrifft. Er hat im besten Fall also eine Flugkurve, die vom Schlagpunkt aus abfallend ist, wodurch sich die Reaktionszeit des Abwehrspielers verkürzt.

Generell können diese Schlagtechniken nicht nur frontal in Anlaufrichtung, sondern auch verdeckter als „On-Shoulder-Schlag" zum eigenen Körper hin (Rechtsschläger zieht seinen Schlagarm zu seiner linken Hüfte) oder als „Off-Shoulder-Schlag" vom Körper weg ausgeführt werden. Bei diesen **Schulterschlägen** wird zwar nicht die volle Schlaghärte generiert, aber es kann damit die gegnerische Block-Feldverteidigung hervorragend getäuscht werden.

Aus erster Hand ... „Ich wollte so schlecht wie möglich ausrechenbar sein und habe deshalb versucht, mein Angriffsrepertoire so groß wie möglich zu machen. Zudem tut ein gut platzierter leichter Schlag oder ein Block-out-Ball oft mehr weh, als einen Krater im Boden zu verursachen."

Jochen Schöps, 318-facher Ex-Nationalmannschafts-Diagonalangreifer

Des Weiteren kann der Schlag zur Täuschung der Abwehr auch als **Drehschlag** mit einer Drehung des Körpers beim Absprung oder als **Handgelenksschlag** ausgeführt werden. Bei der letzteren Technik fällt der Ball durch ein verstärktes Abklappen des Handgelenkes früher, das heißt kürzer auf den Boden des gegnerischen Spielfelds und je nach Drehung links oder rechts am Block vorbei. Der bekannteste Handgelenksschlag ist der im Beach-Volleyball weit verbreitete Cut Shot.

Neben den Schlagtechniken gibt es im Hallenvolleyball auch die Möglichkeit, denn Ball mit der offenen Hand, das heißt den gespannten Fingern als **Tipp-Ball** zu spielen. Weitere Bezeichnungen sind Lob oder Angriffsfinte, umgangssprachlich spricht man auch vom „Legen". Hierbei springt der Angreifer zur Täuschung wie zum normalen Angriffsschlag ab und holt mit dem Schlagarm aus, aber anstatt den Ball zu schlagen wird dieser konservativ mit den Fingerkuppen der offenen Hand über den Block in eine Abwehrlücke gespielt oder aggressiv als sogenannter Power-Tipp am Block vorbei „gedrückt". Die Kunst ist es hierbei, den Ballkontakt dennoch sauber und möglichst kurz zu halten, dass der Ball nicht als „gehoben" abgepfiffen wird.

Aus erster Hand ... „Wenn der Pass gut ist, ist angreifen einfach. Dazu gehört natürlich der richtige Anlauf mit passendem Stemmschritt, das heißt ‚Höhe ist nicht alles – das Timing muss stimmen'. Dafür besser einen Schritt weniger in der Länge des Anlaufs machen und lieber die letzten beiden Schritte betonen, besonders vorne. Aus dem Hinterfeld braucht man häufiger, aber nicht immer, einen Schritt mehr."

Christian Pampel, 212-facher Ex-Nationalmannschafts-Diagonalangreifer

Werden diese Techniken alle beherrscht, können sie auch kombiniert werden. So kann beispielsweise ein Schnellangreifer bei einem Angriff über die Mitte in Richtung der gegnerischen Position V anlaufen, beim Absprung den Impuls zur Drehung in Richtung der Position I geben. Falls der Angreifer dann sieht, dass der Blocker ihn soweit durchschaut hat und statt der Position V die Position I blockt, kann der Angreifer schlussendlich einen Schulterschlag in Richtung der Position V ausführen – ein wenig wie ein Katz- und Maus-Spiel bzw. Poker.

All diese Entscheidungen bedürfen jedoch einer sehr guten Beherrschung der Techniken und einer sehr guten Fähigkeit und Antizipation, den Block zu lesen, weil der Angreifer all diese Entscheidungen treffen muss, während er anläuft bzw. schon im Sprung ist und seine Schlagbewegung einleitet.

Im Schnittpunkt zur Taktik stehen die einzelnen **Passarten**, die die im Kapitel 5 vorgestellten unterschiedlichen Angreifer angreifen. Zwar müssen vor der Ausführung des Aufschlags alle Spieler auf ihrer Position stehen, die sie zu dem Zeitpunkt gemäß der Rotationsfolge haben, allerdings können sich alle ab dem erfolgten Aufschlag beliebig auf und neben dem Feld bewegen. Das ermöglicht es ihnen, dass jeder Spieler nur auf bestimmten Positionen spielt und angreift.

Während der Außenangreifer neben dem **hohen Sicherheitspass**, dem **normalen Pass** und dem **schnellen Pass über die Außenposition IV** auch den **eingerückten Pass**, ca. zwei Meter von der Antenne innerhalb des Spielfelds angreift, so greift der Diagonalangreifer diese Bälle ähnlich, lediglich **über Kopf auf der Außenposition II,** an.

Der Schnellangreifer greift einen schnellen Ball als **Aufsteiger** beim Zuspieler, **Aufsteiger über Kopf** hinter dem Zuspieler oder zwei Meter entfernt von diesem als **Zwei-Meter-Schuss** an. Bei den Frauen gibt es zusätzlich die Variante des **Einbeiners**, bei dem die Schnellangreiferin in Richtung der Position II, also an ihrer Zuspielerin vorbei, anläuft und dann mit einem einbeinigen Absprung direkt hinter der Zuspielerin oder außen an der Antenne angreift. Der Vorteil dieser Angriffsart ist, dass die Angreiferin mit dem Ball mitspringt und somit ein größeres „Schlagfenster" besitzt, was den gegnerischen Blockspielern die Arbeit erschwert. Diese Variante hat sich ausschließlich bei den Damen so stark entwickelt, weil bei ihnen der Hinterfeldangriff über Position I meist nicht so effektiv wie bei den Männern ist und das Angriffsspiel mit dem Einbeiner dennoch über die gesamte Spielfeldbreite gehalten werden kann.

Neben dieser Vielzahl an Vorderfeldangriffen gibt es zudem die **Hinterfeldangriffe**, bei denen hinter der Dreimeterlinie abgesprungen werden muss. Der bekannteste und spektakulärste ist der **Pipe-Angriff**, der im zweiten, recht schnellen Tempo als Kombinationsangriff über die Position VI eingesetzt wird. Auch über die Position I kann der Pass schneller gespielt werden, jedoch kommt hier deutlich häufiger ein höherer Angriff des dritten und vierten Tempos vor, bei dem sich der Hauptangreifer gegen einen gut postierten Block durchsetzen muss.

Angriffstaktiken

Neben dem harten Angriff am Block vorbei auf den Boden des gegnerischen Spielfelds gibt es noch weitere taktische Alternativen für die Angreifer. So kann der Angreifer durch Anschlagen des Blocks einen – im besten Fall nicht mehr abwehrbaren – Blocktouch erzwingen. Dabei kann er versuchen, den Block sehr hart oben oder außen anzuschlagen.

Aus erster Hand ... „Für mich war der Line-Schlag immer meine Lieblingsvariante. Nachdem sich das herumgesprochen hatte, habe ich ganze Spiele nur Richtung Blocknaht oder diagonal angegriffen, um das Scouting zu erschweren. Innerhalb eines umkämpften Spiels habe ich versucht, den Block zu ‚konditionieren' – immer diagonal oder Lücke, und erst in der Crunchtime habe ich meinen Lieblingsschlag rausgeholt."

Wolfgang Kuck, 204-facher Ex-Nationalmannschafts-Außenangreifer

Als weitere Grundtaktik kann der Angreifer mit dem Risikomanagement spielen. So sollte ein Angreifer in einer guten Angriffssituation gegen Einer- oder offenen bzw. schlecht postierten Doppelblock zwingend den Erfolg mit einem harten Angriffsschlag suchen. Ist seine Angriffssituation jedoch so schlecht, dass er sich einem sehr guten Doppel- oder gar Dreierblock gegenübersieht, sollte er, anstatt einen Eigenfehler im Angriff zu riskieren, lieber sein Risiko senken und den Gegner zumindest in seinem eigenen, späteren Angriffsaufbau „stören". Hierzu kann der Angreifer den Angriffsball so spielen, dass durch diesen „Störball" zumindest ein Angreifer des Gegners aus dem Spiel genommen wird.

Aus erster Hand ... „Im April 2003 hatte ich Probetraining in Trento. Dort spielten und trainierten damals Lorenzo Bernardi (Volleyballer des Jahrhunderts), Paulo Tofoli (Weltmeister), Andrea Sartoretti (Weltmeister) und Igor Choulepov (Silbermedailliengewinner bei Olympia). Mein Italienisch war ganz passabel, dennoch glaubte ich zunächst nicht richtig gehört zu haben. Der Trainer begann mit: ‚Bevor wir anfangen schwierige Dinge zu spielen, müssen wir zusehen, dass die einfachen klappen.'"

Michael Mayer, 55-facher Ex-Nationalmannschafts-Diagonalangreifer

Auch kann durch Spielen des Balls auf den Zuspieler eine Abwehr von diesem und damit ein Feldzuspiel erreicht werden, sodass eine bessere Block- und Feldverteidigung gespielt werden kann und man darüber erneut in den Angriff kommt.

Mittels unterschiedlicher Angriffskombinationen, bei denen einzelne Angriffsarten der verschiedenen Angreifer miteinander verknüpft werden, wird nach den Prinzipien der Separation und des Overloads (siehe Kapitel 6.3) eine unüberschaubare Situation für den Gegner geschaffen und der gegnerische Block somit noch stärker unter Druck gesetzt, um den Angreifer möglichst blockfrei oder vor einen schlechten Block zu spielen. Dies geht jedoch nur aus einer guten Annahme oder Abwehr bzw. einer leichten Dankeballsituation.

Dabei ist immer der Schnellangreifer als zentraler Spieler mit eingebunden, der im ersten Moment glaubhaft die Aufmerksamkeit auf sich ziehen muss, während die anderen Spieler bereits mit dem Einleiten der Kombination beginnen. Derzeit ist der Pipe-Kombinationsangriff über die Position VI die Hauptkombination im Herrenbereich, weil das Spielfeld so weiterhin durch den immer noch vorhandenen Pass über die Außenposition IV in seiner kompletten Breite genutzt wird.

Schon gewusst? Mittlerweile wird in erster Linie Tempodruck auf die Blockspieler durch knapp zeitlich versetzt abspringende Angreifer ausgeübt. So ist die Angriffskombination „Kreuz", bei der sich die Angriffswege der Angreifer „kreuzen", heute kaum noch zu sehen. Ziel des „Kreuzes" ist es, dass der gegnerische Blockspieler „seinem" direkten Gegenangreifer nicht folgen kann, sondern die Blockspieler sich den oder die Angreifer am Netz „übergeben" müssen. So greift zum Beispiel der eigentlich über Position II angreifende Diagonalangreifer einen Meterball über die Mitte auf der Position III hinter dem Aufsteiger des Schnellangreifers an. Wenn nun der Mittelblocker seinen Fokus auf den gegnerischen Schnellangreifer legt, bemerkt er zu spät, dass von außen ein anderer Angreifer in die Mitte läuft und steht so seinem Außenblocker im Weg, der seinem Angreifer von außen zur Mitte folgt.

6.5 DEFENSE IN DER LUFT: DER BLOCK

Als erste Verteidigung gegen die zahlreichen Angriffsmöglichkeiten steht der Block. Die Blockberührung zählt in der Halle, anders als im Beach-Volleyball, jedoch nicht als ein Ballkontakt – dennoch darf ihn die Abwehr dreimal spielen. Sogar der Blockspieler darf den Ball unmittelbar nach seinem Blocktouch selbst erneut berühren und weiterspielen.

Aus erster Hand ... „Das Wichtigste beim Block ist es, die Hände so weit wie möglich auf die andere Seite zu schieben. Alles andere, das heißt Position, Richtung, Handstellung etc. ist zweitrangig."

Felix Weber (geb. Isaak), ehemaliger Bundesliga-Mittelblocker

Blocktechniken

Hauptsächlich blockieren die Blockspieler mit beidbeinigem Absprung mit dem „**aktiven Block**". Dabei werden die Finger, Hände und Arme, sobald sie über der Netzkante sind, soweit es geht auf die andere Netzseite geschoben. Dieses „Übergreifen" ist nur beim Block nach dem Ballkontakt des Angreifers erlaubt. Hierdurch kann der Block die Winkel rechts und links an ihm vorbei verkürzen. So ist es bei einem Blockkontakt wahrscheinlicher, dass der Ball auf der Seite des Gegners nach unten geht. Der **passive Block**, bei dem die Arme und Hände auf der eigenen Seite bleiben, ist kaum noch zu sehen.

Die im Hallenvolleyball am meisten angewendete und wichtigste Armhaltung ist der „**gerade Block**", auch Stuffblock genannt. Hierbei schiebt der Blockspieler seine Arme in Verlängerung seines Körpers gerade nach oben und lässt diese in der Luft so. Dementsprechend kann sich die Abwehr gut daran orientieren und den Blockschatten, in den hart angegriffen werden kann, gut erkennen und sich zur Feldabwehr in die Lücken stellen. Aus diesem Grund versuchen insbesondere die Außenblockspieler meist gerade zu blocken.

Beim **Wischblock** hingegen wird kurz vor dem gegnerischen Angriff mit den Armen eine seitliche Bewegung ausgeführt, um einen eventuell am Block vorbei geschlagenen Ball zu blocken. Durch die späte Bewegung der Arme ist das Timing dieses Blocks sehr schwer und der Abwehr fällt es schwer, sich daran zu orientieren.

Eine letzte individuelle Blocktechnik ist der **Spreadblock**, bei dem die Arme des Blockspielers V-förmig auseinandergehen. Er ist vor allem bei Mittelblockern zu sehen, weil diese gegen den gegnerischen Schnellangreifer auf der Position III meist eine Eins-gegen-Eins-Situation haben und mittels dieser Blocktechnik beide Richtungen links und rechts am Block vorbei abdecken können. Weitere Blocktechniken wie der **einarmige Kongblock** oder der **Seitsprung-** oder **Seitschrittblock**, bei denen unmittelbar vor der Blockaktion noch eine Richtungsänderung mit den Beinen erfolgt, sind eher im Beach-Volleyball als in der Halle zu finden.

Zum Ball bewegen sich die Blockspieler am Netz zum einen – vor allem unter Zeitdruck – mit **Seitstep-Schritten**. Diese werden auch auch genutzt, um sich bei hohen Pässen noch ein wenig an den gegnerischen Angreifer anzupassen. Zum anderen laufen die Blockspieler mit einem **Zwei-** oder **Dreischrittrhytmus** an, der ihnen am Ende einen Stemmschritt für einen maximalkräftigen, **beidbeinigen Absprung** ermöglicht. Aus der Bewegung heraus wird auf diese Weise bereits Schwung generiert, um eine höhere Reichhöhe im Block zu erlangen. Unter großem Zeitdruck wird von den Mittelblockern statt dem beidbeinigen neuerdings auch der **einbeinige Absprung** gewählt.

Bei den Armbewegungen, die den Absprung mit dem Ziel des Erreichens einer maximalen Blockhöhe unterstützen sollen, wird einerseits die **Vorhalte-Armbewegung**, bei der die Arme angewinkelt vor dem Körper gehalten werden, angewendet. Die Hände sind bereits weit oben und das Blocken von schnellen Angriffen ist somit leichter möglich, weil keine lange Schwung-Ausholbewegung erfolgt.

Hat der Blockspieler ausreichend Zeit, so führt er die Arme mit den angewinkelten Ellbogen im Stil der „**Chickenwing-Armbewegung**“, zuerst zurück, um hieraus Schwung für den Absprung zu generieren. Durch die längere Ausholbewegung ist diese Technik gegen sehr schnelle Angriffe allerdings nicht so effizient.

Die dritte, im Spitzenbereich weit verbreitete Armbewegung ist der **Swingblock**. Bei dieser Blocktechnik schwingt der Blockspieler seine Arme über außen, das heißt außerhalb des Körpers hoch, um die bestmögliche Blockhöhe zu erreichen. Dies ermöglicht einen maximalen Höhengewinn, bedarf aber eines perfekten Timings, damit die Arme im Moment des Angriffs gerade und unter Spannung sind.

Aus erster Hand ... „Es gibt nichts Schöneres als zu wissen, was der gegnerische Zuspieler als nächstes machen wird – und dann den entscheidenden Block zu setzen."

Jaromir Zachrich, ehemaliger Bundesliga-Mittelblocker

Blocktaktiken

In taktischer Hinsicht kann bei den einzelnen Blockspielern zuallererst ihre Ausgangsposition betrachtet werden. Der Mittelblocker hat die Möglichkeit bei seinem Schnellangreifer zu starten, beim gegnerischen Zuspieler oder neutral in der Netzmitte. Je nachdem, was vorher vom Trainer angesagt wurde oder nach der individuellen Wahrnehmung des Mittelblockers, wird diese gewählt, um beispielsweise einen dominanten Schnellangreifer oder einen starken Außenangreifer in den Fokus zu nehmen.

Der Außenblocker hat die Möglichkeit außen, innen oder mittig zu starten. Ein Außenstart bedeutet, dass er bereits dort steht, wo der Angriff seines direkten Außen-Gegenspielers erwartet wird, um dann nur noch mit einem Seitstellschritt die Position anpassen zu müssen. Beim Innenstart steht der Außenblocker nur etwa einen Meter vom Mittelblocker entfernt. Diese Variante wird gewählt, wenn der Außenblocker in erster Linie den Schnell- sowie Pipe-Angreifer mit blockieren und auf zweite Bälle des Zuspielers aufpassen soll. Die dritte Variante ist eine Mischung aus diesen beiden. Beim sogenannten Mittelstart steht der Außenblocker ungefähr mittig zwischen dem Mittelblocker und seiner eigenen Außenblockposition. Von dieser Position aus kann er dann möglicherweise noch einen zweiten Ball vom Zuspieler blocken, in der Mitte zwar nicht gegen den Schnellangreifer aber gegen den Pipe-Angriff über Position VI unterstützen und er schafft es auch noch mit einem oder zwei Schritten nach außen, um dort zu blocken.

Aus erster Hand ... „Als Blockspieler darf man nicht unzufrieden werden, wenn man mal keine Bälle blockt. Ein Blockpunkt ist in hohem Maße Glück. Manchmal kommen drei Blockpunkte in Folge, nachdem man davor drei Sätze lang keinen einzigen gemacht hat."

Felix Weber (geb. Isaak), ehemaliger Bundesliga-Mittelblocker

Eine zweite taktische Komponente ist die Blockrichtung. So können die Außenspieler mit ihrem Block die Linie zumachen, die halbdiagonale oder diagonal blockieren. Dies kann entweder mannschaftstaktisch vorgegeben sein oder die Entscheidung des Blockspielers richtet sich nach bestimmten Aspekten des Gegners. So kann man beispielsweise einen etwas zu kurzen oder zu flachen Ball immer diagonal blockieren, gegen einen hohen oder weiter entfernt vom Netz gestellten Ball hingegen einen Linien-Block stellen. Oder wenn man im Vorfeld weiß, dass ein bestimmter Angreifer beispielsweise nicht so hart die Linie entlang schlagen kann, lässt man ihm diese offen und versucht dessen Linienangriffe abzuwehren, wobei der Block ihm seine härteste Schlagrichtung in die Diagonale nimmt.

Aus erster Hand ... „Wenn ein Angreifer einen Fehler oder einen besonders beeindruckenden Punkt gemacht hat, wird er den nächsten Ball wahrscheinlich in eine andere Richtung schlagen."

Felix Weber (geb. Isaak), ehemaliger Bundesliga-Mittelblocker

Auch der Mittelblocker kann entweder „auf den Ball gehen" und gerade blockieren oder eine der beiden diagonalen Angriffsrichtungen des gegnerischen Schnellangreifers, das heißt Richtung I oder V zumachen.

Als weitere Grundtaktik wird insbesondere bei den Mittelblockern die Taktik des Read-and-React-Blocks und des Commitblocks unterschieden. Beim **Read-and-React-Block** wartet der Blockspieler das Zuspiel ab und springt nach, wenn er weiß bzw. sieht, welcher Angreifer den Ball bekommt. Es steht also die Doppelblockbildung gegen die Außen- und Kombinationsangreifer im Mittelpunkt. Diese wird beim **Commitblock** vernachlässigt, da der Blockspieler dabei mit seinem gegnerischen Schnellangreifer mitspringt.

Aus erster Hand ... „Wenn du den gegnerischen Schnellangreifer blockst, dann konzentriere dich beim nächsten Ball wieder auf den Schnellangreifer. So kann er den Ball nicht wiedergutmachen und falls du ihn erneut blockst, ist er erst mal aus dem Spiel."

Felix Weber (geb. Isaak), ehemaliger Bundesliga-Mittelblocker

Dabei muss der Mittelblocker auch entscheiden, ob er versucht, wenn er zu spät nach Außen zum Block kommt, mit Wischen noch einen geschlossenen Block zu erreichen oder er lieber beim Abschlag des Angreifers an Ort und Stelle gerade blockiert, sodass ein Loch im Block, das heißt ein sogenannter „offener Doppelblock" entsteht.

Eine Blockstrategie ist folglich nicht ausschließlich darauf ausgerichtet, den Punkt durch einen direkten Block zu erzielen, sondern kann ebenfalls das Ziel haben, dass sich die Abwehr gut am Blockschatten orientieren, den Ball gut abwehren und erfolgreich ein Gegenangriff organisiert werden kann. Somit kann eine Blocktaktik auch erfolgreich und ein Blockspieler sehr gut sein, ohne dass ein einziger Block passiert.

Aus erster Hand ... „Je besser insbesondere der Mittelblocker blockt, desto besser ist die Abwehr des eigenen Teams."

Felix Weber (geb. Isaak), ehemaliger Bundesliga-Mittelblocker

6.6 DEFENSE AM BODEN: DIE ABWEHR

Hinter der ersten Abwehrreihe, dem Block, positioniert sich die zweite Abwehrreihe, die Feldverteidigung, welche aus den nicht am Block beteiligten Spielern besteht. Dies sind stets die Hinterspieler, denen kein Block gestattet ist, sowie die Netzspieler, die nicht in den Block eingebunden sind und sich vom Netz ins Spielfeld zur Abwehr lösen. Bei einem Doppelblock sind es dementsprechend vier, bei einem Dreierblock drei Abwehrspieler, die in der Defense stehen.

Aus erster Hand ... „Das Ziel in der Abwehr ist natürlich immer Kontrolle, aber am Ende muss der Ball einfach nur hoch nach oben, egal wie."

Lisa Thomsen, 112-fache Ex-Nationalmannschafts-Libera

Abwehrtechniken

Auch wenn das **Pritschen** die sicherere und präzisere Spieltechnik ist, so wird diese nur gegen leichte, nicht harte Angriffe angewendet. In der Regel werden die meisten Angriffe jedoch so hart geschlagen, dass die Abwehrspieler den Ball nur im Baggern verteidigen können. Dabei ist der **Abwehrbagger** dem Annahmebagger sehr ähnlich, nur dass – häufig durch Zurückziehen der Arme zum Körper – der Ball noch stärker entschärft werden muss. Aus diesem Grund ist die Abwehrhaltung in der Regel auch tiefer als die Spielhaltung in der Annahme.

Generell versucht ein Abwehrspieler, möglichst mit dem Körper hinter den Ball zu kommen und frontal abzuwehren, da er den Ball dann am besten abschirmen und kontrollieren kann. Nur wenn dies nicht mehr möglich ist, sollte auf die seitliche Abwehr zurückgegriffen werden, bei der die Arme die Körperlängsachse seitlich verlassen.

Sowohl die oberen als auch die unteren Abwehrtechniken, also die Variationen vom Baggern und Pritschen, können jeweils noch in drei weitere Kategorien unterteilt werden. Diese sind die Ausführung der Technik **im**

Stand, **im Knien** und **im Fallen**. Das heißt, wenn ein Angriff zu kurz wird, um ihn im Stand zu baggern, kniet sich der Abwehrspieler auf ein oder beide Knie, um den Ball so zwar weiter unten, aber immer noch in einer stabilen Position spielen zu können. Ist es auch nicht mehr möglich, den Ball im Knien zu spielen, werden die Techniken im Fallen nach vorne angewendet. Dabei fällt einem in erster Linie der „**Hechtbagger**" auf, der besonders spektakulär aussieht, weil der Abwehrspieler mit einem Hechtsprung durch die Luft fliegt und im Anschluss geschmeidig auf den Boden gleitet.

Eine andere Technik ist der **Rutschbagger** nach vorne, bei der der Abwehrspieler nach vorne auf dem Bauch oder der Körperseite rutscht. Zum Abschluss legt er seine Hand flach wie einen „**Pancake**", wie diese Technik auch genannt wird, unter den Ball und dieser springt von der Hand wieder nach oben ab.

Aus erster Hand ... „Die Abwehr ist das energie- und momentum-generierendste Element im Volleyball. Nichts fühlt sich besser an, als einen Ball abzuwehren und im Gegenangriff zu punkten."

Lisa Thomsen, 112-fache Ex-Nationalmannschafts-Libera

Häufig lässt sich der Abwehrspieler auch **nach hinten** oder **zur Seite/ nach hinten fallen**. Durch das Fallen wird zum einen mehr Zeit generiert, um den Körper noch hinter den Ball zu bekommen. Zum anderen kann dem Ball insbesondere bei harten Angriffen durch das Fallen Energie genommen werden, sodass er besser kontrolliert werden kann.

Eine **einarmige Abwehr** sollte dabei jedoch die Ausnahme sein, da der Ball deutlich besser mit der größeren Trefffläche beider Arme kontrolliert werden kann. Auch ist das Spielen mit allen Körperteilen zwar erlaubt, jedoch sind Abwehraktionen mit dem Fuß, der Brust oder dem Kopf aufgrund der schlechten Ballkontrolle eher die Seltenheit.

Die Rückwärtsrolle eines Abwehrspielers über die Schulter nach der Abwehr nennt man **Japanrolle**. Diese Aufstehtechnik dient dazu, nach der Fallaktion schnellstmöglich wieder spielbereit zu sein.

Abwehrtaktiken

Taktisch besteht die Abwehr eines Balls immer aus dem Zusammenspiel von Block- und Abwehrspielern, weshalb sie auch Block-Feldverteidigung genannt wird. Die Abwehrspieler versuchen sich dabei immer so zu positionieren, dass sie außerhalb des Blockschattens stehen, wenn der Angriff erfolgt. Das heißt, dass sie so auf dem Spielfeld stehen, dass sie den Ball trotz Block sehen können und sich damit an einer Stelle positionieren, auf welche ein harter Angriff erfolgen kann.

Aus erster Hand ... „In der Block- und Feldverteidigung entwickeln wir unsere Mentalität: Das Herz und die Seele einer Mannschaft erkennt man an der Art und Weise, wie sie verteidigt."

Felix Koslowski, Nationaltrainer Deutschlands und zweifacher Meistertrainer des SSC Palmberg Schwerin

Generell wird in der Abwehr das Spiel mit einer Nahsicherung vom Abwehrsystem ohne Nahsicherung unterschieden. Beim ersten ist ein Spieler für die Nahsicherung, das heißt für kurz hinter den Block angegriffene Bälle verantwortlich. Häufig wird im Frauenbereich mit einem solchen System gespielt, da die Bälle durch den flacheren Block schneller auf den gegnerischen Boden gelangen als bei den Männern. Diese spielen tendenziell eher ohne eine echte Nahsicherung, das heißt die Abwehrspieler stehen alle weiter hinten in der Block-Feldverteidigung, um mit mehr Abwehrspielern hart geschlagene Bälle zu verteidigen. Falls dann ein Ball kurz über den Block getippt wird, hechten die Spieler nach vorne und wehren den Ball mit Falltechniken nach vorne ab.

Dabei können unterschiedlichste Block- und Feldverteidigungssysteme gespielt werden, denn für jedes Team und für jeden Spieler muss ein System individuell angepasst werden, damit die Schwächen der einzelnen Spieler verdeckt und die Stärken genutzt werden.

Die jeweils beiden Gängigsten bei gegnerischem Angriff über die Position IV und II werden auf den folgenden vier Abbildungen veranschaulicht.

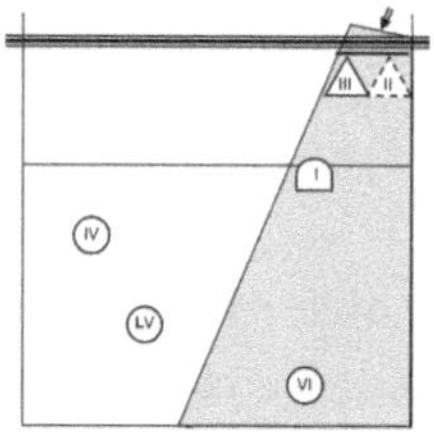

Auf dieser Abbildung ist die vor allem bei den Frauen gespielte Block- und Feldverteidigung gegen den Angriff von der gegnerischen Position IV mit Doppelblock Linie, Nahsicherung der Position I gegen kurze Bälle und drei Abwehrspielern gegen harte Bälle zu sehen. Die Position VI steht hierbei entweder wie abgebildet im Blockschatten oder weiter links am Blockschattenrand.

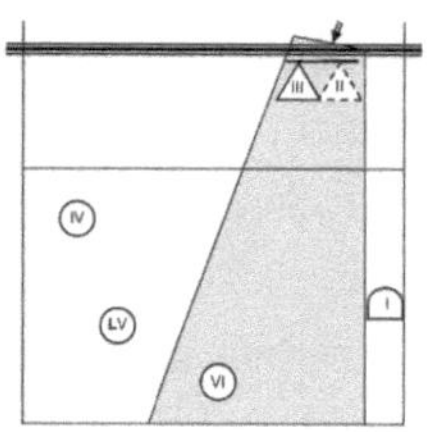

Hier ist die insbesondere bei den Männern geläufige Block- und Feldverteidigung gegen den Angriff von der gegnerischen Position IV mit Doppelblock halbdiagonal ohne Nahsicherungsspieler und vier Abwehrspielern gegen harte Bälle mit Doppelfunktion für kurze Bälle abgebildet. Auch hier kann die Position VI alternativ weiter links am Blockschattenrand stehen.

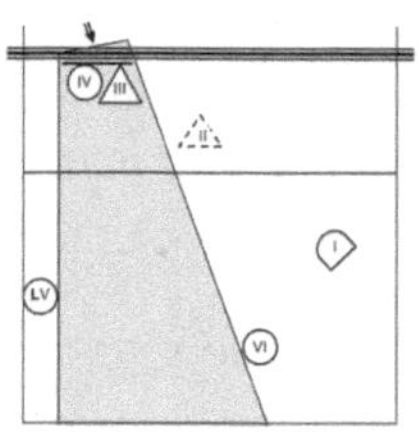

Beim Angriff von der gegnerischen Position II und I wird aufgrund der guten Abwehr des Liberos meist mit einem halbdiagonalen Block gespielt und der Libero verteidigt harte Linienangriffe. Bei dem links abgebildeten, eher im Frauenbereich angewendeten System übernimmt die Position II die Nahsicherung und Position I und VI verteidigen harte Angriffe in die Diagonale.

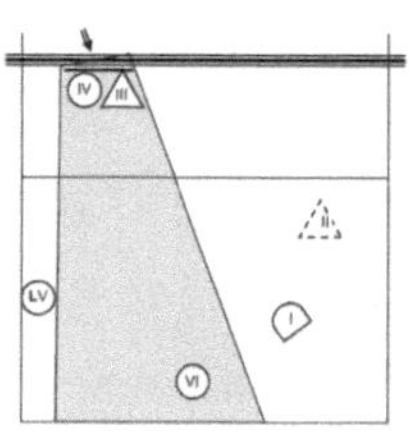

Bei den Männern wird auch bei Angriffen von der gegnerischen Position II und I meistens ohne Nahsicherung gespielt. Somit stehen vier Abwehrspieler für die harten Angriffe mit Doppelfunktion für kurze Bälle bereit.

6.7 STETS VERNACHLÄSSIGT: DIE ANGRIFFSSICHERUNG

Die Angriffsicherung ist ein wichtiges Spielelement, mittels dem aus dem Block zurückprallende Bälle weitergespielt und erneut aufgebaut werden können. Mit einer guten Angriffssicherung geben die Mitspieler dem Angreifer ein Gefühl der Sicherheit, dass er trotz Block hart angreifen kann, da sie ihn bei einem Angriff in den Block absichern werden.

Die Grundregel lautet dabei, dass ausnahmslos alle Mitspieler versuchen sollten, ihren Angreifer abzusichern. Das ist jedoch nicht immer möglich, da sich zum Teil andere Angreifer wie der Schnellangreifer bei einer guten Annahme und einer Angriffskombination noch immer in der Luft oder gerade erst bei der Landung befinden. Auch der meistens im Sprung agierende Zuspieler hat es schwer, sich noch aktiv auf einen neuen Sicherungsort zuzubewegen – er sichert dann aber zumindest an der Stelle, an der er sich beim Angriff gerade befindet.

Schon gewusst? Wenn man bedenkt, dass viele Sätze und Spiele mit einem Break Unterschied ausgehen, so sollte man sich bewusst machen, dass eine einzige Angriffssicherung, die in einem Angriffserfolg mündet, einen entscheidenden Einfluss auf den Ausgang des Spiels haben könnte ...

Da durch den in der Regel aktiven Block die Bälle teilweise sehr stark nach unten gehen, stehen nach Möglichkeit mindestens ein oder zwei, wenn möglich sogar mehr Sicherungsspieler immer sehr dicht am Angreifer in der sogenannten Angriffsnahsicherung. In den meisten Teams übernimmt einer der Spieler, der weiter hinten im Spielfeld bleibt, die Angriffsfernsicherung, um weit vom Block nach hinten ins Spielfeld abprallende Bälle zu sichern. Auch der Angreifer sichert seinen Angriff selbst mittels einer Eigensicherung.

In der Angriffssicherung stehen alle Spieler sehr tief (Nahsicherung) bis mitteltief (Fernsicherung) spielbereit mit geöffneten und nach vorne ausgestreckten Armen, da man kaum Aktionszeit zum Spielen des Balls hat, sondern je nach Schlaghärte des eigenen Angreifers und Blockabprallwinkel eher reflexartig reagieren muss.

Auch bei diesem Spielelement spielt das Risikomanagement eine wichtige Rolle. Leicht vom Block zurückspringende Bälle werden perfekt zum Zuspielort gespielt, schwierig zu erreichende Bälle lediglich hoch in die eigene Feldmitte, um überhaupt noch einen Gegenangriff initiieren zu können. Einige Angreifer nutzen die Angriffssicherung auch bewusst aus, indem sie in ungünstiger Angriffssituation den Ball gezielt in den Block spielen, um so ihr Team in der eigenen Offensive halten zu können.

Die Angriffsicherung ist demzufolge ein wichtiges, häufig unterschätztes Spielelement, mit dem gut blockende Mannschaften „entnervt" werden können, da sie selten zu direkten Blockerfolgen kommen, sondern der Gegner immer wieder neue Angriffswellen starten kann.

Hinter vorgehaltener Hand ... „Oktober 1997, ich war seit zwei Monaten in München. Siebzehn Jahre jung und unmittelbar vor meinem ersten Bundesligaspiel für den SV Lohhof. Am Samstag nach dem Vormittagstraining war ich mit einigen Viechtacher Kumpels verabredet – in der Münchner Innenstadt. Es hat auch nicht lange gedauert, bis wir beim Augustiner saßen und ich – mit besten Vorsätzen – die ersten beiden Runden standhaft blieb, ich hatte abends doch Großes vor. Wer mich kennt, weiß, dass ich nicht lange standhaft geblieben bin und letztendlich doch bissl angetrunken abends zum Spiel erschien. Ich war Stammspieler, wir gewannen mit mir als punktbestem Spieler 3:0 und in der Zeitung stand tags darauf, ich sei der einzige Lohhofer gewesen, welchem keine Nervosität anzumerken war... ☺ Natürlich ist mir 25 Jahre später bewusst, dass es damals ein Fehler war – umso besser, dass es glücklich für uns ausging."

Michael Mayer, 55-facher Ex-Nationalmannschafts-Diagonalangreifer

★ 7 ★

WIE ANALYSIERE ICH EIN SPIEL?

Die Dokumentation eines Spiels ist seit der Erfindung des Volleyballsports ein relevantes Thema. Eine digitale Dokumentation des Wettkampfes ist in den höchsten Ligen auf nationalem und internationalem Niveau nicht nur Standard, sondern mittlerweile sogar vorgeschrieben. Dabei sind die Zeiten der analogen, händischen Erfassung in einem speziellen Spielberichtsbogen vorbei. Seit einigen Jahren protokolliert ein digitaler Spielberichtsbogen als „E-Scoring-Bogen", der vom Anschreiber in Zusammenarbeit mit dem Schiedsgericht ausgefüllt wird, das Spielgeschehen. Im Anschluss an die Partie ist dieser für alle Interessierten auf der Homepage der VBL für alle Erst- und Zweitligaspiele frei abrufbar.

Das Gleiche gilt für die digitale Spielstatistik, den sogenannten „Matchreport", der in reduzierter Form live und vollständig nach dem Spiel im Internet abrufbar ist. Er ist allerdings nur für die Erstligaspiele verpflichtend. Für die Erstellung ist der offizielle Scout der Heimmannschaft zuständig, der mit seinen Bewertungen die Dateneingabe vornimmt.

Beide Dokumente werden unabhängig voneinander erstellt. Gemeinsam bilden Sie jedoch eine perfekte Grundlage zur Bewertung und Auswertung von Volleyballspielen.

7.1 DER SPIELBERICHTSBOGEN

Ob digital oder analog, die Grundidee des Spielberichts und die Art, ihn zu lesen, ist in beiden Ausführungen gleich. Der Spielberichtsbogen führt den Leser durch das gesamte Spiel und ermöglicht es ihm, das Spiel nachzuerleben. Es sind alle wichtigen Rahmenbedingungen aufgeführt und zudem ist die Entwicklung des Spiels erkennbar: Aufstellungen, Punktvorsprünge, Führungen, sogenannte Punkterallys, Auszeiten, Auswechslungen, Strafen sowie Teilnehmer am Spiel bzw. Teammitglieder.

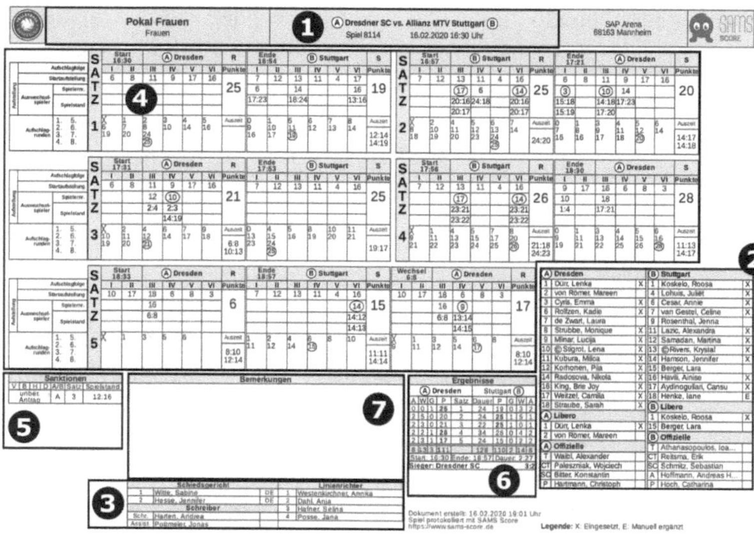

Grundsätzlich kann der Spielberichtsbogen zeitlich in drei große Bereiche geteilt werden. Es gibt Bereiche, die vor dem Spiel eingetragen werden sowie Aspekte, die während oder nach dem Spiel relevant sind. In ❶ sind alle relevanten Daten für das Spiel enthalten. Dazu zählen unter anderem die antretenden Mannschaften, der Wettbewerb, der Zeitpunkt sowie die zugeordnete Spielnummer. Zusätzlich dazu müssen die Teams unter ❷ ihre Mannschaftmitglieder und Offiziellen eintragen lassen. Hier findet sich jeder Spieler mit seiner Spielernummer wieder, durch welche er später in ❹ zuzuordnen ist. Unter ❸ ist zusätzlich die Spielleitung einzutragen. Dazu zählen neben den beiden Schiedsrichtern auch die Linienrichter und Schreiber.

Während des Spiels ist der mittlere Teil des Bogens 4 relevant.

SATZ 1	Start 16:30		(A) Dresden				R	Ende 16:54		(B) Stuttgart				S
Aufstellung – Aufschlagfolge	I	II	III	IV	V	VI	Punkte	I	II	III	IV	V	VI	Punkte
Aufstellung – Startaufstellung	6	8	11	9	17	16	25	7	12	13	11	4	17	19
Auswechselspieler – Spielernr.								6		14			16	
Auswechselspieler – Spielstand								17:23		18:24			13:16	
Aufschlagrunden 1. 5. 2. 6. 3. 7. 4. 8.	X 6 19	1 7 20	2 8 24 (25)	3 10	4 14	5 16	Auszeit	0 9 16	1 10 17	5 11 (19)	6 12	7 13	8 14	Auszeit 12:14 14:19

Hier kann jeder einzelne Satz genau verfolgt werden. In der Kopfzeile, dem grauen oberen Teil, der einzelnen Sätze ist ersichtlich, wann der jeweilige Satz begonnen hat und wann er beendet wurde. Dazwischen kann man erkennen, welche Mannschaft auf welcher Seite des Netzes platziert war und ob diese das Aufschlagrecht (S = Serve) oder das Annahmerecht (R = Return) besaß. In diesem Beispielsatz hat Stuttgart das Aufschlagrecht und Dresden muss annehmen. Zusätzlich gibt der Spielberichtsbogen in den jeweiligen Sätzen das finale Endergebnis des Satzes unter dem Feld „Punkte" und die Startaufstellung an. In diesem Fall ging der Satz 25:19 an die Mannschaft des Dresdner SC.

Neben den Punkten ist die Startaufstellung zu erkennen. Diese Felder sind mit römischen Zahlen für die jeweilige Position gekennzeichnet. *In diesem Beispiel steht Stuttgarts Nummer 7 zu Beginn des Satzes auf der Position I. Die Nummer 12 beginnt auf der Position II usw.*

Im unteren Teil eines jeden Satzes sind die sogenannten Aufschlagrunden eingezeichnet. Hier wird der Punktestand zum Zeitpunkt des Aufschlagverlustes eingetragen. *Zu Beginn des Spiels hatte die Spielerin mit der Nummer 7 von Stuttgart das Aufschlagrecht. Ihr Team konnte in diesem Spielzug jedoch keinen Punkt erzielen, sodass sie das Aufschlagrecht bereits nach einem Ballwechsel wieder verlor. Daraufhin hat Dresden gemäß den Regeln eine Position weiterrotiert und die Spielerin mit der Nummer 8 schlug auf. Da hier im unteren Teil eine 1 zu sehen ist, bedeutet das ebenfalls keinen Punktgewinn für das aufschlagende Team in diesem Spielzug, da Dresden diesen Punkt bereits beim Erhalt des Aufschlagrechts bekommen hat.* Die Grundidee sieht demnach vor, dass dort stets die Punktezahl einzutragen ist, bei der das Aufschlagrecht durch einen Spielzugverlust an die gegnerische Mannschaft übergeht. Durch die stetige Rotation wird bei einem erneuten Aufschlag einer Spielerin in der Reihe darunter weiternotiert.

Die längsten Aufschlagserien auf Dresdener Seite hatten in dem abgebildeten Beispiel die Spielerinnen mit der Nummer 17 in der zweiten Aufschlagrunde (vier Aufschläge hintereinander) und die Nummer 11 in der dritten Aufschlagrunde (ebenfalls vier Aufschläge hintereinander). Letztere ist also beim Stand von 21:17 zum Aufschlag gekommen und hat letztmalig beim Stand von 24:17 aufgeschlagen. Hier hat ihre Mannschaft aber nicht punkten können, sodass der Gegner auf 18:24 verkürzen konnte. So kann der gesamte Spielablauf auch im Nachhinein nachvollzogen werden.

Unter manchen Spielernummern der Aufstellung finden sich weitere Nummern und ein Spielstand. Dies sind die Ein- und Auswechslungen. Sie signalisieren, zu welchem Zeitpunkt (Spielstand 18:24 aus Stuttgarter Sicht) welche Stuttgarter Spielerin ausgewechselt (Nr. 13) und welche Stuttgarter Spielerin eingewechselt (Nr. 14) wurde. Bei einer Rückwechslung würde die zurückgewechselte Spielerin eingekreist und der Spielstand zum Zeitpunkt des Rückwechsels darunter eingetragen werden.

Während des Satzes stehen beiden Mannschaften jeweils zwei Auszeiten zur Verfügung. Sobald ein Trainer diese beantragt, werden sie stets aus Sicht des Auszeitnehmenden in der rechten unteren Ecke des jeweiligen Bereiches eingetragen. *In dem vorliegenden Beispiel hat lediglich Stuttgart zwei Auszeiten bei den Spielständen 12:14 und 14:19 genutzt.*

In der linken unteren Ecke des Spielberichtsbogens in ❺ werden Sanktionen gegen die Mannschaften und Spielerinnen notiert. Nach dem Spiel werden die Punkte, die jeweiligen Auswechslungen, die Dauer des Spiels und die Auszeiten unter ❻ zusammengerechnet, sodass sich eine Gesamt- bzw. Abschlussstatistik ergibt. Nach dem Spiel wird dieses Ergebnis geprüft und durch die beiden Kapitäne bestätigt. Besondere Vorkommnisse werden unter Bemerkungen in ❼ eingetragen.

7.2 DIE SPIELSTATISTIK – DER MATCHREPORT

Der Matchreport ist eine umfassende Auswertung des Spiels. Er liefert die Statistiken für das Match und unterstützt beide am Spiel beteiligten Teams bei der Bewertung der Partie. Er ist von der Volleyball Bundesliga (VBL) in der ersten Liga vorgeschrieben und basiert auf dem Programm Data-Volley, einem Programm, in dem die jeweiligen Aktionen und Spielzüge des Wettkampfes von einem Scout mit Abkürzungen und Codes eingegeben werden. Die Daten werden automatisch in diesem Matchreport ausgegeben und den Vereinen der ersten Liga und der Öffentlichkeit zur Verfügung gestellt. Um die Einheitlichkeit der eingegebenen Codes zu gewährleisten, hat die VBL exakte Definitionen der einzelnen Beobachtungsparameter festgelegt.

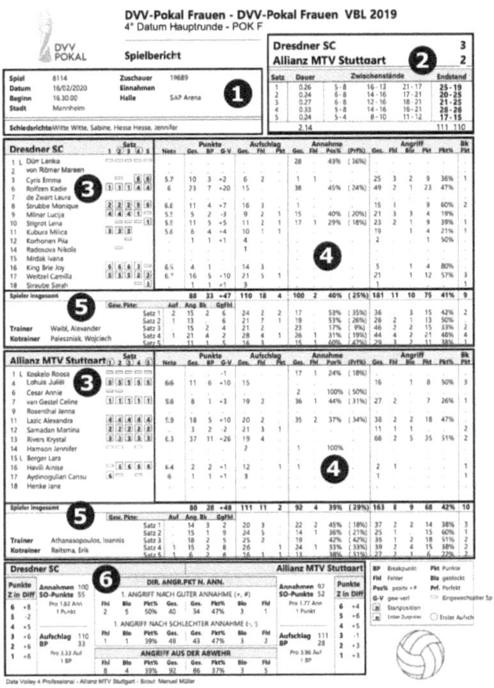
DVV-Pokal Frauen - DVV-Pokal Frauen VBL 2019
4° Datum Hauptrunde - POK F

DVV POKAL

Spielbericht

Spiel	8114	Zuschauer	11689
Datum	16/02/2020	Einnahmen	
Beginn	16.30.00	Halle	SAP Arena
Stadt	Mannheim		

Schiedsrichter Witte Witte, Sabine, Hesse Hesse, Jennifer

Dresdner SC				3
Allianz MTV Stuttgart				2

Satz	Dauer	Zwischenstände			Endstand
1	0.26	5-8	16-13	21-17	25-19
2	0.24	6-8	14-16	17-21	20-25
3	0.27	6-8	12-16	18-21	21-25
4	0.33	5-8	14-16	16-21	28-26
5	0.24	5-4	8-10	11-12	17-15
	2.14				111 110

Der Matchreport beinhaltet die relevanten Informationen zum Spiel in ❶, die Zwischenstände, Satz- und Spielergebnisse in ❷, die jeweiligen Mannschaftsaufstellungen während der Sätze in ❸, die Punkt- und Fehlerstatistiken in Aufschlag, Annahme, Angriff und Block der einzelnen Spieler in ❹ und der gesamten Mannschaft in ❺ sowie die Punktstatistik bei Side-out und in Break-Situationen in ❻. Die Gesamtstatistik dient der jeweiligen Mannschaft dazu, das Spiel auszuwerten und im Zuge dessen an Stärken und Schwächen zu arbeiten. Weiterhin dient der Matchreport des zukünftigen Gegners aber auch dazu, sich auf diesen gezielt vorzubereiten, indem individuelle Schwächen erkannt werden. Da der Matchreport öffentlich zugänglich ist, können diesen jedoch auch Journalisten oder interessierte Zuschauer nutzen, um nachträglich einen fundierteren Einblick in das Spiel zu erhalten.

Aber wie ist der Matchreport zu lesen? Unter ❷ sind die Satzverläufe nachzuvollziehen. Hierzu sind neben der jeweiligen Satzdauer die Zwischenstände bei den beiden technischen Auszeiten (bei acht und 16 Punkten) sowie zusätzlich bei 21 Punkten (fünfter Satz: bei fünf, zehn und zwölf Punkten) und der Satzendstand angegeben. Zusätzlich werden die einzelnen Punkte addiert und die gespielte Zeit zur Gesamtspielzeit zusammengerechnet.

Für die individuelle Auswertung der einzelnen Spieler hilft die Individualstatistik der jeweiligen Mannschaft im mittleren Teil des Matchreports.

Allianz MTV Stuttgart		Satz ① 2 ③ 4 ⑤	Note	Punkte Ges.	Punkte BP	Punkte G-V	Aufschlag Ges.	Aufschlag Fhl	Aufschlag Pkt	Annahme Ges.	Annahme Fhl	Annahme Pos%	Annahme (Prf%)	Angriff Ges.	Angriff Fhl	Angriff Blo	Angriff Pkt	Angriff Pkt%	Bk Pkt
1 L	Koskelo Roosa	□ □ □ □ □	.	.	.	-1	.	.	.	17	1	24%	(18%)	.	.	.	.	.	.
4	Lohuis Juliët	5 5 5 5 5	6.6	11	6	+10	15	.	.	.	.	.	.	16	.	1	8	50%	3
6	Cesar Annie	□ □	.	.	.	.	.	.	.	2	.	100%	(50%)	.	.	.	.	.	.
7	van Gestel Celine	1 1 1 1 1	5.6	8	1	+3	19	2	.	36	1	44%	(31%)	27	2	.	7	26%	1
9	Rosenthal Jenna		.	.	.	.	.	.	.	.	.	.	.	.	.	.	.	.	.
11	Lazic Alexandra	4 4 4 4 4	5.9	18	5	+10	20	2	.	35	2	37%	(34%)	38	2	2	18	47%	.
12	Samadan Martina	2 2 2 2 2	.	3	2	-2	21	3	1	.	.	.	.	11	1	1	.	.	2
13	Rivers Krystal	3 3 3 3 3	6.3	37	11	+26	19	4	.	.	.	.	.	68	2	5	35	51%	2
14	Hamson Jennifer	□ □ □	.	.	.	.	2	.	.	1	.	100%	.	.	.	.	.	.	.
15 L	Berger Lara		.	.	.	.	.	.	.	.	.	.	.	.	.	.	.	.	.
16	Havili Ainise	□ 6 6 6 6	6.4	2	2	+1	12	.	1	1	.		.	2	1	.	.	.	1
17	Aydinogullari Cansu	6 □ □	6	1	1	+1	3	.	.	.	.		.	1	.	.	.	.	1
18	Henke Iane		.	.	.	.	.	.	.	.	.	.	.	.	.	.	.	.	.
Spieler insgesamt				80	28	+48	111	11	2	92	4	39%	(29%)	163	8	9	68	42%	10

Gew. Pkte:	Auf	Ang	Bk	GgFhl	Aufschlag Ges.	Aufschlag Fhl	Aufschlag Pkt	Annahme Ges.	Annahme Fhl	Annahme Pos%	Annahme (Prf%)	Angriff Ges.	Angriff Fhl	Angriff Blo	Angriff Pkt	Angriff Pkt%	Bk Pkt
Satz 1	.	14	3	2	20	3	.	22	2	45%	(18%)	37	2	2	14	38%	3
Satz 2	.	15	1	9	24	5	.	14	1	36%	(21%)	25	1	.	15	60%	1
Satz 3	.	18	2	5	25	2	.	19	.	42%	(42%)	35	1	2	18	51%	2
Satz 4	1	15	2	8	26	.	1	24	1	33%	(33%)	39	2	4	15	38%	2
Satz 5	1	6	2	6	16	1	1	13	.	38%	(31%)	27	2	1	6	22%	2

Trainer Athanasopoulos, Ioannis
Kotrainer Reitsma, Erik

In ❸ finden sich in den ersten Spalten die Rückennummern und die Namen der Spieler. Die Liberos sind mit einem kleinen L zwischen Nummer und Name gekennzeichnet.

In der Spalte **Satz** wird die Startaufstellung des jeweiligen Satzes erfasst. Die Spielerin, die auf der Position I beginnt, erhält die Nummer 1, die Spielerin auf Position II die 2 usw. Das Feld der Zuspielerin ist weiß, die Felder der anderen Spielerinnen sind grau hinterlegt. Einwechslungen werden durch einen kleinen Balken gekennzeichnet. Die eingekreisten Satznummern geben an, in welchem Satz das jeweilige Team das Aufschlagrecht hatte.

In ❹ wird in der Spalte **Note** für jeden Spieler mit einer gewissen Anzahl an Spielhandlungen automatisch vom Programm ein Wert zwischen 1 und 10 ermittelt, der sich aus der Güte, also der Berechnung aller Aktionen eines jeweiligen Spielers ergibt. Das bedeutet, je näher ein Athlet an der 10 ist, umso besser war der Spieler.

In der Spalte **Punkte** werden die gesamten Punkte eines Spielers in den Elementen Aufschlag, Angriff und Block vermerkt (Ges.). BP steht für Breakpunkte, was bedeutet, dass die Punkte bei eigenem Aufschlag erzielt wurden. G-V beschreibt die Differenz zwischen gewonnenen und verlorenen Punkten.

In der Spalte **Aufschlag** sind jeweils die Gesamtanzahl (Ges.), die absoluten Fehler (Fhl) und die erzielten Punkte vermerkt.

Im Bereich der **Annahme** sind ebenfalls die Gesamtaktionen und die absoluten Fehler vermerkt. Zusätzlich ist dort der prozentuale Anteil von guten und perfekten Annahmen (Pos%) sowie der prozentuale Anteil ausschließlich der perfekten Annahmen (Prf%) abgedruckt.

Im Bereich **Angriff** sind wiederum die Gesamtanzahl der Aktionen, die absoluten Angriffsfehler, vom Gegner geblockte Bälle (Blo) sowie die absolute Punktzahl im Angriff und der Prozentwert der erfolgreichen Angriffe aufgelistet.

In der Spalte **Block** (BK) ist die Anzahl der erfolgreichen Blocks vermerkt.

Beispiel: In der individuellen Auswertung ist ersichtlich, dass die Nummer 11, Alexandra Lazic, in allen fünf Sätzen auf der Position IV begonnen hat. Insgesamt erzielte sie die **Note** *5.9 und liegt damit hinter Nummer 4, Nummer 13 und Nummer 16.*

In der Gesamtbetrachtung hat sie mit 18 Punkten die zweitmeisten **Punkte** *ihres Teams (hinter Kristal Rivers) erzielt, fünf davon bei eigenem Aufschlag. Die +10 verdeutlicht die Punktebilanz der Spielerin. Den 18 Gesamtpunkten stehen acht Fehler gegenüber (zwei Aufschlagfehler, zwei Annahmefehler, zwei Angriffsfehler und zwei erfolgreiche Blocks des Gegners). Juliët Lohuis beispielsweise hat zwar lediglich 11 Punkte erzielt, war aber ungleich effektiver, da auch sie ebenfalls auf +10 Punkte kommt, da ihr nur ein direkter Fehler unterlaufen ist. Das spiegelt sich in ihrer besseren Note von 6.6 wider.*

Im **Aufschlag***bereich hat Alexandra Lazic von ihren insgesamt 20 Aufschlägen zwei Aufschläge verschlagen und kein Ass erzielt. Lediglich die Nummer 12 und die 16 konnten auf Stuttgarter Seite in dieser Partie einen direkten Punkt mit ihrem Aufschlag erzielen.*

Von ihren 35 **Annahme***situationen waren bei zwei direkten Annahmefehlern 37 Prozent gut und perfekt ausgeführt und 34 Prozent waren dann letztendlich perfekte Annahmen.*

Von 38 **Angriffen** *hat die Außenangreiferin zwei Fehler gemacht, zweimal in den Block geschlagen und insgesamt 18 Punkte erzielt. Das entspricht einer Erfolgsquote von 47 Prozent. Sie hat also die zweitmeisten Angriffspunkte ihres Teams erzielt, lag in der Effektivität jedoch knapp hinter Kristal Rivers (51 Prozent) und Juliët Lohuis (50 Prozent).*

Im **Block** *hat Alexandra Lazic nicht gepunktet. In allen fünf Sätzen gelang ihr kein direkter Blockerfolg.*

Zum Vergleich: Der Diagonalangreiferin Krystal Rivers (Nr. 13) gelangen mit 37 Punkten mit Abstand die meisten Punkte ihrer Mannschaft. Zu-

dem trug sie mit 68 Angriffen auch die Hauptlast ihres Teams in der Offensive.

Unterhalb der Individualstatistik ist in ❺ die Gesamtspielstatistik der jeweiligen Mannschaft in genau der gleichen Art und Weise wie im Beispiel, jedoch nun für das gesamte Team angegeben. Darunter findet sich die Aufschlüsselung der einzelnen Sätze, sodass man den Spielverlauf in der zeitlichen Reihenfolge nachvollziehen kann.

Hier ist im Beispiel zu erkennen, dass die Angriffsquote Stuttgarts im fünften Satz mit lediglich 22 Prozent im Vergleich zu allen vorherigen Sätzen deutlich abgesunken ist.

In ❻ sind für beide Teams weitere Kennzahlen abzulesen.

❻

Dresdner SC			Allianz MTV Stuttgart	
Punkte Z in Diff				**Punkte Z in Diff**
6	+8	**Annahmen** 100	**Annahmen** 92	6 +4
5	-2	**SO-Punkte** 55	**SO-Punkte** 52	5 +6
4	+5	Pro 1.82 Ann 1 Punkt	Pro 1.77 Ann 1 Punkt	4 +5
3	+6	**Aufschlag** 110	**Aufschlag** 111	3 -1
2	+6	**BP** 33	**BP** 28	2 +3
1	+6	Pro 3.33 Auf 1 BP	Pro 3.96 Auf 1 BP	1 +3

DIR. ANGR.PKT N. ANN.

	Fhl	Blo	Pkt%	Ges.	Ges.	Pkt%	Blo	Fhl
1. ANGRIFF NACH GUTER ANNAHME (+, #)	2	5	50%	40	34	47%	3	1
1. ANGRIFF NACH SCHLECHTER ANNAHME (-, !)	1	1	39%	49	43	47%	3	2
ANGRIFF AUS DER ABWEHR	8	4	39%	92	86	37%	3	5

In den Tabellen auf der linken und rechten Seite ist die Differenz zu gewonnenen und verlorenen Punkten in den jeweiligen Zuspielpositionen (Läufer I, VI und V, Zuspiel IV, III und II) zu erkennen. Es wird ersichtlich, dass Dresden mit der Zuspielerin auf der Position V und Stuttgart mit der Zuspielerin auf der Position III am schwächsten waren. In der Spielvorbereitung auf einen der beiden Gegner würde man also versuchen, die jeweils schwächste Aufstellung des Gegners am besten auszunutzen. Zeitgleich kann es für das jeweilige Team ein Ansatz sein, genau diese Schwäche bzw. diese Zuspielsituation gezielt zu trainieren.

Im Bereich zwischen der Mitte und der linken oder rechten Tabelle, finden sich die absolute Anzahl der Annahmen und die absolute Anzahl der Punkte im Side-out, das heißt aus der eigenen Annahme. Darunter sind die absolute Anzahl an Aufschlägen und der Breakpunkte, das heißt die Punkte aus eigener Aufschlagsituation, zu finden.

Die Mitte besteht ebenfalls aus zwei relevanten Statistiken. Zum einen können die direkten Angriffspunkte nach einer Annahme (K1) und zum anderen die direkten Angriffspunkte aus jeglichen Abwehrsituationen (K2-K ...) abgelesen werden. Die direkten Angriffspunkte aus der Annahme werden zudem in Angriffe nach guter/perfekter und nach schlechter Annahme unterteilt. Hier sind jeweils die absoluten Angriffsfehler, die vom Gegner geblockten Angriffe, der Prozentwert der erfolgreichen Angriffe und die absolute Anzahl an Angriffen aufgeführt. Die Daten werden jeweils aus der Richtung der jeweiligen Teams abgelesen.

Beispiel: Der Dresdner SC hat mit der Zuspielerin auf der Position VI, also der Läufer VI-Rotation, die beste Punktausbeute, während die Mannschaft im Läufer V am schwächsten war.

Dresden erzielte in 100 Annahmen 55 Side-out-Punkte. Das bedeutet einen Punkterfolg alle 1.82 Annahmen. Ganz grob gesagt gewinnt Dresden mit etwas weniger als jeder zweiten Annahme unmittelbar das Aufschlagrecht und damit einen Punkt. Bei 110 Aufschlägen erzielte das Team 33 Break-Punkte, was bedeutet, dass sie im Durchschnitt mit gut drei Aufschlägen einen Punkterfolg feiern können.

Im Angriff nach einer guten oder perfekten Annahme hat die Mannschaft im gesamten Spiel lediglich zwei Fehler erzeugt, jedoch wurden fünf Angriffe vom Gegner geblockt. Generell führen 50 Prozent der Angriffe aus einer guten/perfekten Annahme zu einem direkten Punkterfolg und Dresden erzielte somit insgesamt 40 Punkte aus einer guten bis perfekten Annahme.

Beim Angriff nach schlechter Annahme unterliefen dem Team lediglich jeweils ein fehlerhafter Angriff und ein Angriff in den Block. 39 Prozent der Angriffe waren erfolgreich, was einem Gesamterfolg von 49 Angriffen aus einer schlechten Annahme entspricht. Man erkennt, dass der Dresdner SC in diesem Spiel weniger erfolgreich aus einer schlechten Annahme agier-

te als aus einer guten Annahme, während dieses Verhältnis bei Stuttgart mit jeweils 47 Prozent ausgeglichen war.

Im Gegenangriff aus der Abwehr produzierten die Dresdenerinnen sechs direkte Fehler und schlugen viermal in den Block. Die gesamten Angriffe aus der Abwehr waren zu 39 Prozent erfolgreich – genauso wie aus einer schlechten Annahme. Bei Stuttgart liegt dieser Wert mit lediglich 37 Prozent hingegen deutlich unter den Angriffsquoten aus der Annahme.

Wofür wird der Matchreport benötigt?

Im Gesamtbild ergibt der Matchreport eine genaue Auswertung des jeweiligen Wettbewerbes bzw. des jeweiligen Spiels. Er zeigt verschiedenen Interessensgruppen unterschiedliche Merkmale auf. Einem Trainer dient er als Grundlage für die Bewertung seiner und der gegnerischen Mannschaft und ihrer Entwicklung – auch bereits während des Spiels. Welche Stärken und Schwächen des eigenen und gegnerischen Teams sind momentan – auch statistisch – erkennbar und müssen beim Coaching Berücksichtigung finden?

Aber auch im längerfristigen Prozess liefert der Matchreport wichtige Informationen. Wurden Schwächen längerfristig ab- und Stärken weiter ausgebaut? Haben das Training und die Vorbereitung auf das Spiel einen Erfolg gebracht? Wo kann oder sollte angesetzt werden?

Ähnlich der Aspekte, die ein Trainer für sein eigenes Team wahrnimmt, kann er aus den Matchreports schnell Informationen über den Gegner einholen. Wer ist die stärkste Spielerin in welchem Element? Welche Startformation nutzt der Gegner am häufigsten? Welche Rotation ist am ineffektivsten? Welche Spielerin bekommt nur wenige Angriffe und kann sich nur schlecht durchsetzen? Solche und viele weitere Fragen können ebenfalls aus der Spielstatistik beantwortet werden.

Auch für die Medien sind die Statistiken eine wichtige Grundlage. Neben dem Ergebnis bestimmen sie, in welche Richtung ein Radio-, Fernseh- oder Zeitungsbericht verfasst wird. Reporter und Kommentatoren wiederum nutzen diese Statistiken und Berichte, um sich auf ihre Aufgaben vorzubereiten und während der kommenden Spiele wichtige Informationen an den Zuschauer oder Hörer weitergeben zu können.

Aber auch der interessierte Zuschauer kann sich den frei zugänglichen Matchreport auf der Seite der VBL nach dem Spiel anschauen und sogar downloaden. Damit kann jeder einen noch umfassenderen Blick auf das Spielgeschehen werfen und sein Gefühl vom Spielgeschehen mit den faktischen Werten abgleichen.

Grundsätzlich schaut man mit dem Blick auf Statistiken immer in die Vergangenheit. Statistiken bilden nur eine bereits erfolgte Aktion ab und gelten nicht für die Zukunft. Speziell im Bereich des Spiel- oder Spielerscoutings werden vergangene Statistiken verglichen; der Wert wird auch für die Zukunft angenommen. Ein Spieler, der in den vergangenen drei Spielen (oder drei Jahren) stets eine Erfolgsquote im Angriff von 50 Prozent hatte, wird diese unter Berücksichtigung von weiteren Faktoren wie Alter und Verletzungen vermutlich im kommenden Spiel (Jahr) erneut haben.

Einzelne Abweichungen eines Spielers könnten dann als Ausreißer gewertet werden, doch je mehr Matchreports und Statistiken über einen Spieler oder Gegner aus der Vergangenheit vorliegen, umso mehr Daten stehen zur Vorhersage bzw. Prognose zur Verfügung.

Grundsätzlich sollen und wollen Statistiken zum einen eine Analysegrundlage bieten und zum anderen Prognosen über zukünftige Leistungen von einzelnen Spielern, Mannschaften oder Taktiken abgeben, um einen Erfolg zu generieren. Ob eine Taktik letztendlich zum Erfolg führt, hängt aber zum Glück nicht immer von der Statistik, sondern von vielen weiteren individuellen Faktoren ab. Demnach ist die Statistik eine wichtige Hilfe für das Trainerteam, kann aber die Fähigkeiten der Athleten, der Trainer, der Mannschaft und des Gegners nicht ersetzen.

★ 8 ★

VERBAND UND LIGA

8.1 DEUTSCHER VOLLEYBALL-VERBAND (DVV)

Der Deutsche Volleyball-Verband ist innerhalb von Deutschland der Dachverband der Sportarten Volleyball, Beach-Volleyball und Snow-Volleyball. Er besteht aus 17 verschiedenen Landesverbänden (siehe Kapitel 8.3.) sowie der Volleyball Bundesliga. Der DVV wurde 1955 gegründet und hat seinen Sitz in Frankfurt.

Derzeit befindet sich der DVV mitten in einer Strukturreform. Das Ziel dieser Strukturreform ist die Einführung eines hauptamtlichen Vorstandes. Zurzeit stellt sich der DVV in das Präsidium mit René Hecht als Präsidenten sowie mehreren Vize-Präsidenten, Nicole Fetting als Generalsekretärin der Geschäftsstelle in Frankfurt und dem Verbandgericht mit Dr. Bernd Kirchof als Vorsitzendem auf. Dazu kommen noch die verschiedenen Ausschüsse, wie zum Beispiel der Anti-Doping-, Materialprüfungs-, der Bundesschiedsrichter- sowie der Ausschuss für Wissenschaft und Bildung, in dem das Lehrwesen unter anderem mit der A- und Diplom-Trainer-Ausbildung angesiedelt ist.

Aus erster Hand ... „Der Verband sind alle Volleyballerinnen und Volleyballer, alle Vereine und Landesverbände – wir alle leben den Verband."

Nicole Fetting, Generalsekretärin des DVV

In den vergangenen Jahren gab es zahlreiche Umstrukturierungen im DVV. 15 Jahre (von 1997 bis 2012) leitete der im Jahr 2019 verstorbene, ehemalige Leichtathlet Werner Graf von Moltke als Präsident die Geschicke des DVV. Mit seinem leidenschaftlichen Engagement gab er dem Volleyball einer breiteren Öffentlichkeit ein Gesicht, indem er zahlreiche internationale Hallen- und Beachevents nach Deutschland holte. Unvergessen bleibt sein Ausbruch der Freude nach der erfolgreichen Olympia-Qualifikation im Jahr 2000, als er sich in Bremen auf einen Knäuel am Boden liegender Spielerinnen warf. Nach der sechsjährigen Amtszeit von Thomas Krohne übernahm nach dessen Rücktritt der 385-fache Volleyball-Rekordnationalspieler René Hecht 2018 die Führung des Verbandes.

Aus erster Hand ... „Wir haben uns mit der Strukturreform viel vorgenommen und schon einiges geschafft. Wir wollen den Volleyball-Verband zukunftsfähig strukturieren. Mit den Zukunftsprojekten Digitalisierung, Nachwuchs und Sportentwicklung setzen wir neue Schwerpunkte, die über den Bereich Kadermanagement hinausgehen. Wir wollen gemeinsam mit allen Volleyballerinnen und Volleyballern, Gremien, Landesverbänden und der Volleyball Bundesliga unseren Verband gestalten und unseren Sport voranbringen."

René Hecht, Präsident des DVV und Rekordnationalspieler

Auch bei der Nachbesetzung des zehn Jahre als Generalsekretär tätigen Jörg Ziegler setzte der DVV im Jahr 2018 auf einen Bezug zur Sportart. Mit Nicole Fetting wurde eine ehemalige Spitzenvolleyballerin verpflichtet. Die ehemalige Nationalspielerin wurde Deutsche Meisterin sowie Pokalsiegerin und arbeitete im Anschluss als Sportdirektorin, Teammanagerin und Geschäftsführerin eines Volleyball-Bundesligisten.

In den Zuständigkeitsbereich des DVV fällt die Dritte Liga sowie die Regionalliga. Alle weiteren Ligen sind auf Landes- bzw. Bezirksebene verankert. Des Weiteren kümmert sich der DVV um die Organisation und Weiterentwicklung des Volleyballsports in ganz Deutschland. Zudem agiert er als Mitorganisator des DVV-Pokals gemeinsam mit der VBL.

Im Bereich der Digitalisierung und der digitalen Kommunikation möchte der DVV die vorhandenen Potenziale ausschöpfen, um für bestehende und künftige Partner als Sportart eine deutlich attraktivere Plattform zu werden. Im diesem Zug geht auch das zum Teil öffentlich kritisierte Volleyball-Portal „VolleyPassion" in einer neuen, deutschlandweiten Plattform auf.

Der Bereich Vermarktung ist an die Deutsche Volleyball Sport GmbH (DVS) als Vermarktungs- und Dienstleistungsgesellschaft des Deutschen Volleyball-Verbandes ausgegliedert. Auch hier übernahm kürzlich ein ehemaliger Spitzenathlet das Ruder. David Klemperer, früherer Olympiateilnehmer und Deutscher Meister im Beach-Volleyball, leitet seit 2020 die Geschicke der DVS. Dabei kämpft der DVV seit jeher um Sponsoren. Im Schatten von Deutschlands Hauptsportart Fußball hat der Volleyball, ähnlich wie andere Ballligasportarten, Probleme, trotz sportlicher Erfolge Sponsoren zu generieren bzw. zu halten. So spielten die Nationalteams eine Zeit lang sogar ohne einen Hauptsponsor auf dem Trikot.

Aus erster Hand ... „Es ist auch für uns schwer zu erklären, warum wir noch nicht das Erfolgsrezept für die Vermarktung gefunden haben, vor allem, da wir mit Hallen-, Beach- und Snow-Volleyball sowie dem Leistungs- und Freizeit-/Breitensport eine unglaublich breite Palette abdecken. Andere Verbände haben uns gegenüber im Sponsoring einen Vorsprung, aber wir bleiben am Ball und wollen unsere guten Möglichkeiten in der Zukunft besser nutzen – hier zeigt die jüngste mediale Entwicklung, dass wir auf dem richtigen Weg sind."

Nicole Fetting, Generalsekretärin des DVV

Neben dem Breiten- und Freizeitsport ist der DVV auch für die Betreuung der deutschen Nationalmannschaften zuständig. Der Verband organisiert Länderspiele als Gastgeber. Gegenüber den internationalen Verbänden FIVB und CEV und beim DOSB vertritt der DVV die Interessen der deutschen Volleyballer. Für die sportlichen Erfolge zeichnet sich Sportdirektor Christian Dünnes verantwortlich, der ähnlich wie der Präsident auf eine beeindruckende Volleyball-Vita als ehemaliger Nationalspieler zurückblicken kann und den Sport somit ebenfalls bestens aus der Innenperspektive kennt.

Aus erster Hand ... „Eine der großen Herausforderungen eines Sportdirektors ist der Spagat zwischen mehreren Interessensgruppen aus Spieler*innen, Trainer*innen und strukturellen Abhängigkeiten innerhalb einer Sportorganisation, die von außen betrachtet teilweise sicherlich auch abstrakt wirkt. Natürlich kommt es immer wieder vor, dass man schwere Entscheidungen fällen und vertreten muss. Dabei steht eine Olympiateilnahme aber über allem – dieses große, unbeschreibliche Ziel zu erreichen, ist alle Mühe und Arbeit wert."

Christian Dünnes, DVV-Sportdirektor Volleyball und Ex-Nationalspieler

Auch die Jugendarbeit kommt beim DVV nicht zu kurz. In der Deutschen Volleyball Jugend (DVJ) sind die für die Jugendarbeit zuständigen Mitglieder des DVV zusammengeschlossen. Sie ist verantwortlich für die gesamte Jugendarbeit innerhalb des Verbandes auf Bundesebene. Durch die Arbeit der DVJ kommen auch die kleinsten Spielerinnen und Spieler nicht zu kurz, sodass zahlreiche Talente gefördert werden können. So veröffentlichte die DVJ auf ihrer Homepage jüngst zwei kostenlos downloadbare Broschüren zum Volleyball in der Grund- und weiterführenden Schule, mittels derer Lehrer die Vorteile des Volleyballspiels erkennen und gemeinsam mit ihren Schülerinnen und Schülern umsetzen können.

Zur Förderung des Volleyball-Nachwuchses hat der DVV Ende 2018 ein nationales Nachwuchskonzept auf den Weg gebracht. In diesem wurde gemeinsam mit der Volleyball Bundesliga das Leitbild zur Nachwuchsgewinnung als Basis für eine positive Entwicklung der Mitglieder-, Mannschafts- und Vereinszahlen entwickelt. Dabei wird insbesondere auf die Vereine der 1. und 2. Bundesliga als Partner der Landesverbände und ihre Strahlkraft gesetzt, da die Bundesligateams eine hohe Anziehungskraft auf Kinder und Jugendliche haben.

Bereits im Jahr 1993 wurde mit der Gründung des VC Olympia Berlin eine in der deutschen und internationalen Sportlandschaft wohl einzigartige Konstellation geschaffen. Der Verein VCO Berlin ist der Bundesstützpunkt für den Volleyball-Nachwuchs des DVV in Berlin, in dem Talente zu Top-Athleten ausgebildet werden. Es gibt Abteilungen für weibliche und männliche Hallen- und Beach-Volleyballer. Dabei nehmen die Hallenteams mit Sonderspielrechten am Spielbetrieb der Erwachsenen teil, sodass Spieler der deutschen Nationalmannschaft der Juniorinnen und Junioren je nach Leistungsvermögen in der 1. Frauen- oder Männerbundesliga Spielpraxis sammeln können. Ihre Ergebnisse fließen genauso in die Wertung ein wie die der anderen Teams, allerdings ist der VCO Berlin nicht an den Play-off- oder Pokal-Spielen beteiligt.

Darüber hinaus gibt es noch acht weitere Bundesstützpunkte, von denen in der Saison 2020/21 der VCO Dresden bei den Frauen und die Volleyball Juniors Frankfurt sowie die Volley YoungStars Friedrichshafen im männlichen Bereich in der 2. Bundesliga mitspielten.

Der Beach- und Snow-Volleyball Deutschlands ist ebenfalls im DVV organisiert. Sportdirektor beider Sportarten ist Niclas Hildebrand, ein ehemaliger Junioren-Beach-Volleyball-Nationalspieler sowie Ex-Beach-Volleyball-Bundestrainer im Jugendbereich. Im Namen des Verbandes kümmert er sich um die Interessen der Spieler und Trainer und unterstützt die DVS bei der Ausrichtung der nationalen Tour mit der Deutschen Meisterschaft sowie bei internationalen Turnieren in Deutschland. Dabei nominiert der Verband nicht nur die Nationalsteams, sondern entscheidet auch, welche Teams bei internationalen Turnieren antreten.

Schon gewusst? Kürzlich erlangte eine um die Vergabe der internationalen Startplätze geführte Diskussion große öffentliche Aufmerksamkeit. Das Beach-Volleyballduo Behrens/Tillmann hatte vor dem Landgericht Frankfurt gegen den Verband und dessen Vorgehen bei der Nominierung für internationale Turniere geklagt. Trotz teilweise besserer Ranglistenplätze im Vergleich zu den geförderten vier Nationalteams wurden Behrens/Tillmann vom DVV von Turnieren abgemeldet. In erster Instanz gewannen die beiden Beacherinnen – der DVV legte jedoch Berufung ein. Das Urteil könnte auch in anderen Sportarten große Auswirkungen auf die Macht der Verbände haben.

8.2 DIE VOLLEYBALL BUNDESLIGA (VBL)

Die Volleyball Bundesliga ist ein eigenständiger Ligaverband innerhalb des DVV. Unter dem Dach der VBL spielten in der Saison 2020/21 77 Mannschaften – in dieser Hinsicht ist er der größte Ligaverband unter den Spielsportarten. Dabei wird die Volleyball Bundesliga in die VBL GmbH und die VBL e.V. unterschieden. Letztere nimmt jedoch nur noch Kernfunktionen wahr, ein Großteil der Aufgaben wurde bereits an die GmbH delegiert.

Gegründet wurde der Vorgänger, die Deutsche Volleyball Liga (DVL), im Jahr 2006, um die Entwicklung der Volleyball Bundesliga positiv voranzutreiben. Aus ihr wurde im August 2014 die Volleyball Bundesliga mit einem hauptamtlichen Kompetenzzentrum in Berlin. Unter dem Leitbild „Home of Respect", das heißt auf Augenhöhe, ohne Aggressionen, Doping und Skandale, gehen die Vereine der 1. und 2. Bundesliga, sowohl die Mannschaften der Männer als auch die der Frauen, auf das Spielfeld.

Aus erster Hand ... „Durch die neue Namensgebung, einem neuen Logo, einer neuen Farbgebung, einer neuen Tonalität und einem neuen Claim hat sich die Volleyball Bundesliga 2014 ein modernes, progressives und konkurrenzfähiges Gewand verpasst."

Klaus-Peter Jung, langjähriger Ex-Geschäftsführer der VBL

Mit dem VBL-Center in Berlin wurde ein Service- und Dienstleistungszentrum für die Bundesliga-Vereine aufgebaut. Dabei wurde die hauptamtliche Mitarbeiterzahl innerhalb weniger Jahre von drei auf elf erhöht, da die Aufgaben sowie die Serviceleistungen für die Vereine kontinuierlich umfangreicher geworden sind. Das VBL-Center organisiert den Spielbetrieb, erarbeitet Spielpläne, kümmert sich um den Ergebnisdienst und hat darüber hinaus noch zahlreiche weitere Verwaltungsaufgaben. Zudem richtet die VBL (gemeinsam mit dem DVV) das Pokalfinale aus und entwickelte den Supercup als neues Veranstaltungsformat.

Klaus-Peter Jung, früherer Manager eines Volleyball-Bundesligisten, war von 2013 bis 2021 Geschäftsführer der VBL. Vor kurzem wurde jedoch im Rahmen einer Strukturreform eine mehrköpfige, hauptamtliche Geschäftsführung mit einem ehrenamtlichen Aufsichtsrat installiert.

Aus erster Hand ... „Schon die Gründung der DVL als eigenständiger Ligaverband war ein wichtiger Schritt, um die Entwicklung der Volleyball Bundesliga positiv voranzutreiben. Mit dem Übergang zur VBL als hauptamtlichem Kompetenzzentrum wurden 2014 in vielen Bereichen – vom Trainingsbetrieb bis zum Lizenzierungsverfahren – professionelle Strukturen etabliert. Diese sorgen dafür, dass der deutsche Volleyball auf die nationale Konkurrenz der Ballsportarten bei den Männern Boden gut macht, diese bei den Frauen bereits überholt hat und dort an der Spitze steht. Auch im internationalen Vergleich sind die deutschen Teams in den vergangenen Jahren wieder konkurrenzfähig geworden."

Klaus-Peter Jung, langjähriger Ex-Geschäftsführer der VBL

In den vergangenen Jahren wurde vieles durch den „Masterplan" der VBL auf den Weg gebracht. Er wurde von den Bundesligisten, Mitgliedern des Vorstandes und Mitgliedern des VBL-Centers aufgesetzt und erstmals von 2013-2017 durchgeführt. Im Anschluss wurde der als Stufenkonzept angelegte Plan um weitere vier Jahre bis 2021 verlängert. Der Masterplan soll den Teams eine Zielorientierung bieten sowie grundlegende Entwicklungsperspektiven aufzeigen, Handlungsfelder identifizieren und konkrete Maßnahmen benennen. Er wird somit als Handlungsgrundlage für die Arbeit der Vereine, des VBL-Vorstands und des VBL-Centers in den nächsten Jahren verstanden.

Aus erster Hand ... „Der Masterplan hat der VBL und ihren Klubs in den Jahren 2014 bis 2020 viele wichtige Impulse gegeben. Für mich ist dabei das Signal entscheidend gewesen. Wir wollen Volleyball entwickeln und größer denken. Man sollte sich daher in der Rückschau nicht zu stark mit den Einzelregelungen beschäftigen. Der ganzheitliche Ansatz dieses Prozesses ist der Kern des Erfolgs."

Daniel Sattler, Mitglied der VBL-Geschäftsführung

Übergeordnetes Ziel des Plans ist es, die Erlöse auf Vereinsebene zu steigern, mehr Zuschauer zu gewinnen und eine breite mediale und öffentliche Aufmerksamkeit für den Volleyballsport zu erzielen. Damit soll der Abstand zu anderen Ballsportligen verkürzt werden. Die Solidarität soll dabei an erster Stelle stehen, denn bei der Umsetzung des Masterplans soll kein Verein verloren gehen. Aus diesem Grund soll jedem Verein ein notwendiger Spielraum und die Zeit zur Entwicklung eingeräumt werden. Kritikern des Plans geht dieser zu schnell und zum Teil an der Realität der individuellen Strukturen und Bedürfnissen der Vereine vorbei, doch hat sich in den vergangenen Jahren vor allem in der Außendarstellung der Vereine bereits einiges bewegt.

Dazu zählen zum Beispiel der Bau zahlreicher neuer Spielhallen, die Steigerung der Zuschauerzahlen, die Entwicklung professioneller Trainingsstrukturen, die Förderung der Nachwuchsarbeit (gemeinsam mit dem DVV) und die Etablierung des wirtschaftlichen Lizenzierungsverfahrens. Somit wird die Bundesliga von Jahr zu Jahr für ausländische Spieler attraktiver und die Klubs nehmen inzwischen wieder erfolgreich an den CEV-Wettbewerben teil.

Aus erster Hand ... „Die Volleyball Bundesliga ist die Nummer eins unter den Teamsport-Ligen der Frauen in Deutschland. Mit dem Entwicklungsprogramm – und der Vision mittelfristig zu den drei europäischen Topligen zu gehören – gestalten die VBL und die Klubs gemeinsam die Zukunft, setzen positive Zeichen für Fans und Partner und geben allen Beteiligten eine wichtige Perspektive über die Corona-Zeit hinaus."

Michael Evers, Präsident der VBL

Auch gelang es der Liga, mit den österreichischen HYPO TIROL AlpenVolleys Haching ein ausländisches Team für einige Jahre für die 1. Bundesliga zu begeistern – ein auf diesem Niveau wohl einzigartiges Projekt in der deutschen Sportlandschaft.

Zwei Ziele wurden innerhalb der ersten acht Jahre jedoch nicht erreicht. Ein Ligasponsor konnte trotz modernerer Präsentation der Ligen innerhalb von acht Jahren nicht gefunden werden, sodass Geldrückflüsse für die Vereine weiterhin auf sich warten lassen. Zudem ist es bis jetzt nicht gelungen, die Durchlässigkeit zwischen der 1. und 2. Bundesliga zu fördern. Zu groß ist weiterhin die finanzielle und spielerische Kluft zwischen den höchsten beiden Spielklassen. Diese soll zur Saison 2021/22 mittels eines Entwicklungsprogramms für potenzielle Aufsteiger, für das sich ambitionierte Zweitligisten bewerben können, verringert werden. Dabei bekommen die Aufsteiger eine einmalige finanzielle Anschub-Förderung von maximal 30.000 Euro zur Finanzierung einer hauptamtlichen Managerstelle sowie eine Patenschaft durch einen etablierten Erstligisten.

Hiermit wird versucht, an der zentralen Stellschraube, dem Hauptunterschied der 1. und 2. Bundesliga zu drehen. Beim Blick auf die Etats der Erst- und Zweitligisten wird schnell deutlich, dass beim Aufstieg in die höchste Spielklasse das Budget häufig verfünf- oder verzehnfacht werden muss. Gibt es in der 1. Bundesliga zahlreiche Teams, die mit einem Etat von 50.000 Euro (und zum Teil deutlich weniger) auskommen, so ist für die 1. Bundesliga ein Mindestetat von 500.000 Euro wünschenswert. Zum Vergleich: Der aktuelle Meister BERLIN RECYCLING Volleys soll einen Etat von rund 2,5 Millionen Euro besitzen, das Budget des Frauenmeisters Stuttgart bewegt sich zwischen 1,7 und 1,8 Millionen Euro.

Die Corona-Pandemie ist jedoch auch an der VBL nicht spurlos vorbeigegangen. Nachdem ein frühzeitiges Ende der Saison 2019/20 beschlossen wurde und erstmals in der Geschichte keine Meister geehrt wurden, hatten in der Folge mehrere Vereine Probleme, die Liga zu halten. Aus diesen Gründen wurde ein Maßnahmenpaket erlassen, damit Kosten für die Vereine gesenkt und Deadlines für Lizensierungen verschoben werden. So verzichteten die Schiedsrichter auf einen Großteil ihrer Aufwandsentschädigungen und auf finanzielle Strafen wurde für die Saison 2020/21 nahezu vollständig verzichtet. Das wichtigste Ziel war die Ligen zu erhalten und dass möglichst alle Vereine die Coronazeit überleben.

Aus erster Hand ... „Die Corona-Pandemie hat alle Beteiligten vor bislang ungekannte Herausforderungen gestellt. Dabei war es schön zu sehen, dass es in solchen Ausnahmesituationen auch unter sportlichen Konkurrenten einen Schulterschluss geben kann, der nicht den einzelnen Interessen, sondern dem Wohle des Volleyballsports insgesamt dient."

Michael Evers, Präsident der VBL

Da Zuschauer bei den Spielen in der Saison 2020/21 bereits frühzeitig nicht mehr erlaubt waren und die Spiele als „Geisterspiele" ausgerichtet werden mussten, haben in dieser Zeit die Fernseh-Live-Übertragungen sowie die kostenlos abrufbare Internetstreams der Spiele auf sporttotal.tv einen großen Stellenwert erhalten.

Bereits seit mehreren Jahren ist hervorragend medial aufbereiteter Live-Volleyball im Free-TV bei Sport1 mit fachkundigen Kommentatoren eine feste Größe. Zahlreiche Kameraperspektiven und Zeitlupenstudien machen den Sport auch für den Laien verständlich. Rund 50 Spiele der Saison werden der Fan-Base auf diese Weise neben dem Pokalfinale und dem Supercup präsentiert.

Aus erster Hand ... „Ein fremdlinienfreies Spielfeld, LED-Banden, ein einheitliches Courtlayout – was vor sieben Jahren für viele Vereine noch unvorstellbar war, ist heute von allen als zwingende Voraussetzung für eine erfolgreiche TV-Vermarktung anerkannt."

Daniel Sattler, Mitglied der VBL-Geschäftsführung

8.3 DIE LANDESVERBÄNDE

Der DVV ist ein förderalistischer Verband, der sich aus insgesamt 17 Landesverbänden zusammensetzt. Diese übernehmen auf Landesebene die Organisation, Förderung und Weiterentwicklung der Sportart. Dabei kümmern sich die Landesverbände beispielsweise um die Traineraus- und Fortbildungen (bis zur B-Trainerlizenz) sowie um die Ausbildung der Schiedsrichter.

Die Förderung der Nachwuchsarbeit ist eine weitere tragende Säule der einzelnen Landesverbände. Sichtungen auf Kreis-, Bezirks- und Landesebene sowie die spätere Betreuung der Landesauswahl durch ausgebildete Trainer stehen hierbei im Vordergrund.

Nicht zuletzt der Breiten- und Freizeitsport bis zur vierten Liga, der Regionalliga, wird von den jeweiligen Landesverbänden organisiert, ebenso auch Veranstaltungen und Events im Schulsportbereich.

Die Landesverbände sind im Einzelnen:

★ Bayerischer Volleyball-Verband
★ Brandenburgischer Volleyball-Verband
★ Hamburger Volleyball-Verband
★ Hessischer Volleyball-Verband
★ Nordbadischer Volleyball-Verband (Rheinland-Pfalz)
★ Nordwestdeutscher Volleyball-Verband (Bremen und Niedersachsen)
★ Saarländischer Volleyballverband
★ Sächsischer Sportverband Volleyball
★ Schleswig-Holsteinischer Volleyball-Verband
★ Südbadischer Volleyball-Verband (Rheinland-Pfalz)
★ Thüringer Volleyball-Verband
★ Volleyballverband Mecklenburg-Vorpommern
★ Volleyball-Landesverband Württemberg
★ Volleyball-Verband Berlin
★ Volleyball-Verband Rheinland-Pfalz
★ Volleyball-Verband Sachsen-Anhalt
★ Westdeutscher Volleyball-Verband

8.4 DER EUROPÄISCHE VOLLEYBALL-VERBAND: CONFÉDÉRATION EUROPÉENNE DE VOLLEYBALL (CEV)

Der Europäische Volleyballverband vertritt die Sportart Volleyball europaweit. Er wurde erst acht Jahre nach dem DVV im Jahr 1963 gegründet und hat seinen heutigen Sitz in Luxemburg. Die CEV ist den einzelnen Nationalverbänden, insgesamt 56 in Europa, übergeordnet. Somit gehört der DVV zur CEV, ähnlich wie die verschiedenen Landesverbände unter dem Dach des DVV stehen.

Die CEV ist der größte aller Volleyball-Verbände und sie organisiert die meisten jährlichen Wettbewerbe und kontinentalen Turniere wie die prestigeträchtige Europameisterschaft, die Champions League, den CEV-Pokal und den Challenge Cup. Sie ist auch an der Organisation von Qualifikationsturnieren für die Olympischen Spiele und Weltmeisterschaften sowie an internationalen Wettbewerben, die von Mitgliedsverbänden veranstaltet werden, beteiligt. Dabei gilt Europa als stärkster Kontinent im Volleyball. Die CEV stellt in der Regel mehr Teilnehmer an internationalen Wettbewerben als jeder andere Verband.

Die führenden Ligen in Europa sind in Russland und Italien zu finden. Hinzu kommt Polen bei den Männern sowie die Türkei und Aserbaidschan bei den Frauen. In Deutschland und Frankreich können die Top-Teams leistungsmäßig dort jedoch auch mithalten.

Mit der langen Tradition des Sports in Europa rivalisiert die CEV bezüglich Größe und Umfang sogar mit der Struktur des Weltverbandes, der FIVB (siehe Kapitel 8.5). Des Weiteren hat der Europäische Verband zum Ziel, den Volleyballsport europaweit beliebter zu machen und mehr Menschen dafür zu begeistern. So stellt die CEV zum Beispiel Projekte zur Entwicklung des Sportspiels, wie das „CEV School Project", auf die Beine, um die Faszination des Volleyballspiels quer über den Kontinent zu verbreiten und Länder, in denen die Sportart noch nicht so verbreitet ist, zu unterstützen.

8.5 DER WELTVERBAND: FÉDÉRATION INTERNATIONALE DE VOLLEYBALL (FIVB)

Die Fédération Internationale de Volleyball (FIVB) ist der Dachverband aller nationalen Sportverbände für Volleyball und Beach-Volleyball. Sie wurde 1947 gegründet und regelt sowie vermarktet den internationalen Spielbetrieb. Sie ist die oberste internationale Autorität im Volleyballsport und kann unter anderem über Änderung der Spielregeln, Doping, Spielertransfers und Änderungen der Nationalität entscheiden. Zudem hat die FIVB die Aufsicht über alle international ausgetragenen Wettbewerbe im Volleyball und Beach-Volleyball und richtet die weltweite Planung und Organisation von Volleyball-Ereignissen wie Olympische Spiele, Weltmeisterschaften, World Cup, Volleyball Nations League sowie die FIVB Beach World Tour aus.

Nachdem der erste Präsident Paul Libaud stolze 37 Jahre – bis zum Jahr 1984 – im Amt war, wechselte mit dem neuen Präsidenten, dem Mexikaner Rubén Acosta, der Hauptsitz ins mondände Lausanne am Fuß des Genfersees in die Schweiz.

Schon gewusst? Im Frühjahr 2009 räumte die neue FIVB-Führung auf ihrer Vorstandssitzung ein, dass Rubén Acosta, FIVB-Ehrenpräsident auf Lebenszeit, mindestens 33 Millionen Dollar abgezweigt und sich damit bereichert haben soll. Auch sein Nachfolger Ary Graça Filho hatte nach gerade einmal zweijähriger Amtszeit bereits seinen eigenen Korruptionsskandal. Als Präsident des brasilianischen Verbands CBV soll er an der Veruntreuung von 6,1 Millionen Euro Provision für die Verlängerung eines Sponsorenvertrags über eigens dafür gegründete Agenturfirmen beteiligt gewesen sein, was er jedoch vehement bestreitet.

Der Verband hat den Vorsitz über die folgenden fünf Kontinentalverbände: Confédération Africaine de Volleyball (CAVB), Asian Volleyball Confederation (AVC), Europa Confédération Européenne de Volleyball (CEV), North, Central America and Caribbean Volleyball Confederation (NORCECA) und Confederación Sudamericana de Voleibol (CSV).

★ 9 ★

WETTBEWERBE IM VOLLEYBALL

9.1 WETTBEWERBE IM VEREINSVOLLEYBALL

9.1.1 Deutsche Meisterschaft

Der deutsche Volleyball-Meistertitel wird seit 1956 in der BRD und seit 1951 in der DDR jährlich vergeben. Seit 1992 wird ein Titel für die gesamte Volleyball Bundesliga ausgespielt. In der Saison 2020/21 bestand die Volleyball Bundesliga bei den Frauen sowie bei den Männern beispielsweise aus elf Mannschaften, die um den Titel des Deutschen Meisters spielten.

Innerhalb der Saison treffen die Mannschaften in einer Hin- und Rückrunde jeweils zweimal aufeinander. Jede Mannschaft spielt einmal zu Hause und einmal auswärts, wobei die Platzierung am Ende der 20 Spiele entscheidend für das sich anschließende Play-off-Format ist. In diesem treten die ersten acht Mannschaften nach dem Prinzip 1:8, 2:6 usw. gegeneinander an, um den Meister im K.o.-System auszuspielen. Im Viertelfinale wird eine Best-of-Three-Serie angewendet, während im Halbfinale und Finale eine Best-of-Five-Serie gespielt wird.

Schon gewusst? „Best-of-Three-Serie" bedeutet, dass die Mannschaft, welche zwei Spiele gewinnt, die nächste Runde erreicht. Bei „Best-of-Five" muss eine Mannschaft drei Spiele gewinnen, um die Serie für sich zu entscheiden.

Absteiger sind die letzte und vorletzte Mannschaft am Ende des Spieljahres, sofern die Liga mit zwölf Teams voll besetzt ist und es potenzielle Aufsteiger gibt. Ansonsten dürfen Teams in der nächsten Saison erneut in der 1. Bundesliga antreten und es gibt keine sportlichen Absteiger. Die Saison 2019/2020 war die erste Saison seit der Gründung, in der aufgrund der Corona-Pandemie kein deutscher Volleyball-Meister gekürt wurde.

Rekordverdächtig! Rekordmeister bei den Frauen mit zwölf Meistertiteln ist der SSC Palmberg Schwerin und bei den Männern mit 13 Meistertiteln der VfB Friedrichshafen.

Während die 1. Bundesliga eine gesamtdeutsche Liga ist, ist die 2. Bundesliga in Nord- und Südliga mit im Regelfall zwölf Teams aufgeteilt. Die jeweiligen Erstplatzierten der beiden 2. Ligen dürfen in die 1. Bundesliga aufsteigen, sofern sie die Lizenzauflagen erfüllen. Die beiden Letztplatzierten steigen in die 3. Liga ab.

Schon gewusst? Die Meisterschale ist aus Bronze gefertigt und wiegt bei den Männern stolze 20 kg, bei den Frauen immerhin rund 14 kg.

9.1.2 DVV-Pokal

Der DVV-Pokal ist der nationale Pokalwettbewerb des deutschen Volleyballs, der seit 1973 ausgetragen wird. Seit 1992 ist der DVV-Pokal ein gesamtdeutscher Wettbewerb. Davor spielten nur Mannschaften der BRD um den Gewinn des Pokals, in der DDR wurde um den Gewinn des FDGB-Pokals (Freier Deutscher Gewerkschaftsbund) gespielt.

Aus erster Hand ... „In meinem dritten Anlauf, den Pokal zu gewinnen, damals mit Stuttgart gegen Aachen, stand es 0:2 gegen uns. Da habe ich beim Seitenwechsel zu meiner Mitspielerin Kim Oszvald-Renkema gesagt: ‚Ich habe hier gerade insgesamt 0:8 Sätze gespielt, ich finde das reicht!' Wir mussten beide darüber lachen und haben danach zum Glück auch im Spiel die Lockerheit wiedergefunden und das Spiel noch mit 3:2 gewinnen können."

Mareike Hindriksen, vierfache DVV-Pokalfinalteilnehmerin mit zwei Titeln

Teilnehmerinnen und Teilnehmer

Zunächst sind alle Bundesligisten automatisch für das Achtelfinale, welches die erste Hauptrunde darstellt, qualifiziert. Für das Achtelfinale können sich unterklassige Teams über Qualifikationsturniere qualifizieren. Dabei wird die Qualifikation in acht regionale Wettbewerbe unterteilt. Diese Wettbewerbe erstrecken sich von Nord, Nordwest und Nordost, über West und Ost, bis Südwest, Südost und Süd. In eben diesen Wettbewerben werden die Sieger ausgespielt, welche dann in der Hauptrunde antreten dürfen. Dabei wird der Mannschaft aus der niedrigeren Klasse das Heimrecht zugesprochen.

Schon gewusst? Die Mannschaft, welcher das Heimrecht zugesprochen wurde, darf das Spiel als Gastgeber veranstalten und dabei auch die Einnahmen vollständig behalten. Sie muss jedoch auch die anfallenden Kosten für das Schiedsgericht tragen.

Der Wettbewerb wird im K.o.-System ausgespielt. Das Finale wird seit 2015 in der Mannheimer SAP-Arena vor stets mehr als 10.000 Zuschauern ausgetragen. In der Saison 2020/2021 nahmen aufgrund der Corona-Pandemie nur die Erstligateams am Pokalwettbewerb teil.

Rekordverdächtig! Rekordpokalsieger bei den Frauen mit sieben Pokaltiteln ist der SSC Palmberg Schwerin vor dem Dresdner SC mit sechs Pokalgewinnen. Bei den Männern liegt der VfB Friedrichshafen mit 16 Pokaltiteln vorne.

9.1.3 Supercup

Der comdirect Supercup, auch VBL-Supercup genannt, wird seit 2016 zwischen dem Deutschen Meister und dem DVV-Pokalsieger ausgespielt. Sollte der amtierende Deutsche Meister auch gleichzeitig amtierender DVV-Pokalsieger sein, so wird der VBL Supercup zwischen dem DVV-Pokalsieger und dem deutschen Vizemeister ausgetragen.

Schon gewusst? Beim Supercup im Jahr 2019 gab es eine Weltpremiere. Erstmals wurde ein Pflichtspiel einer olympischen Sportart auf einem interaktiven Hallenboden ausgetragen. Dieser bestand aus Glas und Millionen LEDs. Die Spielerinnen spielten auf dem „ASB Lumiflex" quasi auf einem riesigen, auf dem Rücken liegenden Monitor. In diesem ist ein Trackingsystem integriert, mittels dem die Aktionen der Sportler – ähnlich wie bei einem Computerspiel – grafisch animiert werden können.

In der bislang kurzen Supercup-Ära konnte SSC Palmberg Schwerin bei den Frauen mit vier Siegen und der VfB Friedrichshafen bei den Männern mit drei Siegen die meisten Titel einfahren.

9.1.4 Champions League

Die von der CEV veranstaltete Champions League ist der höchste europäische Pokalwettbewerb für Vereinsmannschaften und wird seit der Saison 1995/1996 ausgetragen. Zuvor hieß der Wettbewerb „Europapokal der Landesmeister", welchen es bei den Männern seit 1959 und bei den Frauen seit 1960 gibt.

Teilnehmerinnen und Teilnehmer

Qualifiziert sind die Meister und zum Teil auch die Vizemeister der nationalen Ligen. Dabei ergeben sich die genauen Startplätze aus einer Rangliste der CEV. Für Deutschland bedeutet dies, dass bei den Herren als vierter der Rangliste (Saison 2020/21) der Meister und Vizemeister der vergangenen Bundesligasaison in der Champions League antreten darf.

Da die Frauen nur Platz sieben (Saison 2020/21) belegen, darf hier nur der Meister in der Champions League antreten. Da der Startplatz aber auch mit hohen und kostspieligen Auflagen verbunden ist und von manchem Verein eher als „Minus-Geschäft" betrachtet wurde, verzichteten in der Vergangenheit bei den Frauen häufiger Teams auf die Teilnahme.

Rekordverdächtig! Im Jahr 2019 wurde das Rekordpreisgeld von insgesamt 3.547.000 Euro ausgeschüttet – die Sieger bei den Frauen und Männern bekamen jeweils 400.000 Euro. Von den fünf deutschen Teams, die in dieser Spielzeit in der Champions League aktiv waren, erspielten sich die Damen des Allianz MTV Stuttgart als Viertelfinalist mit 57.500 Euro die höchste Prämie.

Modus

Da bei den Männern 28 und bei den Frauen 24 Teams an der Champions League teilnehmen, ist der Spielmodus bei beiden Geschlechtern unterschiedlich. Bei den Männern werden aus den 28 Mannschaften sieben Gruppen á vier Teams ausgelost. Diese Teams spielen in ihren Gruppen gegeneinander mit jeweils drei Heim- und Auswärtsspielen. Die Erstplatzierten der sieben Gruppen sowie die fünf besten Zweitplatzierten erreichen die erste Play-off-Runde. In diesen werden drei Teilnehmer am Final Four ausgespielt, da der Ausrichter automatisch gesetzt ist. Daher ergibt sich, falls der Ausrichter des Final-Turniers auch in der Gruppenphase erster sein sollte, dass der sechstbeste Zweitplatzierte in die Play-off-Runde nachrückt. Die übrigen Zweitplatzierten sowie die drei besten Drittplatzierten dürfen in der „Challenge Round" des CEV-Pokals antreten, alle anderen Teams scheiden aus.

Aus erster Hand ... „Als wir im Jahr 2016 mit Pomì Casalmaggiore als Ausrichter und Underdog das Champions League Final Four gewonnen haben, konnten wir letztendlich aus einer ganz anderen Quelle Energie schöpfen: Die Stimmung in der Region war während der Wochen zuvor unfassbar euphorisch. Casalmaggiore ist ein kleiner Ort, der sich wie auch Cremona (dort befand sich unsere Spielhalle), innerhalb kürzester

Zeit und für Wochen in unserer Vereinsfarbe ‚rosa' kleidete. Das Rathaus mit unseren Bildern daran erstrahlte in rosa und wo man auch hinschaute, entdeckte man rosa Dinge wie Torten beim Bäcker, rosa Fahrräder, rosa Fensterschmuck, rosa Luftballons, an den Laternen hingen rosa Fahnen ... Es war der Hammer – das habe ich noch nie erlebt."

Margareta Kozuch, Champions-League-Gewinnerin mit Pomì Casalmaggiore

Bei den Frauen werden die 24 Mannschaften in sechs Gruppen á vier Teams aufgeteilt. Diese Teams spielen gegeneinander mit jeweils drei Heim- und Auswärtsspielen. Die Erstplatzierten der sechs Gruppen sowie die zwei besten Zweitplatzierten erreichen die erste Play-off-Runde. Auch bei den Frauen dürfen die verbleibenden vier besten Gruppendritten in der „Challenge Round" des CEV-Pokals weiterspielen, die anderen Teams scheiden aus.

In der ersten Play-off-Runde werden die Begegnungen ausgelost und die zwölf Mannschaften treffen im K.o.-System mit Hin- und Rückspiel aufeinander. Der Sieger zieht eine Runde weiter und spielt mit den übrigen Siegern die drei Finalplätze neben dem Ausrichter aus. Das Finalturnier findet an einem Wochenende statt. Am ersten Tag steigen die Halbfinals und am zweiten Tag das Spiel um Platz drei sowie das Finale.

Rekordverdächtig! Rekordsieger bei den Frauen ist VK Dynamo Moskau mit elf Titeln. Allerdings triumphierte in den vergangenen neun Jahren mit Vakıfbank, Fenerbahçe oder Eczacıbaşı Istanbul sechsmal ein Team aus der türkischen Volleyballhauptstadt. Bei den Männern liegt mit VK ZSKA Moskau ebenfalls ein russisches Team mit 13 Titeln vorne. In den vergangenen acht Jahren holte dabei VK Zenit-Kasan fünfmal den Titel.

9.1.5 CEV-Pokal

Der CEV-Pokal ist das zweithöchste europäische Turnier auf Verbandsebene für Vereinsmannschaften. Bis einschließlich der Saison 2006/07 wurde der Wettbewerb unter dem Namen „Top Teams Cup", der im Jahr

2000 den Europapokal der Pokalsieger abgelöst hatte, ausgetragen. Die Bezeichnung „CEV-Pokal" galt für den jetzigen „Challenge Cup". Anschließend strukturierte die ausrichtende CEV den Europapokal neu.

Teilnehmerinnen und Teilnehmer

Am CEV-Pokal dürfen die Mannschaften teilnehmen, die in ihrer nationalen Liga hinter den Champions League-Teilnehmern platziert sind. Auch hier ergibt sich die genaue Anzahl der Startplätze über die Rangliste der CEV.

Modus

In der ersten Runde treten 32 Teams in einem K.o.-System mit Hin- und Rückspiel gegeneinander an. Gewinnt jede Mannschaft einmal (3:0 und 3:1 oder beide Teams jeweils 3:2), so wird sofort im Anschluss an das Rückspiel ein „Golden Set", ein Tie-Break bis 15 Punkte, gespielt. Die Sieger dieses Entscheidungssatzes ziehen in das Achtelfinale ein, die Verlierer steigen in die dritte Runde des Challenge Cups ein.

Nach dem Viertelfinale wird die „Challenge Round" eingebaut, bei der die Sieger des Viertelfinales des CEV-Pokals auf die vier Mannschaften, die in der Champions League in den CEV-Pokal „abgestiegen" sind, treffen. Die Sieger der „Challenge Round" qualifizieren sich für das Final Four. Dieses wird wie in der Champions League an einem Wochenende ausgetragen.

9.1.6 Challenge-Cup

Der Challenge Cup ist der dritte europäische Wettbewerb, welcher von der CEV ausgerichtet und organisiert wird. 2007 wurde der ehemalige CEV-Pokal zum Challenge-Cup umbenannt. Bisher wurde der Challenge Cup überwiegend von italienischen Männer- und Frauenmannschaften gewonnen.

Teilnehmerinnen und Teilnehmer

Für den Challenge-Cup sind die Mannschaften qualifiziert, die in ihren jeweiligen nationalen Ligen hinter den Champions League- und den CEV-Pokal-Plätzen positioniert sind. Die Anzahl der Startplätze und welche Liga überhaupt Teilnehmer stellen darf, ergibt sich aus der CEV-Rangliste.

Modus

In den ersten zwei Runden spielen die Teams in einem K.o.-System mit Hin- und Rückspiel gegeneinander. Falls es unterschiedliche Sieger in den Spielen gibt, entscheidet wie im CEV-Pokal der „Golden Set". Die 16 Teams, die die zweite Runde gewonnen haben, treten gegen die Verlierer aus der ersten Runde des CEV-Pokals an. Die Sieger des Sechzehntelfinales treten im Achtel- und Viertelfinale an und spielen so die Teilnehmer des Final Four aus, das wie bei den anderen europäischen Turnieren ausgetragen wird.

9.1.7 Klub-Weltmeisterschaft

Teilnehmerinnen und Teilnehmer

Die Klub-Weltmeisterschaft wird, anders als die vorherigen Wettbewerbe, vom Weltverband FIVB ausgetragen. Sie ist die offizielle Weltmeisterschaft für Volleyball-Vereine, bei der die Sieger der sechs Kontinentalverbände gegeneinander antreten. Der Wettbewerb wurde zuerst bei den Herren von 1989 bis 1992 ausgespielt, bis dieser dann 2009 wieder eingeführt wurde. Dagegen wurde die Klub-Weltmeisterschaft bei den Frauen 1991, 1992 und 1994 veranstaltet und pausierte bis 2010, bis der Wettbewerb ab da auch bei den Frauen eine Renaissance erlebte.

Modus

2018 wurde mit acht Mannschaften in zwei Gruppen mit anschließendem Halbfinale und Finale gespielt. Im Jahr 2019 nahmen bei den Herren lediglich vier Teams teil. Diese haben zuerst im Modus jeder gegen jeden gespielt sowie im Anschluss Halbfinale und Finale bestritten.

Rekordverdächtig! Bei den Frauen gingen in den vergangenen sieben Jahren fünf Titel in die Türkei (dreimal Vakıfbank Istanbul und zweimal Eczacıbaşı Istanbul). Bei den Männern holten sich seit 2009 italienische Teams sechs Titel, davon gewann Trentino Volley fünf die Klub-Weltmeisterschaft.

9.2 WETTBEWERBE DER NATIONALTEAMS

9.2.1 Olympische Spiele

Das erste Volleyballspiel bei den Olympischen Spielen war 1924 in Paris und wurde als Showmatch von US-Amerikanern aufgeführt. Bis allerdings das erste Spiel als Turnier bei Olympia ausgetragen wurde, sind 40 Jahre vergangen. Seit den Olympischen Spielen in Tokio im Jahr 1964 gehört Volleyball zum festen Bestandteil des olympischen Programms.

Teilnehmerinnen und Teilnehmer

Seit 1996 spielen jeweils zwölf Nationen um die Goldmedaillen, dabei stellt jeder Kontinentalverband mindestens eine Nation. Für Olympia ist nur das Gastgeberland, der Titelverteidiger, sowie der Weltmeister gesetzt. In Europa kann man sich über Qualifikationsturniere für Olympia qualifizieren. Diese sind jedoch aufgrund der hohen Volleyballqualität in Europa extrem gut besetzt und die Qualifikation somit umso schwerer.

Modus

Bei den ersten beiden Olympischen Spielen mit Volleyballbeteiligung (1964 und 1968), spielten alle qualifizierten Mannschaften in einer großen Gruppe gegeneinander, sodass jede Mannschaft einmal gegeneinander spielte. Da so allerdings schon vor dem letzten Spieltag der Olympiasieger feststehen kann, wurde der Turniermodus für die kommenden Olympischen Spiele 1972 überarbeitet. So treten seitdem die Mannschaften zuerst in einer Vorrunde gegeneinander an, um danach in der Finalrunde mit Viertel- und Halbfinale sowie Finale gegeneinander zu spielen. Dieser Modus wird auch als „olympisches Format" bezeichnet.

Rekordverdächtig! Russland liegt (mit den Titeln der Sowjetunion) sowohl bei den Frauen als auch den Männern im Medaillenspiegel vorne. Jeweils vier Goldmedaillen konnten die russischen Teams bei Olympischen Spielen erkämpfen.

9.2.2 Weltmeisterschaft

Die Weltmeisterschaft wird wie die meisten internationalen Wettbewerbe vom Weltverband ausgetragen und findet alle vier Jahre statt. Sie ist nicht nur die älteste, sondern auch die bedeutendste Veranstaltung der FIVB, jedoch sind die Olympischen Spiele prestigeträchtiger.

Teilnehmerinnen und Teilnehmer

Bei der Weltmeisterschaft messen sich 24 Mannschaften untereinander. Nur der Gastgeber sowie der Titelverteidiger sind automatisch qualifiziert. Je nach Kontinentalverband werden Plätze bei der Weltmeisterschaft unterschiedlich vergeben. Europa hat üblicherweise die meisten Startplätze, während Afrika und Südamerika die wenigstens erhalten. Damit sich eine Nation für die Weltmeisterschaft qualifizieren kann, muss diese eine Anzahl von Qualifikationsturnieren überstehen. Dabei spielt die Weltrangliste der FIVB eine große Rolle, da die am schlechtesten platzierten Teams mehr Runden spielen müssen.

Modus

Die 24 Nationen werden in Gruppen á sechs Mannschaften eingeteilt. Dabei spielt jeder Gruppengegner gegeneinander. Nach Abschluss der Vorrunde qualifizieren sich die besten Mannschaften jeder Gruppe für die Zwischenrunde. Das Viertelfinale kann in Gruppen als dritte Runde oder in direkten Duellen ausgetragen werden. Im letzteren Fall sind eventuell weitere Runden nötig, um die Teilnehmerzahl auf acht zu reduzieren. Das Halbfinale und Finale findet im olympischen Format statt.

Rekordverdächtig! Auch bei den Weltmeisterschaften liegen die russischen Teams (mit den Titeln der Sowjetunion) im Ranking vorne. Sieben Goldmededaillen konnten die Frauen einfahren, immerhin auf sechs Titel bringen es die russischen Männer.

9.2.3 World Cup

Seit 1965 findet der Volleyball World Cup statt. Er wurde eingeführt, um die Lücke zwischen den wichtigsten Volleyballwettbewerben, den Olympischen Spielen und der Weltmeisterschaft zu füllen. Seit 1977 wird der World Cup in Japan ausgetragen. Durch die Einführung der Weltliga und des World Grand Prixs in den 90er-Jahren verlor der World Cup an Bedeutung und konnte in seiner ursprünglichen Form nicht beibehalten werden. Deshalb wurde der World Cup auf das Jahr vor Olympia geschoben und von 1991 bis 2015 als Qualifikationsturnier für die Olympischen Spiele genutzt. Anfangs hatte der Sieger einen Olympia-Startplatz sicher, später sogar die ersten drei Teams. Die Möglichkeit, sich früh für die Olympischen Spiele qualifizieren zu können und damit der anstrengenden kontinentalen Qualifikation aus dem Weg gehen zu können, motivierte die vielen Nationalmannschaften für eine Teilnahme am World Cup.

Aus erster Hand ... „Der World Cup war eine verrückte Erfahrung. Elf Spiele in 14 Tagen an drei unterschiedlichen Orten mit dem Druck im Nacken, sich dadurch für Olympia qualifizieren zu können. Es war ein bisschen so wie ‚Und täglich grüßt das Murmeltier' – voller Routinen und gleichen Abläufen. Im Nachhinein wäre ich gern mutiger gewesen, dabei neue Dinge auszuprobieren."

Angelina Hübner (geb. Grün), langjährige Ex-Kapitänin des Nationalteams

Teilnehmerinnen und Teilnehmer

Das Turnier besteht aus zwölf Mannschaften, wobei sich neun Mannschaften qualifizieren und zwei durch eine FIVB-Wildcard eingeladen werden. Japan ist als Gastgeber immer gesetzt. Die neun Mannschaften qualifizieren sich durch kontinentale Meisterschaften (zum Beispiel Europameisterschaften). Alle Kontinentalverbände besitzen zwei Startplätze, nur Afrika darf lediglich eine Mannschaft schicken.

Modus

Die teilnehmenden Mannschaften werden in zwei Gruppen á sechs Mannschaften eingeteilt. In der ersten Runde spielt jede Mannschaft gegen die Gegner aus der eigenen Gruppe, um dann in der zweiten Runde gegen alle Mannschaften aus der anderen Gruppe zu spielen.

Das Turnier geht insgesamt über gut zwei Wochen, wobei an jedem Tag sechs Spiele stattfinden. Alle zwei bis drei Tage gibt es einen Ruhetag, sodass jedes Team auf elf Spiele in 15 Tagen kommt. Die endgültigen Tabellenstände werden nach den üblichen Kriterien ermittelt: Anzahl der Siege, Satzquotient, Punktquotient und direkte Duelle.

Rekordverdächtig! Beim World Cup liegt China bei den Frauen mit fünf Goldmedaillen vorne. Bei den Männern ist es wieder Russland, welches mit sechs Titeln die erfolgreichste Nation darstellt.

9.2.4 Volleyball Nations League (VNL)

Die Volleyball Nations League wurde 2018 in den internationalen Wettkampfkalender eingeführt. Sie ist ein Wettbewerb für die Volleyball-Nationalmannschaften und der Nachfolger der Volleyball-Weltliga bei den Männern und des Volleyball World Grand Prixs bei den Frauen. Der Präsident der FIVB, Ary Graça Filho sprach beim 70. Geburtstag der FIVB im Oktober 2017 bei der Vorstellung des Wettbewerbs von einem „Schlüsselmoment für die Zukunft unserer Sportart. Die Volleyball Nations League ist der wichtigste Wettbewerb in der FIVB-Geschichte und wird die Art, in der Volleyball präsentiert wird, revolutionieren".

Teilnehmerinnen und Teilnehmer

Bei der Volleyball Nations League treten 16 Nationen gegeneinander an. Dabei gibt es zwölf „core teams" (Kernteams), welche als Teilnehmer gesetzt sind. Deutschland gehört bei den Frauen und Männern dazu. Vier Mannschaften treten als „challenger teams" (Herausforderer) an und kämpfen gegen den Abstieg.

Modus

In der Vorrunde spielt jedes Team gegeneinander, was jedem Team 15 Spiele beschert und einen Zeitraum von fünf Wochen einnimmt. Dabei ist jedes Kernteam mindestens einmal Gastgeber, was eine Menge Reisestrapazen mit sich bringt, da man insgesamt an fünf Spielorten quer über den Globus verteilt spielt. Am Ende wird aus sechs Mannschaften eine Finalrunde ermittelt, welche sich aus den fünf besten Teams der Vorrunde sowie dem Gastgeber zusammensetzt.

Schon gewusst? Der Sieger der Nations League erhält bei den Frauen und Männern jeweils eine Million US-Dollar. Diesen Gewinn konnten sich bei beiden bisherigen Auflagen des Wettbewerbs bei den Frauen die USA und bei den Männern Russland sichern.

9.2.5 Europameisterschaft

Die Europameisterschaft ist die Kontinentalmeisterschaft für Europa und findet alle zwei Jahre in den ungeraden Jahren statt. Sie wird von der CEV ausgetragen.

Teilnehmerinnen und Teilnehmer

Es treten insgesamt 16 europäische Nationen gegeneinander an. Neben dem Gastgeber sind die jeweils sechs besten Teams der vorherigen Europameisterschaft gesetzt. Die restlichen Teams können sich über drei Qualifikationsrunden für die Europameisterschaft qualifizieren.

Modus

Während der EM sind die Mannschaften in vier Gruppen á vier Mannschaften eingeteilt. Dabei spielt jede Mannschaft einmal gegen jedes Team aus der eigenen Gruppe. Die Gruppensieger sind direkt für das Viertelfinale qualifiziert, während die Gruppenzweiten und Gruppendritten in einer Play-off-Runde die weiteren vier Teilnehmer des Viertelfinales ausspielen. Danach geht es im olympischen Format mit Halbfinale und Finale sowie dem Spiel um Platz drei weiter.

Rekordverdächtig! Auch hier liegt Russland bei den Frauen mit 19 und bei den Männern mit 14 Titeln unangefochten an der Spitze des Medaillenspiegels. Als zweiter kommt Serbien bei den Frauen auf drei und Italien bei den Männern auf immerhin sechs Goldmedaillien.

★ 10 ★ DIE ERFOLGREICHSTEN VOLLEYBALLTEAMS DER VERGANGENEN ZEHN JAHRE

Auch wenn sich das Volleyballspiel stetig weiterentwickelt, die Spieler athletischer werden und sich auch Trainerphilosophien verändern, so bleiben einige Teams doch die Konstante. In diesem Kapitel werden zuerst die erfolgreichsten Volleyballteams Deutschlands vorgestellt und im Anschluss erfolgt ein Überblick über die besten Nationalmannschaften der vergangenen zehn Jahre.

10.1 VEREINSTEAMS AUS DEUTSCHLAND

In Deutschland gibt es bei den Frauen drei Teams, die seit 2011 den Meistertitel unter sich ausspielen: Der SSC Palmberg Schwerin, der auch bereits in den 90er-Jahren als Schweriner SC Meistertitel erringen konnte, der Dresdner SC und der in den vergangenen Jahren hinzugekommene Allianz MTV Stuttgart stehen als Trio an der Spitze des Deutschen Frauenvolleyballs. Bei den Männern spielen seit über 20 Jahren lediglich zwei Teams den Meistertitel unter sich aus: Der VfB Friedrichshafen und die BERLIN RECYCLING Volleys (ehemals SCC Berlin).

10.1.1 Allianz MTV Stuttgart (Frauen)

Nach ihrem Aufstieg in die 1. Bundesliga im Jahr 2008 wurden die Stuttgarterinnen 2011 erstmals DVV-Pokalsieger; dies konnten sie vier Jahre später sowie 2017 wiederholen. 2016 wurde Stuttgart erster Supercup-Sieger der Frauen. Nach vier Vizemeistertiteln in Folge gelang ihnen 2019, das heißt zehn Jahre nach ihrem Aufstieg, endlich der langersehnte Gewinn des ersten Meistertitels. Diagonalangreiferin Krystal Rivers trug entscheidend dazu bei; bei ihrer Verpflichtung haben die Stuttgarterinnen ein gutes Händchen bewiesen. Bereits in der französischen Liga sorgte das Sprungwunder beim Gewinn der Meisterschaft 2017/18 für Aufsehen. In der Bundesliga hatte die MVP der Saisons 2018/2019 und 2019/20 einen enormen Anteil an den Erfolgen der Schwäbinnen.

Dabei war die Entwicklung von Allianz MTV Stuttgart rasant. Von einer Schulhalle in Stuttgart-Vaihingen erfolgte der Umzug in die SCHARRena, wo derzeit im Durchschnitt 2000 Zuschauer „Stuttgarts schönsten Sport" besuchen.

Zudem hält Stuttgart den Zuschauerrekord in der Liga bei den Frauen. Am 30.4.2016 spielten die Stuttgarterinnen im Play-off-Spiel vor 5.392 Zuschauer in der Porsche-Arena gegen den Dresdner SC. Auch innerhalb Europas Top-fünf-Profi-Ligen liegen die Stuttgarterinnen laut Zuschauerstatistik eines französischen Sportblogs auf Platz sieben.

Aus erster Hand ... „Als wir noch in der Hegelhalle in Vaihingen gespielt haben, hat unser Hauptpartner SCHARR seine Kantine zur Verfügung gestellt, damit wir vor dem Spiel noch einen Snack bei ihm in der Firma essen konnten. Im Anschluss an das Spiel wurde der VIP-Raum von Bekannten geführt und das Essen noch selbst gekocht. Mittlerweile konnten wir uns mit Allianz MTV Stuttgart bereits zweimal für das Viertelfinale der Champions League qualifizieren. Das zeigt: Der Name Allianz MTV Stuttgart ist jetzt auch in Europa angekommen."

Kim Oszvald-Renkema, Sportdirektorin Allianz MTV Stuttgart, ehemals Spielerin

10.1.2 Dresdner SC (Frauen)

Die Volleyballhochburg Dresden ist seit vielen Jahren ein richtiger Zuschauermagnet. Die Dresdener Damen führen im Schnitt mit mehr als 2.700 Zuschauern pro Spiel die Zuschauerstatistik aller Sportarten unter allen Frauenteams in Deutschland an. Seit 1997 spielen die Sächsinnen in der 1. Bundesliga. Bereits zwei Jahre später wurden sie erstmals Deutscher Meister. In der Saison 2007 konnten sie den Titel erneut gewinnen wie auch zwischen 2014 und 2016. Auch im Jahr 2021 holte Dresden mit Headcoach Alexander Waibl die Meisterschaft.

Auch im DVV-Pokal zeigten die Damen des DSC ihre Stärke und gewannen von 2015 bis 2020 insgesamt dreimal den Titel. Insbesondere beim jüngsten Titelgewinn 2020 landete Dresden mit einem sehr jungen Kader einen Überraschungscoup.

Die kontinuierliche Aufbauarbeit und die Unterstützung zahlreicher Sponsoren hat dem Dresdner SC die Grundlage geschaffen, sich stetig weiterzuentwickeln und sich mittlerweile auch auf internationaler Ebene zu etablieren. Hier können die Dresdenerinnen den Gewinn des CEV-Challenge Cups im Jahr 2010 verzeichnen.

Dresdener Kontinuität in Person war Kerstin Tzscherlich – sie spielte von 1990 bis 2013 ausschließlich beim Dresdner SC und war lange Zeit das Gesicht des Teams. Die 373-fache Nationalmannschafts-Libera erhielt zahlreiche MVP-Auszeichnungen für ihre stabile Annahme und Abwehr.

Aus erster Hand ... „Jeder Verein braucht eine Philosophie, eine DNA die ihn von den anderen unterscheidet – bei uns der ‚Dresdner Weg'. Wir sind nicht nur in Meisterschaft und Pokal erfolgreich, sondern bei uns wird auch Nachwuchsarbeit gelebt und wenn möglich konsequent umgesetzt. Dafür nehmen wir auch in Kauf, dass man manchmal einen Schritt zurückgehen muss ehe es zwei vorwärts geht. Mit anderen Worten: Wir ordnen unmittelbare Ergebnisse dem Prozess unter und sind dennoch nicht nur in der Ausbildung, sondern auch mit Titeln erfolgreich."

Alex Waibl, dreifacher Meistertrainer des Dresdner SC

10.1.3 SSC Palmberg Schwerin (Frauen)

Schon zu DDR-Zeiten dominierte der Schweriner SC die Volleyballliga. Etliche Rekordnationalspielerinnen, Olympiateilnehmerinnen und Volleyballerinnen des Jahres spielten beim SSC: Ute Steppin, Dörte Techel, Christina Schultz, Sylvia Roll, Béatrice Dömeland, Hanka Pachale, Olessya Kulakova, Kathleen Weiß, Maren Brinker und zuletzt auch Louisa Lippmann, MVP 2016/17 und 2017/18 gingen für den SSC ans Netz. Die Diagonalangreiferin (siehe Kapitel 11.1.9) führte die Norddeutschen mit ihrer Dominanz im Angriff in den jeweiligen Saisons zum Meistertitel.

Insgesamt zwölf Meistertitel, sieben DVV-Pokalsiege und vier Supercup-Erfolge konnten die Schwerinerinnen nach der Wiedervereinigung feiern. Die Trainer Michael Schöps, Tore Aleksandersen, Teun Buijs und seit 2013 Felix Koslowski prägten dabei den Schweriner Volleyball und holten allesamt Meistertitel.

Auf einen Turniererfolg auf internationaler Bühne müssen die Schwerinerinnen, die letztmalig 2016 im CEV-Pokal Bronze holten, jedoch schon längere Zeit warten.

Eine weitere, prägende Spielerin Schwerins war Zuspielerin Denise Hanke, die nicht nur mit ihren harten Sprungrotationsaufschlägen beeindruckte, sondern auch ein feines Händchen besaß. Von 2007 bis 2020 mit zweijähriger Unterbrechung im Ausland trug sie das Schweriner Trikot. In den Saisons 2008/09 und 2009/10 wurde sie als beste Aufschlägerin und Zuspielerin gewählt und in den Saisons 2011/2012 und 2012/2013 war sie als MVP der Liga hauptverantwortlich dafür, dass Schwerin sich die Meisterschaft sicherte. Auch an den beiden Meistertiteln zum Abschluss ihrer Karriere hatte die Zuspielerin großen Anteil.

Aus erster Hand ... „Dieser Verein steht über Jahrzehnte für Kontinuität: ‚Rekordmeister', egal ob jung oder alt, Spielerin oder Trainer – hier lernt man zu gewinnen."

Felix Koslowski, Nationaltrainer Deutschlands und zweifacher Meistertrainer des SSC Palmberg Schwerin

10.1.4 BERLIN RECYCLING Volleys (Männer)

Die Berliner sind neben dem VfB Friedrichshafen das Aushängeschild der Männer-Bundesliga. Mit seinen insgesamt zehn Meistertiteln prägte der aus dem SCC Berlin hervorgegangene Verein das Geschehen in der Liga in den vergangenen Jahren. Robert Kromm – MVP der Bundesliga 2012/2013 – führte die Berliner 2012 zur Meisterschaft. Seitdem holten die Berliner – bis auf eine Ausnahme im Jahr 2015 – alle Meistertitel in die Hauptstadt. Drei Titel gelangen unter dem australischen Trainer Mark Lebedew, jeweils zwei unter dem Italiener Roberto Seniotti und dem Franzosen Cédric Édnard und einer unter Stelian Moculescu.

Im DVV-Pokal konnten die Berliner bislang fünf Erfolge (1994, 1996, 2000, 2016 und 2020) feiern. Den Supercup holten die BR Volleys 2019 und 2020 und im Jahr 2016 gewannen die Berliner den CEV-Pokal. In der CEV-Champions League belegten die Berliner in 2015 und in 2017 jeweils den dritten bzw. vierten Platz. Dabei wurde der Berliner Mittelblocker Johannes „Rob" Bontje ins „Dream Team" der Champions League 2014/2015 gekürt.

Manager Kaweh Niroomand gelingt es mit spektakulären Spielertransfers immer wieder, das Berliner Publikum zu faszinieren. Nicht zuletzt durch Star-Zuspieler Sergey Grankin und dem athletischen Diagonalangreifer Benjamin Patch aus den USA hatten die Berliner 2018/19 wettbewerbsübergreifend in Bundesliga, Pokal und Champions League mit durchschnittlich 5.208 Zuschauern die meistbesuchten Volleyballspiele in Europa. Zur Saison 2020/21 wurde der brasilianische Olympia-Gewinner, Mittelblocker Éder Carbonera und in der Saison noch der deutsche Nationalmannschafts-Außenangreifer Denys Kaliberda sowie der französische Mittelblocker Kevin Le Roux nachverpflichtet.

Aus erster Hand ... „Berlin ist der beste Volleyballort der Welt. Nirgendwo sonst findet man einen professionelleren Verein, eine bessere Volleyballhalle oder ein besseres Publikum."

Mark Lebedew (dreifacher Meistertrainer der BR Volleys)

10.1.5 VfB Friedrichshafen (Männer)

Seit 1987 spielte der VfB Friedrichshafen durchgehend in der 1. Volleyball Bundesliga. Dort dominierte er seit Ende der 90er-Jahre die Liga nahezu nach Belieben und gewann bis zum Jahr 2015 sage und schreibe 13 Meistertitel und bis 2019 16 DVV-Pokaltitel sowie 2016, 2017 und 2018 dreimal den Supercup.

Prägende Figur des Rekordmeisters und -pokalsiegers war über lange Zeit Stelian Moculescu (siehe Kapitel 11.1.1). Unter ihm hat sich Friedrichshafen nicht nur als Top-Verein in Deutschland einen Namen gemacht, sondern erreichte auch internationale Anerkennung. In der Champions League, in der sie seit 1999 durchgehend antreten, erreichten sie 1998 einen dritten Platz und ein Jahr später die Silbermedaille.

Ihren bislang größten Erfolg feierten die Häfler jedoch im Jahr 2007. Dort holten sie sich das Triple, das heißt neben der Deutschen Meisterschaft und dem DVV-Pokalsieg gewannen sie international überraschend als bislang einziger deutscher Verein die Champions League. Markus Steuerwald wurde als gerade einmal 18-Jähriger zum besten Libero des Turniers und Diagonalangreifer Jochen Schöps zum MVP der Champions League gewählt.

Die Volley YoungStars – das Nachwuchsteam der Friedrichshafener – spielen in der 2. Bundesliga mit und gelten als Talentschmiede des deutschen Volleyballs. Zahlreiche Nationalspieler sind aus ihren Reihen hervorgegangen, unter anderem Max Günthör, Jakob Günthör, Christian Pampel, Sebastian Schwarz, Thilo Späth-Westerholt, Markus Steuerwald, Patrick Steuerwald und Julian Zenger haben das Volleyball-ABC dort gelernt.

Aus erster Hand ... „Der VfB Friedrichshafen war über knapp 20 Jahre das Nonplusultra des deutschen Volleyballs. Hier habe ich die idealen Voraussetzungen gefunden, um zu zeigen, dass man mit einem deutschen Team auch international erfolgreich sein kann."

Stelian Moculescu, Trainerlegende als 19-facher Deutscher Meister

10.2 NATIONALMANNSCHAFTEN

In diesem Kapitel werden – neben Deutschland – die derzeit erfolgreichsten Volleyballnationen im Frauen- und Männerbereich vorgestellt.

10.2.1 Deutschland (Frauen und Männer)

Frauen

Die Schmetterlinge, so der Spitzname der deutschen Frauennationalmannschaft, hatten ihre letzte Olympia-Teilnahme im Jahr 2004. Diese gelang durch das legendäre „Wunder von Baku" unter dem damaligen Cheftrainer Hee Wan Lee, als sich die Deutschen Frauen um Kapitänin Angelina Grün (siehe Kapitel 11.1.6) im Qualifikationsturnier in Aserbaidschan in beeindruckender Weise im letzten Vorrundenspiel mit 3:2 gegen den Olympia-Zweiten Russland, im Halbfinale 3:2 gegen Weltmeister Italien und im entscheidenden Finale um das letzte Olympiaticket mit 3:0 gegen Vizeeuropameister Türkei durchsetzten.

In der Amtszeit von Giovanni Guidetti (2006-2015) wurden die deutschen Frauen im Jahr 2011 und 2013 Vizeeuropameister. Auch die Qualifikation für die Weltmeisterschaften 2010, 2014 und 2018 gelang, jedoch spielte man sich hier nicht in die Nähe der Podestplätze. Nach einem kurzen, glücklosen Intermezzo von Luciano Pedullà ist seit 2015 Felix Koslowski für die Mannschaft verantwortlich. Dem langjährigen früheren Co-Trainer blieb eine Medaille als Chef-Trainer jedoch bislang verwehrt.

Bei den Schmetterlingen bleibt eines immer gleich, egal ob mit älteren oder jüngeren Spielerinnen: die Stimmung und Atmosphäre im Team. Die erfahreneren Spielerinnen harmonieren prächtig mit nachrückenden deutschen Talenten und bilden so eine verschworene Gemeinschaft. Andere Teams haben größtenteils zwar bessere Einzelspielerinnen, der zwölfte der Weltrangliste (Stand Feburar 2021) gilt aber als eines der Teams mit dem größten Zusammenhalt. Dieses ist eine wichtige Voraussetzung für die erfolgreiche Teilnahme an internationalen Wettkämpfen.

Männer

Trainerlegende Stelian Moculescu (siehe Kapitel 11.1.1) trainierte in seiner zweiten Amtszeit von 1999 bis 2008 die Herren der deutschen Nationalmannschaft. Nachdem den DVV-Männern die Qualifikation für Olympia seit 1972 nicht mehr gelang, konnte Stelian Moculescu der Mannschaft erstmals zur Teilnahme bei den Olympischen Spielen 2008 in Peking verhelfen. Zwei Jahre zuvor gelang nach langer Durststrecke wieder eine Teilnahme an einer Weltmeisterschaft (WM 2006 in Japan).

Auch unter Bundestrainer Raúl Lozano (2008-2011) gelang dem Team die Qualifikation zur Weltmeisterschaft 2010 in Italien.

Unter Trainer Vital Heynen (2012-2016) erzielten die DVV-Männer ihre bislang größten Erfolge. Nach einem fünften Platz bei Olympia 2012 in London gewann das deutsche Team bei der Weltmeisterschaft 2014 in Polen im Spiel um Platz drei gegen Frankreich Bronze und holte sich somit die erste WM-Medaille seit 1970. Auch die European Games-Goldmedaille 2015 fällt in die Amtszeit von Vital Heynen.

Seit 2017 ist Andrea Giani (siehe Kapitel 11.2.3) der Cheftrainer des deutschen Teams. Sein Einstand mit Europameisterschafts-Silber 2017 in Polen verlief glänzend. Das Halbfinale gegen den Favoriten Serbien drehten die Deutschen um Georg Grozer junior nach 0:2-Satzrückstand noch in einen 3:2-Sieg. Das Endspiel ging denkbar knapp mit 13:15 im fünften Satz gegen Russland verloren, doch letztendlich konnten sich die deutschen Männer auch über die Silbermedaille freuen.

Aus erster Hand ... „Bei der EM 2017 war das Team so jung, da haben einige noch Windeln getragen – umso höher ist der Erfolg zu bewerten."

Georg Grozer junior, 165-facher Nationalmannschafts-Diagonalangreifer

In der Folgezeit gelang es dem 21. der Weltrangliste nicht, sich für die WM 2018 in Italien sowie die Olympischen Spiele 2020 in Tokio zu qualifizieren – hier scheiterte das Team in der Qualifikation im entscheidenden Spiel in Berlin an Frankreichs Equipe.

10.2.2 Brasilien

Frauen

Die Brasilianerinnen gewannen bislang zwei olympische Goldmedaillen, waren dreimal Vizeweltmeister und sammelten zwölf Titel beim Grand Prix sowie unzählige bei der südamerikanischen Meisterschaft. Die Nations League schlossen sie im Jahr 2019 auf dem zweiten Platz ab. Bei Turnieren spielt das seit 2003 von Trainer José Roberto Guimarães – Zé Roberto – gecoachte Team stets um einen Podestplatz mit, was sich auch in ihrer Platzierung in der Weltrangliste, dem dritten Platz, widerspiegelt.

Als ehemaliger Zuspieler fand Zé Roberto schon immer die Kommunikation zwischen dem Zuspieler und seinen Angreifern, aber auch mit dem Trainer als entscheidend für ein erfolgreiches Team. Zuspielerin Hélia Souza nahm bereits fünfmal an Olympischen Spielen teil und wurde mittlerweile in die Volleyball Hall of Fame aufgenommen – sie verkörperte genau das, was der Coach von einer Zuspielerin erwartete.

Zusammen mit Sheilla Castro (Diagonalangreiferin), Thaísa Menezes (Mittelblockerin), Fabiana Alvim de Oliveira (Libera) und Paula Pequeno (Außenangreiferin) dominierten die brasilianischen Frauen die Sommerspiele in 2008 und 2012.

Die Basis dafür ist Außenangreiferin Gabi zufolge harte Arbeit und Hingabe; diese machen schließlich den Unterschied aus. Unter Zé Roberto habe sie den Schlüssel, zu arbeiten, arbeiten und arbeiten, gelernt.

Ausgerechnet jedoch bei ihrer Heimolympiade in Rio schieden die Brasilianerinnen bereits im Viertelfinale denkbar knapp im fünften Satz mit 2:3 gegen den späteren Olympiasieger China aus.

Männer

Die Herrennationalmannschaft Brasiliens kann man wohl als das Nonplusultra des Männervolleyballs bezeichnen. Seit dem Jahr 2005 führt das Team die Weltrangliste an. Jahr für Jahr sichern sich die Südamerikaner auf wichtigen Turnieren einen Podiumsplatz, sodass man bei der Regelmäßigkeit fast schon die Uhr danach stellen könnte.

Verantwortlich dafür ist der langjährige Trainer Bernardo Rocha de Rezende, auch „Bernardinho" genannt. Er gilt als erfolgreichster Trainer aller Zeiten und gewann mit den brasilianischen Männern zwischen 2001 und 2017 nahezu alles, was es zu gewinnen gab. Bernardinho sammelte in über 20 Jahren als Trainer der Frauen- und Männernationalmannschaft Brasiliens insgesamt mehr als 30 Titel.

Brasilien ist nicht nur die einzige Nation, die bisher bei allen olympischen Volleyballturnieren vertreten war, sondern holte dort auch 1992, 2004 und 2016 die Goldmedaille. Zudem wurden die Männer 2002, 2006 und 2010 Weltmeister, gewannen seit 1967 jedes Jahr die Südamerika-Meisterschaft, siegten 2003, 2007 und 2019 beim World Cup und gewannen 1993, 2001, 2003-2007, 2009 und 2010 die Weltliga.

Dabei fokussiert Bernardinho sein Team nur auf das nächste Turnier als das Wichtigste, unabhängig von den vorherigen Erfolgen. Zudem setzt der Coach auf Teamplay, denn er sieht den Volleyballspieler nicht als Solisten, sondern als Mitglied eines Orchesters. Wenn ein Spieler anfängt zu denken, er sei etwas Besonderes, dann ist der Spieler seiner Meinung nach am Ende. Ein weiterer wichtiger Aspekt ist ihm zufolge die Vorbereitung auf das Match. Die Motivation, sich vorzubereiten, müsse genauso groß sein wie die Motivation, das Spiel letztendlich zu gewinnen.

Dabei entwickelten die Brasilianer ihr schnelles Spiel gepaart mit ihrer unglaublichen Athletik. So sorgen die Südamerikaner immer wieder für unfassbare Momente, bei denen die ganze Welt vor Bewunderung nur staunen kann.

10.2.3 Russland

Frauen

Die russische Frauennationalmannschaft ist seit dem Jahr 1992 der Nachfolger der sowjetischen Nationalmannschaft und kann seitdem bereits auf zahlreiche Erfolge zurückblicken. Das Team wurde 2006 und 2010 Weltmeister, holte Silber bei Olympia 2000 und 2004 und ist zudem mehrfacher World Grand Prix-Sieger und Europameister. Dabei dominierten die Russinnen das erste Jahrzehnt des 21. Jahrhunderts vor allem mit ihrem High-Ball-Spiel auf ihre überdurchschnittlich großen Angreiferinnen. Derzeit sind die Russinen auf Platz acht der Weltrangliste abgerutscht.

Vater des Erfolges war Trainerlegende Nikolay Karpol – er ist der weltweit im Volleyball am häufigsten geehrte Trainer. Manchmal wird er für seinen rauen Trainerstil kritisiert, in dem der „brüllende Bär", so sein Spitzname, die Spielerinnen vor allem während der Auszeiten lautstark anschreit und sogar beschimpft, doch Karpol hat mit seinen Methoden Erfolg. Er wird in Russland als außergewöhnlicher Kenner der Frauenpsychologie und Meister von Zuckerbrot und Peitsche gelobt.

Schon gewusst? Unter den vielen Anekdoten zu Karpol ist die berühmteste die vom Olympia-Finale in Seoul 1988, als die damaligen Sowjets zwei Sätze zurücklagen und Peru beim 12:6 im dritten Satz nur noch drei Punkte vom Sieg entfernt war. Karpol nahm eine Auszeit und die ganze Welt sah am TV zu, wie er seine Spielerinnen anschrie. Er sagte ihnen, dass niemand den Volleyball sehen wolle, den sie spielten, weil es „ekelhaft anzusehen" sei und sie kein Feuer in den Augen hätten. „Wie willst du das deiner Großmutter erklären, wenn wir nach Hause zurückkehren? Wie willst du ihr in die Augen schauen?", sagte er zu Irina Smirnova. Er wusste, dass ihre Großmutter ihr größter Fan war, dass Smirnova sie absolut verehrte und dass dies einen sofortigen psychologischen Effekt auf sie haben würde. Und das Wunder geschah: Sie und ihre Teamkolleginnen kehrten auf den Platz zurück und lieferten eines der größten Comebacks in der Geschichte des Volleyballs, einen 3:2 (10-15, 12-15, 15-13, 15-7, 17-15)-Sieg.

Männer

Die russische Männermannschaft spielt seit jeher um internationale Titel mit. Neben der Vizeweltmeisterschaft 2002 holte das Team Europameistergold 2013 und 2017 sowie den World Cup 1999 und 2011. Dazu konnten sie die Weltliga 2002, 2011 und 2013 sowie zweimal die Nations League (2018 und 2019) gewinnen. Höhepunkt der russischen Erfolge ist ohne Zweifel das Olympische Gold 2012 in London.

Schon gewusst? Unvergessen der „Muserskiy-Trick" im legendären olympischen Finale 2012, in dem die Russen bereits mit 0:2 hinten lagen. Der russische Trainer Vladimir Alekno änderte seine Spielaufstellung und beorderte seinen Top-Angreifer des Turniers, Diagonalangreifer Maxim Mikhaylov auf Außen und wechselte den 2,18-Mittelblocker Dmitry Muserskiy auf die Diagonalposition. Mit dieser verrückten Entscheidung stand fest: Vladimir Alekno würde den Platz entweder als Narr oder als Genie verlassen. Es wurde letzteres und ein Nationalheld, denn der hünenhafte Russe Dmitry Muserskiy nutzte nach und nach den bis dahin unüberwindbaren brasilianischen Block aus. Nachdem sie den dritten Satz in einem dramatischen Finish (29-27) nach Abwehr von zwei Matchbällen Brasiliens gedreht hatten, gewannen die Russen an Selbstvertrauen – nichts konnte Dmitry Muserskiy, Maxim Mikhaylov und Veteran Sergey Tetyukhin aufhalten. Sie schafften das Unmögliche und gewannen in fünf Sätzen noch Olympisches Gold.

Bislang hat sich Russlands Philosophie bei den Herren, dass es alle zwei, drei Jahre einen Trainerwechsel geben soll, ausgezeichnet. Mit vielen Erfolgen auf internationaler Ebene gehören die russischen Männer, die wie die Frauen sehr auf Körpergröße setzen, weiterhin zu einer der stärksten Volleyballteams der Welt. So stehen die „russischen Riesen" mit einer enormen Schlaghärte im Angriff derzeit auf dem vierten Platz in der Weltrangliste.

10.2.4 Italien

Frauen

Italien gilt noch immer als das gelobte Land des Frauenvolleyballs. Der größte Erfolg der Italienerinnen gelang unter Trainer Marco Bonitta. Bei der Weltmeisterschaft in Deutschland im Jahr 2002 holten sie den Weltmeistertitel. Im Anschluss führte der Erfolgstrainer Massimo Barbolini die Damen von 2006 bis 2012 zu zahlreichen Titeln. Zusammen mit Zuspielerin Eleonora Lo Bianco – eine der besten aller Zeiten – und Mittelblockerin Simona Gioli – MVP der FIVB World Cup 2007 – gewannen die italenischen Damen nicht nur 2007 und 2009 die Europameisterschaft, sondern auch 2007 und 2011 den World Cup der Frauen.

Nach dem Abschied von Barbolini blieben die talienischen Damen längere Zeit erfolglos, doch als Davide Mazzanti den Trainerposten übernahm, ging es wieder bergauf. Mit jungen Talenten wie Paola Egonu mit unglaublichen 324 Punkten bei der WM 2018, Ofelia Malinov, bester Zuspielerin der WM und Miriam Sylla, beste Außenangreiferin der WM, konnten die Italienerinnen bei der Weltmeisterschaft in Japan Silber gewinnen.

Mit einem dritten Platz bei der Europameisterschaft im darauffolgenden Jahr hat sich Italien auf Platz vier der Weltrangliste festgesetzt.

Schon gewusst? Die italienische Sportzeitung „Gazzetta dello Sport" wählte die Volleyballnationalmannschaft der Frauen in den Jahren 2002 und 2009 zu „Italiens Mannschaft des Jahres".

Männer

Der aktuelle Weltranglistensiebte hatte seine Blütezeit in den 1990er- und frühen 2000er-Jahren, als er dreimal in Folge Weltmeister wurde, bei den Olympischen Spielen zwei Silbermedaillen gewann und mehrere Titel bei Europameisterschaften und in der Weltliga sammelte. Brasiliens Trainer Bebeto zufolge war das Niveau der Meisterschaft in Italien Anfang der 90er-Jahre höher als das Niveau bei einer Weltmeisterschaft.

Lorenzo Bernardi (siehe Kapitel 11.1.2) und Andrea Giani (siehe Kapitel 11.2.3) gelten als zwei der besten Spieler aller Zeiten und waren Teil dieser „goldenen Generation" Italiens. Beide sammelten mit Italien insgesamt zehn Titel auf europäischer Ebene. In den 90er-Jahren gab es drei monatlich erscheinende Volleyball-Magazine – dort wurden „Lucky", „Lollo", „Zorro", „Gardo", „Gabi", „Bazooka" und „Fefe" zu Helden gemacht. Die Sportzeitung Gazzetta dello Sport wählte die Nationalmannschaft in den Jahren 1990, 1995, 1998, 2005 und 2016 zu „Italiens Mannschaft des Jahres" und 1995 zudem zur „Weltmannschaft des Jahres". Ein Name, der unmittelbar mit dem Erfolg der Italiener verknüpft ist, ist der Argentinier Julio Velasco, der sie von 1989 bis 1996 trainierte.

Schon gewusst? Julio Velasco folgte dem Ansatz der „Gesamtspielsituation-Trainingsmethode". Er reduzierte dabei den Trend der 80er-Jahre zur absoluten Spezialisierung auf allen Positionen und legte den Schwerpunkt auf die situationsabhängige Einbettung von einzelnen Spielelementen in das Ganze, das heißt er ließ im Training die Grundtechniken ausgehend von verschiedensten Spielsituationen lernen. Sein Konzept führte weg von der Methode, einzelne Elemente einzuschleifen und im Anschluss zu einem Gesamtbild zusammenzufügen. Stattdessen verfolgte er einen ganzheitlichen Ansatz, immer mit dem Bestreben, schnellmöglich wieder zu einer spielnahen Situation zu kommen. Velascos Trainingsarbeit, aber auch die strategischen Überlegungen vieler anderer Trainer zur Fehlervermeidung, führten zu einem Stil, den die Italiener selbst „Minimalismo" bezeichneten.

10.2.5 USA

Frauen

Das beste Ergebnis in ihrer Geschichte erzielten die Frauen des Landes, in dem die Sportart einst erfunden wurde, im Jahr 2014 – dort wurden die US-Amerikanerinnen unter der Führung des legandären Karch Kiraly (siehe Kapitel 11.2.1) Weltmeister. Kimberly Hill wurde beim Turnier in Italien als MVP und beste Außenangreiferin, Alisha Glass als beste Zuspielerin ausgezeichnet. Hinzu kommen zahlreiche Siege des Weltranglistenzweiten beim World Grand Prix (1995, 2001, 2010, 2011, 2012 und 2015) sowie der Nations League (2018 und 2019). Annahme-Außenangreiferin Michelle Bartsch-Hackley, die früher für Vilsbiburg und Dresden ans Netz ging, und Diagonalangreiferin Andrea Drews waren bei den Titeln der Nations League die „Most Valuable Players". Auch bei den kontinentalen Meisterschaften sammelten die USA zahlreiche Titel und sind neben Kuba das erfolgreichste Team.

Bei Olympischen Spielen blieb der große „American Dream" bislang unerfüllt – hier gewannen sie „lediglich" dreimal Silber (1984, 2008 und 2012) und im Jahr 2016 Bronze. Natürlich möchte „King Karch" schnellstmöglich auch als Trainer olympisches Gold holen. Dafür ist er offen, Risiken einzugehen und am Rande seiner Fähigkeiten zu arbeiten. Fehler machen ist dabei seiner Auffassung nach durchaus erwünscht, denn wer keine Fehler macht, lernt langsamer, als wenn er Fehler macht.

Vor Karch Kiraly war die frühere chinesische Ausnahmespielerin Lang Ping Trainerin der USA. Der chinesische Export führte die US-Frauen wieder zu einer Olympiamedaille. Ihr Geheimnis: Sie drillt ihre Teams sehr hart, schafft es dabei aber immer, Zuneigung in ihnen zu wecken. Dabei fördert sie den Teamgedanken – das Siegen muss immer eine Teamleistung sein.

Männer

Die USA dominierte in den 80er-Jahren mit Legende Karch Kiraly (siehe Kapitel 11.2.1) den Volleyballsport. 1986 wurden sie Weltmeister und 1984 holten sie unter Coach Doug Beal im eigenen Land olympisches Gold, welches sie 1988 in Seoul mit Marvin Dunphy als Trainer verteidigen konnten.

In den 90er-Jahren wurde es ruhig um das US-Männerteam, erst Mitte der ersten Dekade des 21. Jahrhunderts etabilierte sich das amerikanische Volleyballprogramm wieder. Hugh McCutcheon gelang es, eine junge talentierte Mannschaft zum Olympiasieg 2008 in Peking zu führen. Obwohl die USA im Finale bereits mit 0:1 in Sätzen gegen den Favoriten Brasilien zurücklag, drehte sie das Spiel in einen 3:1-Sieg. Der Diagonalangreifer Clayton Stanley spielte ein unglaubliches Turnier – er gewann in der Kategorie „Best Server", „Best Scorer" und „MVP".

In den Jahren darauf übernahm der bisherige Co-Trainer von Hugh McCutcheon, John Speraw, den Posten als Head Coach. Er setzt nicht nur auf langfristige Zielsetzungen, sondern hat stets den Erfolg beim nächsten anstehenden Wettkampf im Blick. Dass in seinem Training viele Ballberührungen und wettkampfnahe Situationen trainiert werden, kommen Spielern wie Maxwell Holt sicherlich zu Gute. Unter Speraw hat sich Maxwell Holt zu einem der besten Mittelblocker der Welt entwickelt, was seine Nominierung zum besten Mittelblocker bei den Olympischen Spielen 2016 zeigt.

Matthew Anderson (Diagonalangriff) und Micah Christenson (Zuspiel) sind zwei der größten Namen in der Volleyballwelt. Zusammen mit Taylor „The Sandman" Sander sind sie hauptverantwortlich für den Erfolg der USA bei der WM 2018 (3. Platz), beim World Cup 2015 und 2019 (jeweils Gold und Bronze), in der Nations League 2018 und 2019 (jeweils Bronze und Silber) und bei den Olympischen Spielen 2016 (3. Platz). Auch wenn der Coach den Fokus eher auf kurzfristige Erfolge legt, so hat seine Herangehensweise den USA schon jetzt langfristige Erfolge gebracht, was der derzeitige dritte Platz der Weltrangliste zeigt.

10.2.6 China

Frauen

China öffnete sich erst 1976 der Welt des internationalen Sports, doch die jahrzehntelange Isolation unter Mao bedeutete, dass das Land noch eine Menge aufzuholen hatte, bevor es etwas gewinnen konnte, was die chinesische Frauennationalmannschaft ab den 80er-Jahren eindrucksvoll zeigte.

Während die chinesischen Männer als 26. der Weltrangliste im internationalen Volleyball (Stand Februar 2021) nahezu keine Rolle spielen, so zählt die Frauennationalmannschaft mit drei olympischen Goldmedaillen (1984, 2004 und 2016), zwei Weltmeister- (1982 und 1986) und drei Vize-Weltmeistertiteln (1990, 1998 und 2014) mittlerweile zu den erfolgreichsten Mannschaften der Welt. Hinzu kommen fünf Siege im World Cup (1981, 1985, 2003, 2015 und 2019) und der Gewinn im Jahr 2003 des World Grand Prixs.

Derzeit rangiert das von Lang Ping trainierte Team auf Platz 1 der Weltrangliste. Ihr Team kennzeichnen zum einen die enorm hohen Trainingsumfänge sowie die Mentalität, als Team zusammenzuarbeiten und niemals aufzugeben, egal wie groß die Chancen sind. Dieser Volleyball-Teamgeist der Frauen wird von staatlichen Medien und Regierungsabteilungen sogar als eine wesentliche Geisteshaltung während Chinas schnellem wirtschaftlichen Aufstieg aufgeführt.

Schon gewusst? Lang Ping hat in China einen solchen Stellenwert, dass ihre Hochzeit im staaatlichen Fernsehen übertragen wurde und ihr Gesicht auf Briefmarken abgebildet ist. Zudem wurde 2020 der Film „Leap" über die 40-jährige Geschichte der chinesischen Volleyball-Frauen, dem „Stolz der Nation" mit Lang Ping im Mittelpunkt veröffentlicht, der in China bereits zahlreiche Preise gewonnen hat. Innerhalb der ersten drei Tage hatte der Film schon knapp 22 Millionen US-Dollar eingespielt und sich damit an die Spitze der Kinocharts des Landes gesetzt.

10.2.7 Polen

Männer

In den vergangenen Jahren entwickelte sich die polnische Männernationalmannschaft zu einem der Top Teams der Welt und steht derzeit auf dem zweiten Platz in der Weltrangliste.

Ihr Olympiasieg im Jahr 1976 ist zwar schon eine Weile her, aber nach 1974 wurden die Polen im Jahr 2014 unter dem Franzosen Stéphane Antiga und 2018 unter dem ehemaligen deutschen Nationaltrainer Vital Heynen noch zwei weitere Male Weltmeister. Zudem holten die Polen 2009 den Europameistertitel und gewannen im Jahr 2012 die Weltliga.

Bei der letzten WM wurde Bartosz Kurek als MVP geehrt und anschließend wurde er zu Europas Spieler des Jahres 2018 gekürt. Seit dem Jahr 2019 darf auch der eingebürgerte, gebürtige Kubaner Wilfredo León (siehe Kapitel 11.2.10) für Polen auf das Spielfeld gehen. Er soll Polen in den nächsten Jahren zu weiteren Titeln verhelfen. Bei seinem Debüt sprang bei der Europameisterschaft im Jahr 2019 immerhin die Bronzemedaille heraus.

Das erklärte Ziel vom belgischen Erfolgscoach Vital Heynen ist olympisches Gold. „Bronze ist schön. Silber ist akzeptabel. Aber eigentlich interessiert nur Gold. Hole ich das in Tokio 2020 nicht, gibt es für mich vielleicht auf die Schnauze. Aber wenigstens hatte ich drei Jahre Spaß an meinem Ziel", nimmt Vital Heynen die große Aufgabe nach außen hin gewohnt locker.

Aus erster Hand ... „Ich bin kein Pole, aber es gibt fast kein schöneres Gefühl, wenn vor dem Spiel die ganze Halle – und das sind oft 10.000 Leute – zusammen a capella die Nationalhymne singt. Mit diesem Gefühl liegt Polen ganz weit vorne in der Volleyballwelt."

Vital Heynen, Weltmeistertrainer mit Polens Nationalmannschaft

10.2.8 Türkei

Frauen

Auch in der Türkei hat sich in den vergangenen Jahren ein Weltklasse-Team entwickelt – allerdings nur bei den Frauen. Auch wenn die türkische Frauennationalmannschaft bei einem Top Turnier (mit Ausnahme der Goldmedaille bei den European Games 2015) noch nicht ganz oben auf dem Treppchen stand, so reichte es bei den Europameisterschaften 2003 und 2019 jeweils zu Silber. Auch bei der Nations League 2018 landete das vom langzeitigen deutschen Nationaltrainer, dem Italiener Giovanni Guidetti, gecoachte Team auf Platz zwei, nachdem es in fünf Sätzen den USA unterlag. Derzeit liegt das Team auf Platz fünf der Weltrangliste.

Lange Zeit war die frühere Kapitänin Neslihan Demir, in der Türkei als „Iron Lady" bekannt, das Aushängeschild der türkischen Mannschaft. Die Linkshänderin war international als durchschlagskräftige Diagonalangreiferin gefürchtet. Zudem war Eda Erdem Dündar über viele Jahre tragende Säule des Teams. Die Mittelblockerin bekam bereits zahlreiche Auszeichnungen bei Turnieren. In ihre Fußstapfen tritt die 1,97 Meter große Zehra Günes, die erst 1999 geboren wurde und schon jetzt zu den Besten auf ihrer Position gezählt wird.

Trotz ausländischer Stars spielen in den Vereinsmannschaften der türkischen Top Teams sehr viele Türkinnen, denn in der Türkei gibt es eine strenge Ausländerbeschränkung: Nur vier ausländische Spielerinnen sind pro Kader erlaubt, auf dem Feld dürfen nur drei stehen.

Rekordverdächtig! Die häufigsten Siege eines Spitzen-Volleyballteams in Serie gelang der türkischen Vereinsmannschaft „Vakıfbank Istanbul". Unter Coach Giovanni Guidetti und mit der deutschen Mittelblockerin Christiane Fürst gewann das Team von 2012 bis 2014 wettbewerbsübergreifend 73 Spiele in Folge. Während ihrer Erfolgsserie holte die Mannschaft das türkische Double, die Champions League und die Klub-Weltmeisterschaft.

★ 11 ★ DIE BERÜHMTESTEN VOLLEYBALL-NAMEN ALLER ZEITEN

11.1 NATIONAL

In diesem Kapitel werden herausragende Volleyballspieler Deutschlands vorgestellt. Natürlich ist diese Liste nicht vollständig, sondern lediglich exemplarisch. In diese könnte auch René Hecht aufgenommen werden. Der frühere Annahme-Außenangreifer und heutige Präsident des DVV ist mit 385 Einsätzen der Volleyball-Rekordnationalspieler Deutschlands. Auch Ines Pianka, die sowohl als Zuspielerin in der Halle als auch im Sand deutsche Meisterin wurde, hätte die Aufnahme verdient. Nicht zu vergessen sind der legendäre Diagonalangreifer „Hammer-Schorsch" Georg Grozer senior sowie der dreifache „Volleyballer des Jahres" und langjährige Kapitän der Nationalmannschaft Wolfgang Kuck (Annahme-Außenangreifer).

Auch Annahme-Außenangreiferin Sylvia Roll (zweimal „Volleyballerin des Jahres"), die in Brasilien, Italien und der Türkei spielte und Mittelblockerin Christiane Fürst mit Stationen in Italien, der Türkei und in Japan hätten eine Aufnahme verdient gehabt. Auch der dreimalige „Volleyballer des Jahres" Jochen Schöps, der für viele Jahre in Russland und Polen aufschlug sowie der derzeitige Nationalmannschafts-Zuspieler Lukas Kampa (viermal „Volleyballer des Jahres") sind wichtige Namen im deutschen Volleyball.

11.1.1 Stelian Moculescu

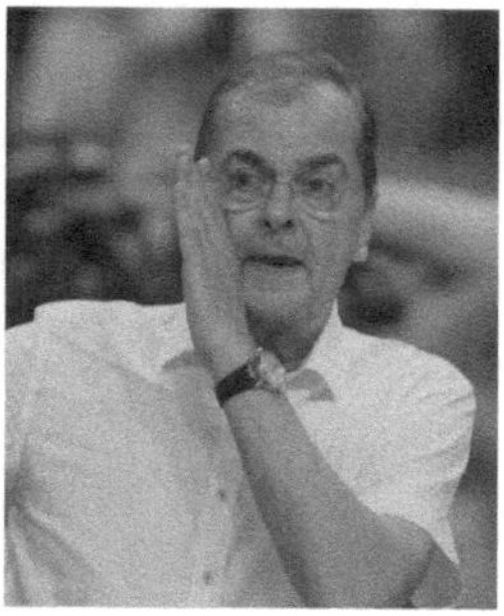

Karriere als Spieler:	1964-1983
Karriere als Trainer:	1977-2018
Position:	Zuspiel/Trainer

„Ich hasse es, zu verlieren, auch wenn es mal passiert. Also versuche ich alles daran zu setzen, zu gewinnen."

Stelian Moculescu ist ein 1,93 Meter großer, rumänisch-deutscher Volleyballtrainer sowie ehemaliger Spieler und verkörpert insgesamt 40 Jahre Volleyball Bundesliga. Er gilt als der erfolgreichste Volleyballtrainer Deutschlands und wurde nicht nur als Spieler (1975), sondern auch als Trainer Deutscher Meister. Dies gelang ihm beeindruckende 20-mal. Genauso häufig gewann er den DVV-Pokal. Die CEV kürte ihn 2007 zu Europas Trainer des Jahres – in diesem Jahr gelang ihm das Kunststück, mit dem VfB Friedrichshafen, den er über zwei Jahrzehnte prägte, die Champions League zu gewinnen. Ein weiteres Highlight in seiner Trainerlaufbahn war der Gewinn der Universade im Jahr 1999.

„Stelu" gilt als streng und ehrgeizig – seine Lieblingsgegner waren die, die besser waren oder ihn geärgert haben, da so sein Ehrgeiz erst recht geweckt wurde. Seit vielen Jahren kämpft er für mehr Aufmerksamkeit im Volleyball. „Im Biathlon gibt es in Deutschland ein paar hundert Leute, die das aktiv betreiben. Aber Volleyball hat 500.000 Mitglieder ... ", ärgerte sich Moculescu 2013 öffentlich über die geringe Volleyballberichterstattung im Fernsehen und die Aufmerksamkeit anderer Sportarten.

Sein Rezept für ein Meisterteam: Seine Spieler zu begeistern und bei ihnen die Motivation, in erster Linie das Weiterkommen als Volleyballer zu wecken. Seiner Meinung nach sind Spieler, die nicht für Geld, sondern für den Ehrgeiz und aus eigenem Antrieb spielen, grundsätzlich erfolgreicher.

11.1.2 Burkhard Sude

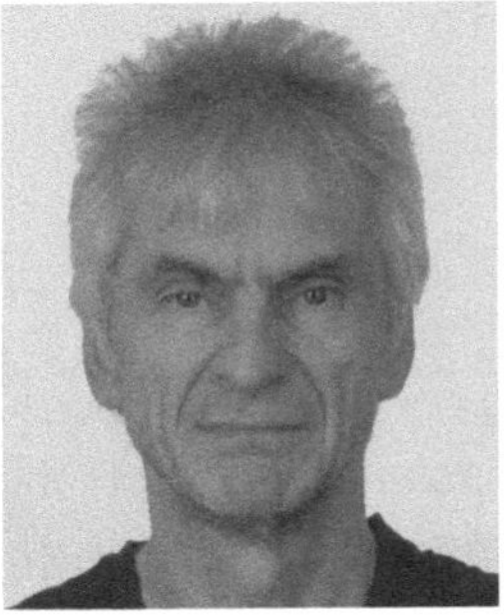

Karriere als Spieler:	1972-1994
Karriere als (Beach-)Trainer:	1995-2020
Position:	Universal/Trainer

„Du musst trainieren, wenn die anderen schlafen!"

Als Volleyball in Deutschland noch ein Freizeitspaß von Studierenden war, reichte es „Mister Volleyball" nicht, nur ein bisschen zu spielen. Er wollte mit der Härte agieren wie die führenden Nationen aus Osteuropa. So wurde er in den Achtziger Jahren der beste deutsche Volleyballspieler und wurde fünfmal in Folge zum „Volleyballer des Jahres" gewählt. In der Saison 1984/85 spielte er als erster deutscher Volleyballspieler in der höchsten italienischen Liga (A1) bei Kutiba Falconara.

Einen großen Bekanntheitsgrad erreichte der 203-fache Nationalspieler durch die Fernsehsendung „Wetten, dass...?" im Jahr 1982. Dort trat der 1,93 Meter große Spieler allein gegen eine Verbandsligamannschaft an und gewann die Partie nach fünf Minuten mit 6:3 und damit auch die Wette.

Zudem war der jetzige Zahnarzt einer der ersten Beach-Volleyballspieler in Europa und nahm bereits 1984 als einer der ersten Ausländer überhaupt an den Hermosa Open und den Boulder Open in den USA teil.

Später wurde er Beach-Volleyballtrainer und betreute als Olympia-Coach die Beach-Nationalteams bei den Olympischen Spielen 1996 in Atlanta und 2000 in Sydney mit dem Gewinn der Bronzemedaille von Ahmann/Hager. Zudem trainiert er seine Tochter Julia Sude und begleitet sie als sportlicher Leiter auf ihrem Weg zu den Olympischen Spielen 2021 in Tokio.

Im Jahr 2016 schmetterte der „graue Wolf", wie das Volleyball-Magazin ihn liebevoll nannte, mit 58 Jahren immer noch in der dritten Liga.

11.1.3 Renate Riek-Bauer

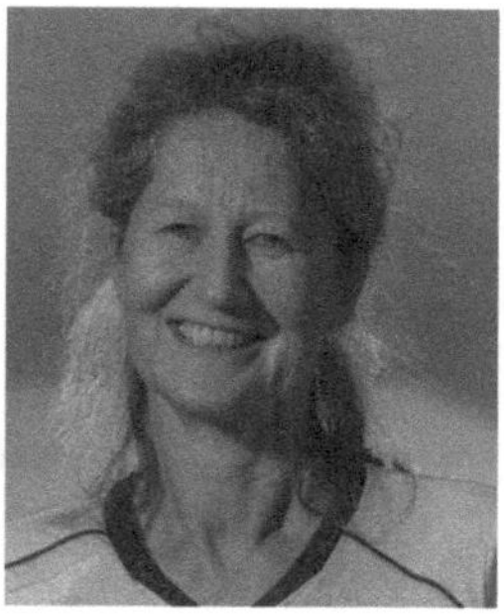

Karriere als Spielerin:	1974-2009
Position:	Zuspiel

„In meiner Ausbildung zur Zuspielerin lernte ich, Spielsituationen als ganzheitliches Bild zu sehen und nicht in einzelnen Aktionen zu denken und zu handeln."

Renate Riek-Bauer ist mit unglaublichen 518 Einsätzen die Volleyball-Rekordnationalspielerin Deutschlands. Sie nahm in ihrer 14-jährigen Nationalmannschaftszeit an insgesamt sechs Europameisterschaften, drei Weltmeisterschaften sowie den Olympischen Spielen 1984 in Los Angeles teil und trug lange Jahre als Mannschaftsführerin zusätzlich Verantwortung. 1987 wurde Renate Riek-Bauer, die zu ihrer Zeit als beste Zuspielerin Deutschlands galt, zur „Volleyballerin des Jahres" gewählt.

Mit dem SV Lohhof und CJD Feuerbach wurde die „Unantastbare" je dreimal Deutscher Volleyball-Meister und gewann zudem siebenmal den DVV-Pokal. Im Jahr 2009 stand Riek-Bauer im Alter von 49 Jahren noch einmal auf dem Spielfeld und absolvierte ihr letztes Bundesligaspiel für Allianz Volley Stuttgart.

Für ihre gesamte Volleyball-Karriere erhielt Renate Riek-Bauer 2015 den Volleyball Award. In der damaligen Laudatio wurde die Zuspielerin als ein Mensch mit großer Strahlkraft beschrieben: fröhlich, positiv, leistungsstark, beweglich, motiviert und engagiert bis unter die Haarspitzen. So war der sympathische Lockenkopf mit dem ansteckenden Lächeln trotz ihrer eher geringen Körpergröße von 1,70 Meter immer erfolgreich.

Neben ihrem Sport studierte Renate Riek-Bauer an der Stuttgarter Kunstakademie und wurde Diplom-Grafikdesignerin. Bis Anfang 2020 arbeitete sie in der Designabteilung bei Daimler in Sindelfingen und lebt heute im Bregenzerwald.

11.1.4 Susanne Lahme

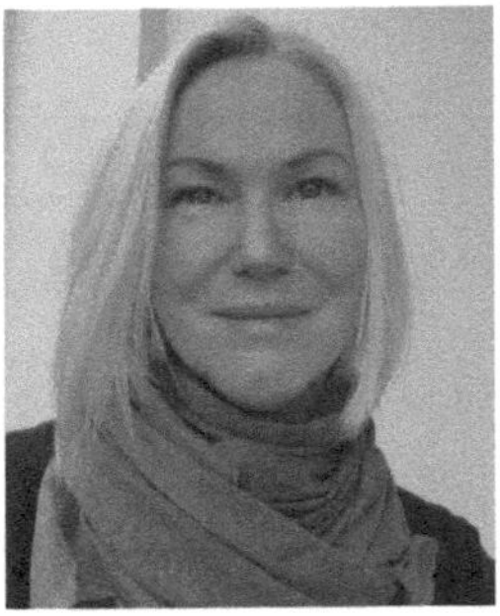

Karriere als Spielerin:	1980-2005
Position:	Diagonalangriff, Mittelblock

„Volleyball hat mir eine Tür zur Welt geöffnet, mich mit harten Niederlagen geprüft, mich euphorische Siege feiern lassen und mir viele unvergessene Momente und Freundschaften rund um den Globus geschenkt."

Susanne Lahme gilt in Deutschland als Volleyball-Ikone und erhielt im Jahr 2008 als erste Spielerin den Volleyball Award des DVV. Der 263-fachen Nationalspielerin gelang das Kunststück, in ihrer Karriere viermal an den Olympischen Spielen teilzunehmen – dreimal in der Halle und 2004 im Beach-Volleyball.

In Deutschland wurde „Susi Sorglos", wie sie in Volleyballkreisen liebevoll genannt wurde, achtfache DDR- bzw. Deutsche Meisterin und holte neunmal den Deutschen Pokal. In ihrer Zeit in Italien gewann die 1,82 Meter große Angreiferin nicht nur den Meister-, Pokal- und Supercup-Titel, sondern konnte auch die Champions League gewinnen. Nach ihrem Wechsel nach Brasilien wurde sie auch dort Meister.

Im Jahr 2001 startete die langjährige Spielführerin der deutschen Hallennationalmannschaft parallel zum Spiel in der Halle ihre Beach-Volleyballkarriere. Dort galt sie in der Weltserie als „beste Anfängerin des Jahres" – und das mit fast 36 Jahren. Hier schaffte sie nicht nur ihre vierte Olympiateilnahme, sondern wurde im Jahr 2005, relativ zum Ende ihrer Karriere noch Deutsche Meisterin.

Die ausgebildete Grundschullehrerin und jetzige Inhaberin einer Versicherungsagentur versuchte in ihrer Karriere, die Charaktereigenschaften Ehrgeiz und Zielstrebigkeit sowie den Spaß am Trainieren nie aus den Augen zu verlieren.

11.1.5 Stefan Hübner

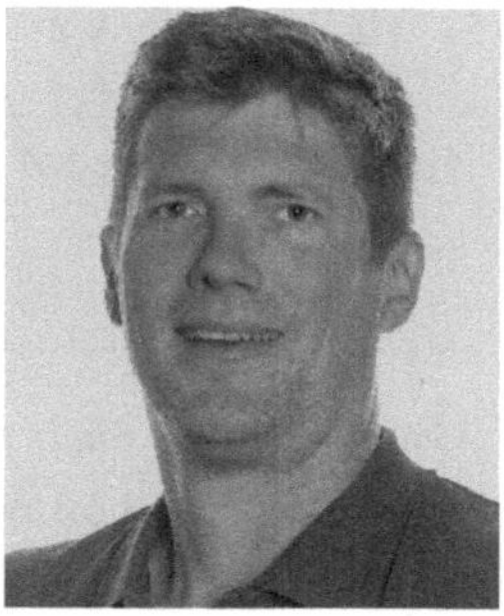

Karriere als Spieler:	1994-2012
Karriere als Trainer:	2012-heute
Position:	Mittelblock

„Volleyballspielen war das, was ich immer machen wollte. Kein Rückschlag konnte mich davon abbringen, kein Preis war zu hoch – auch wenn mein Körper manchmal anderer Meinung war."

Der vierfache „Volleyballer des Jahres" wechselte bereits nach wenigen Jahren in der 1. Bundesliga nach Italien. In Loreto, Montichiari und schließlich Trentino entwickelte er sich zu einem der weltbesten Mittelblocker in der starken italienischen Liga. Er zählt somit zu den wenigen deutschen Volleyballern, denen es gelang, in Italien Fuß zu fassen und mit sportlichen Leistungen zu überzeugen.

Im Jahr 1999 gewann der zwei Meter große Mittelblocker mit Deutschland die Universade. Nach einem kurzen Beach-Volleyballexperiment kehrte er 2006 in die Halle zurück und spielte erneut für mehrere Jahre in Italien bei Treviso und Perugia, wo er zum Abschluss den Challenge Cup holte.

Der langjährige Kapitän der Nationalmannschaft nahm an zahlreichen internationalen Turnieren mit der Landesauswahl teil und wurde sogar mehrfach für die Weltauswahl nominiert – auch wenn er in seiner aktiven Zeit nur wenige Titel gewinnen konnte. Seine vielen Verletzungen warfen den 245-fachen Nationalspieler immer wieder zurück und zwangen ihn letztendlich 2012 dazu, seine aktive Karriere zu beenden.

Nahtlos gelang ihm als Co-Trainer der deutschen Nationalmannschaft der Übergang in die Trainerkarriere, ehe er ab 2014 Aufsteiger Lüneburg zu einem etablierten Bundesligisten machte und zweimal mit diesem als Außenseiter ins DVV-Pokalfinale einziehen konnte. 2012 heiratete er die Ausnahmevolleyballerin Angelina Grün (siehe Kapitel 11.1.6).

11.1.6 Angelina Hübner (geb. Grün)

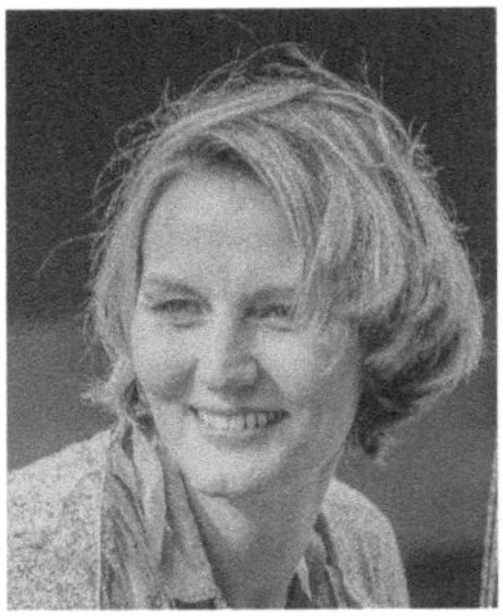

Karriere als Spielerin:	1996-2013
Position:	Annahme-Außenangriff/ Diagonalangriff

„Volleyball hat mich mit meinen Stärken und Schwächen in Kontakt gebracht. Vor allem auf dem Feld zeigt sich unmittelbar, wer Du bist. Manchmal hätte ich gern die Chance, die dabei erfahrenen Emotionen noch mal zu erleben und mehr zu genießen."

„Grüni" war über viele Jahre das Gesicht der Deutschen Nationalmannschaft. Die langjährige Kapitänin kam auf 297 Einsätze und erlebte dort unter anderem das „Wunder von Baku", bei dem sich das Team für die Olympischen Spiele 2004 qualifizieren konnte. Vom Jahr 2000 bis zum Jahr 2008 wurde sie insgesamt neunmal hintereinander zu Deutschlands „Volleyballerin des Jahres" gewählt, was ihren Stellenwert im deutschen Volleyball verdeutlicht.

Nach ihrer Volleyballzeit in Deutschland beim USC Münster wechselte die 1,85 Meter große Angreiferin im Jahr 2001 nach Italien, wo sie jeweils zweimal Meister, Pokalsieger, CEV-Pokalsieger und Champions League-Sieger wurde. Auch den italienischen Supercup konnte sie gewinnen. Für ihre Leistungen erhielt sie den „Oscar del Volley". Im Anschluss spielte sie in der Türkei, Russland und Aserbaidschan, wo sie zum Abschluss ihrer Karriere ebenfalls Meister wurde.

Für ihre herausragenden Leistungen erhielt Angelina Hübner, die seit 2012 mit Stefan Hübner (siehe Kapitel 11.1.5) verheiratet ist, im Jahr 2010 den Volleyball Award. In der Laudatio hieß es damals: „Mit deiner Art hast du viele Sympathien für den Volleyballsport erreicht, du warst immer fair und als Mannschaftsführerin stets ein echtes Vorbild. Du bist das beste Beispiel für Konstanz, Solidarität, Beliebtheit und Verantwortungsgefühl."

11.1.7 Georg Grozer junior

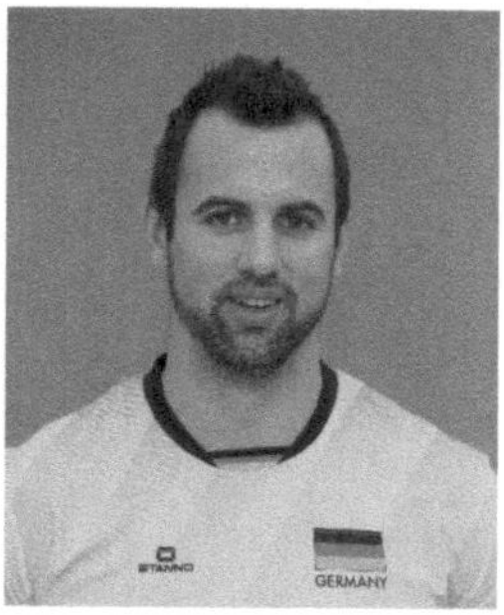

Karriere als Spieler:	2002-heute
Position:	Diagonalangriff

„Viele Leute fragen mich, was ich machen würde, wenn ich nicht Volleyball spielen würde. Ich habe keine Antwort darauf – ich lebe dafür und liebe diesen Sport und kann mir nicht vorstellen, etwas anderes zu tun."

Der gebürtige Ungar ist das Flaggschiff des Deutschen Volleyballs und einer der besten Angreifer weltweit. Nach seinen Volleyballanfängen in Moers setzte er sich in den stärksten Ligen der Welt durch. So wurde er nicht nur in Deutschland Meister, sondern auch in Polen, Russland und China. Zudem gewann der Modellathlet mit dem wohl härtesten Schlag des Nationalteams, den viele auch als „Naturgewalt" bezeichnen, die Champions League und Klub-Weltmeisterschaft.

In seiner Zeit in Südkorea hatte Grozer sogar einen eigenen Dolmetscher an seiner Seite, der ihn wie ein Schatten sogar beim Saunagang begleitete. Auch ein eigener Physiotherapeut dehnte ihn bis zu viermal am Tag aus und behandelte ihn zusätzlich 90 Minuten nach jedem Abendtraining.

Das Nationalteam führte der Zwei-Meter-Hüne zur Bronzemedaille bei der Weltmeisterschaft 2014 und zu EM-Silber im Jahr 2017. Nach der verpassten Olympia-Qualifikation 2020 erklärte er nach 165 Spielen seinen Rücktritt aus der Nationalmannschaft.

Zur Saison 2020/21 ging der fünffache „Volleyballer des Jahres" (2010-2014) in der italienischen Serie A1 zu Gas Sales Piacenza Volley ans Netz. Hier holte sich der Superstar jedoch seine erste Fußverletzung und erkrankte zudem an Covid-19.

11.1.8 Margareta Kozuch

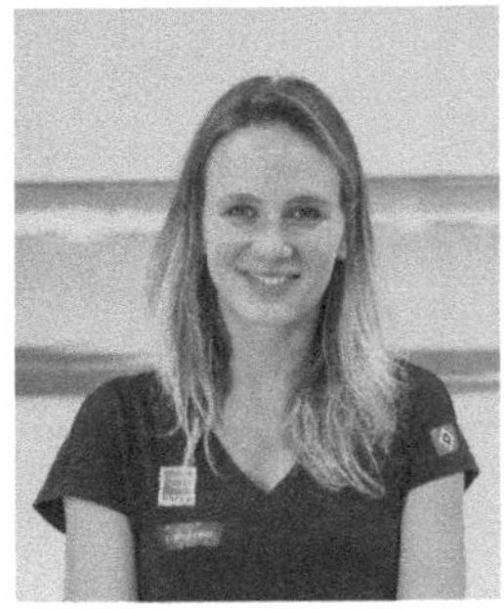

Karriere als Hallen-Spielerin:	2003-2017
Position:	Diagonalangriff/ Annahme-Außen-angriff
Karriere als Beach-Spielerin:	2017-heute

„Manchmal, wenn man ungeduldig ist und ein Ziel schnell erreichen will, ist es leicht, aufzugeben. Aber es lohnt sich, dranzubleiben. Es kann eine Weile dauern, aber mit dem richtigen Training und der richtigen Motivation wird man, wenn man seinem Herz folgt, nach und nach Ergebnisse sehen."

„Maggi" spielte in Deutschland in der 1. Bundesliga lediglich für Hamburg, wo der Autor dieses Buches sie als 17-Jährige trainieren durfte und sie zur „Aufsteigerin des Jahres" in der Bundesliga in der Saison 2004/05 gekürt wurde. Bereits mit 21 Jahren wechselte sie nach Italien, wo sie mit Novara den CEV-Pokal gewann. Nach einer Saison in Russland wurde sie 2012 in Polen Meister. Über Aserbaidschan und China ging es zurück nach Italien, wo sie 2016 nach dem Gewinn der Champions League ihre Hallenkarriere erst einmal beendete.

Im Nationalteam kommt „Kusia" auf stolze 336 Einsätze und zwei Vize-Europameistertitel. Als deren Kapitänin war sie über lange Zeit das weibliche Volleyball-Gesicht Deutschlands. Von 2010 bis 2014 wurde der Publikumsliebling fünfmal hintereinander als Deutschlands „Volleyballerin des Jahres" ausgezeichnet. Die CEV ehrte sie im Jahr 2016 auf der Volleyball-Gala in Rom als „spektakulärste Spielerin".

Nach der Hallenkarriere stehen in der kurzen Zeit im Sand bereits zwei Vizemeistertitel sowie der Sieg 2019 im World Tour Final auf ihrer Habenseite. Ein großer Traum, einmal an den Olympischen Spielen teilzunehmen, blieb ihr in der Halle bisher verwehrt und kann nun im Sand Wirklichkeit werden, denn das erklärte Ziel der 1,88 großen, energiegeladenen Allrounderin ist die Qualifikation für die Olympischen Spiele 2021 in Tokio.

11.1.9 Louisa Lippmann

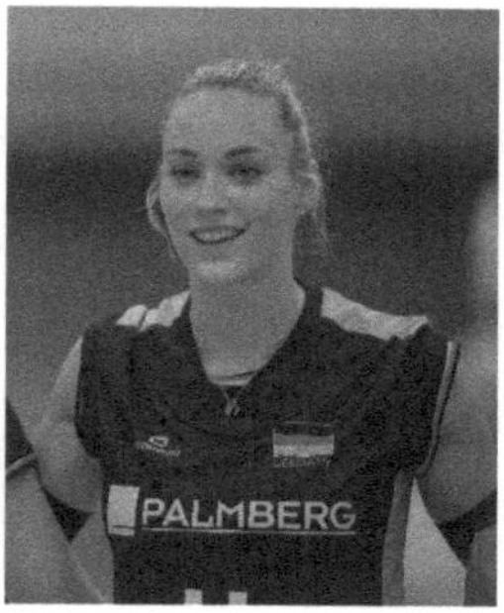

Karriere als Spielerin:	2012-heute
Position:	Diagonalangriff

„Der Preis des Erfolges ist Hingabe, harte Arbeit und unablässiger Einsatz für das, was man erreichen will. Wichtig dabei: Werde deine beste Version."

Louisa Lippmann ist das aktuelle Gesicht des Deutschen Frauenvolleyballs. Die Diagonalangreiferin besitzt eine im Frauenbereich erstaunliche Schlaggeschwindigkeit von bis zu 90 km/h und ist die Leistungsträgerin im Angriff der deutschen Auswahl. Von 2017 bis 2020 hatte die gebürtige Herforderin ein Dauer-Abo auf den Titel bei der Wahl zu Deutschlands „Volleyballerin des Jahres".

Nach ihrem Start in Münster gewann sie an ihrer nächsten Station in Dresden die Deutsche Meisterschaft und den DVV-Pokal. Nach ihrem Wechsel nach Schwerin holte sie dort ebenfalls den Meistertitel und den Supercup. 2017 und 2018 wurde sie zur Most Valuable Playerin, das heißt zur wertvollsten Spielerin der Volleyball Bundesliga gekürt.

Nach einer Saison in Italien wechselte die 1,91 Meter große Angreiferin im Jahr 2019 nach China, wo sie zwei Saisons spielte. Hier erreichte sie den dritten und zweiten Platz in der Meisterschaft. Im Januar 2021 schlug die Diagonalangreiferin ein neues Kapitel auf und unterschrieb bis Saisonende beim russischen Spitzenklub Lokomotive Kaliningrad, wo sie sich vor allem in Punkto Schlaghärte mit den besten Spielerinnen der Welt messen konnte. Dies gelang ihr auf beeindruckende Art und Weise. Sie holte mit ihrem Team etwas überraschend auf Anhieb den Meistertitel.

Neben Ihren sportlichen Fähigkeiten ragt Lippmann auch optisch heraus und wurde vom Sportartikel-Ausstatter Asics zum europaweitem Werbegesicht im Hallensport gemacht.

11.1.10 Athanasios Papageorgiou

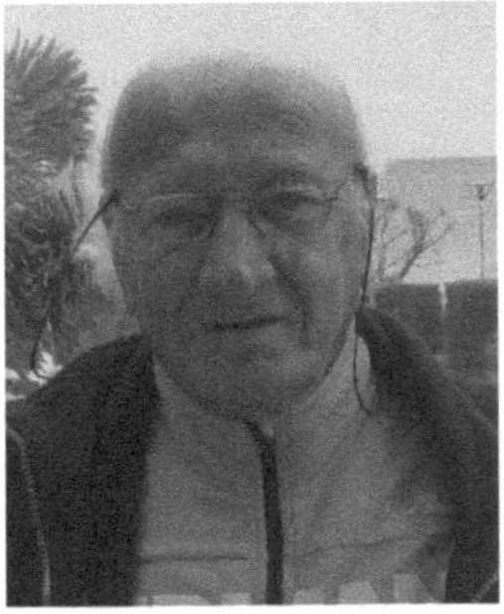

Karriere als Trainer:	1970-2011
Position:	Trainerausbilder und Trainer

„Ich habe mich stets bemüht, alle meine Spieler gleich zu behandeln, unabhängig von deren Leistung oder deren Stellung in der Mannschaft, Stamm- oder Ersatz- bzw. Ergänzungsspieler, Akademiker oder Arbeiter."

„Papa", wie der Volleyball-Guru liebevoll genannt wird, ist allen Volleyballexperten Deutschlands ein Begriff. Er prägte Generationen von Trainern in der A-Trainerausbildung des Deutschen Volleyball-Verbandes, deren Hauptreferent er von 1987 bis 2012 war. Zudem arbeitete er von 1988 bis 2012 als Koordinator und Hauptreferent für das Sportspiel Volleyball an der Trainerakademie Köln und war für die FIVB als Trainerausbilder in der ganzen Welt unterwegs. Hauptberuflich lehrte er an der Deutschen Sporthochschule Köln und war dort von 1972 bis 2008 am Institut für Sportspiele als Dozent für die Sportarten Volleyball und Beach-Volleyball zuständig, wo ihn auch der Autor dieses Buches kennen- und schätzenlernen durfte sowie von ihm ausgebildet wurde.

1986 wurde er Bundesligatrainer für den TSV Bayer 04 Leverkusen und gewann mit dessen Männermannschaft 1988 den DVV-Pokal und 1989 die Deutsche Meisterschaft. In den 80er-Jahren wurde der gebürtige Grieche Trainer der deutschen Standvolleyball-Nationalmannschaft der Menschen mit Behinderung und wurde mit diesen 1985, 1989 und 1990 Weltmeister. Viermal gewann er mit Ihnen paralympisches Gold: 1988 in Seoul, 1992 in Barcelona, 1996 in Atlanta und 2000 in Sydney. Die Siegesserie endete erst, als im Jahr 2000 das Internationale Paralympische Komitee (IPC) Standvolleyball aus dem Programm nahm. Athanasios Papageorgiou publizierte zahlreiche Veröffentlichungen, in denen er unter anderem Fragen der Didaktik, Struktur-, Spieler- und Spielanalysen thematisierte. Seine Bücher wurden mehrfach neu aufgelegt und in andere Sprachen übersetzt.

11.2 INTERNATIONAL

Bei der internationalen Auswahl der Spieler wurde auf eine große Ländervielfalt geachtet. Auch hier hätten Stars wie „Iron Hammer" Lang Ping (China), die als Spielerin und Trainerin jeweils Olympia-Gold gewinnen konnte, Berücksichtigung finden müssen wie auch der Champions League-Sieger und dreimalige Klub-Weltmeister Andrea Zorzi (Italien). Der Diagonalangreifer hatte den Spitznamen „Zorro" – wahrscheinlich, weil er so schnell und gefährlich war wie der Filmheld mit der Maske.

Ebenfalls eine Volleyballlegende ist die Mittelblockerin Regla Torres (Kuba). Die dreimalige Olympiasiegerin wurde im Jahr 2000 von der FIVB als beste Spielerin des 20. Jahrhunderts ausgezeichnet. Auch Olympia-Sieger Giba (Brasilien) erlangte Weltruhm. Der Außenangreifer wurde bei zahlreichen Turnieren als wertvollster Spieler ausgezeichnet.

Champions League-Siegerin Logan Tom (Außenangriff/USA) ist ebenfalls wie Diagonalangreifer Maksim Mikhaylov (Russland), der 2012 Olympiagold holte, ein Volleyballstar. Diagonalangreiferin Sheilla Castro (Brasilien) holte sogar zweimal in Folge olympisches Gold. Auch der 2,18-Mittelblocker Dmitri Muserskiy gewann Olympia, den World Cup und die Weltliga, wurde Champions League-Sieger sowie Klub-Weltmeister. Auch die Russin Jewgenija Artamonowa-Estes sowie der Russe Sergei Tetjuchin haben eine Besonderheit vorzuweisen. Beide Außenangreifer bringen es auf je sechs Olympiateilnahmen.

Immer noch aktuelle Stars sind Abwehrvirtuose Jenia Grebennikov (Frankreich), der bei der WM 2014 als „bester Libero" ausgezeichnet wurde, sowie Exzentriker Earvin N'Gapeth (Frankreich). Der Außenangreifer wurde 2015 beim Weltliga-Sieg zum Most Valuable Player ernannt. Bei den Frauen kann Diagonal-Ass Tijana Bošković (Serbien) in ihrem jungen Alter bereits zahlreiche Titel vorweisen (Olympia-Silber, Klub-Weltmeisterin) und hätte ebenfalls Berücksichtung finden müssen. Sie wurde bereits bei verschiedenen internationalen Wettbewerben individuell ausgezeichnet („Wertvollste Spielerin", „Beste Angreiferin").

11.2.1 Charles Frederick „Karch" Kiraly

Nation:	USA
Karriere als Hallen-Spieler:	1981-1992
Karriere als Beach-Spieler:	1992-2007
Karriere als Trainer:	2009-heute
Position:	Annahme-Außen-angriff/Trainer

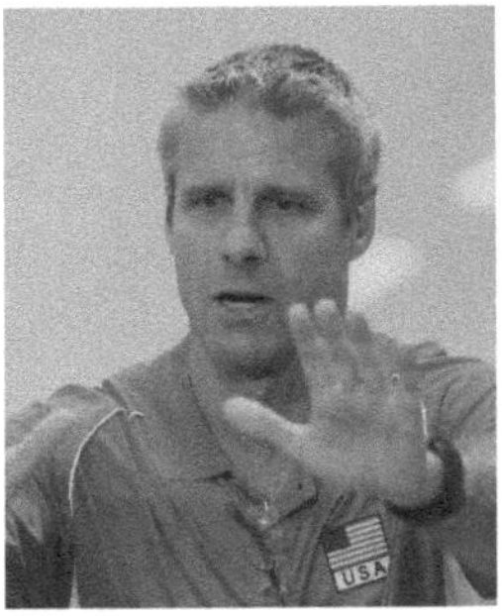

„Es ist schwer, eine solche Karriere aufzugeben, wenn ich meiner Frau sage, ich gehe ins Büro, und es ist der Strand."

Karch Kiraly ist der erste und einzige Spieler auf Erden, der sowohl in der Halle als auch am Strand Olympiasieger wurde. Dies gelang ihm 1984 und 1988 in der Halle und 1996 im Sand. Er hält zudem den Rekord mit den meisten Profisiegen im Beach-Volleyball (148) sowie einem erspielten Preisgeld von über 3,1 Millionen US-Dollar.

Zudem gewann er 1985 in der Halle den World Cup und wurde 1986 Weltmeister, was ihm 1988 auch im Sand gelang. Sein Erfolgrezept trotz lediglich 1,88 Meter Körpergröße: Sein technisches Vermögen in Annahme, Abwehr, Angriff und Block, seine herausragende Spielintelligenz und sein außergewöhnliches Spielverständnis sowie eine gewissenhafte, detailversessene Spielvorbereitung.

In der amerikanischen AVP-Beach-Serie bekam er unzählige Auszeichnungen. Im Jahr 2001 wurde der gelernte Bio-Chemiker in die „Volleyball Hall of Fame" aufgenommen und gleichzeitig von der FIVB zum besten Spieler des 20. Jahrhunderts gekürt.

Im Alter von 47 Jahren beendete er schließlich seine aktive Sportlerkarriere und führt seitdem mit seiner Frau seine eigene Nachwuchsakademie mit dem Namen „Karch Kiraly Volleyball Akademy". Im Jahr 2012 übernahm er die amerikanische Frauennationalmannschaft und wurde mit dieser 2014 auch als Trainer Weltmeister.

11.2.2 Lorenzo Bernardi

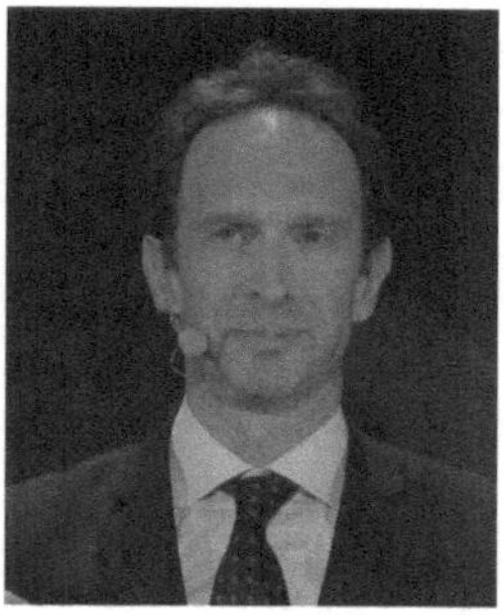

Nation:	Italien
Karriere als Spieler:	1981-2009
Karriere als Trainer:	2007-heute
Position:	Annahme-Außen-angriff/Trainer

„Im Sport funktioniert die einfache Mathematik nicht und eins plus eins ist nicht immer gleich zwei, denn während der Saison kann es verschiedene unerwartete Dinge geben."

Lorenzo Bernardi startete seine Karriere als Zuspieler und wurde dann der dominanteste Außenangreifer und Abwehrspieler seiner Generation. Sein Markenzeichen ist seine Vielseitigkeit, denn Bernadi ist bekannt als Multitalent und er gilt als einer der besten Universalspieler seiner Ära.

„Lollo" spielte von 1987 bis 2001 306-mal für die italienische Nationalmannschaft und nahm mit dieser an drei olympischen Turnieren teil. Zudem gewann er mehrmals Welt- und Europameisterschaften sowie Weltliga und Weltpokal und wurde dabei mehrfach als „wertvollster Spieler" ausgezeichnet.

Sein Markenzeichen: Immer, wenn der letzte Ball bei einem Titelgewinn zu Boden gefallen war, kletterte Lorenzo Bernardi auf den Schiedsrichterstuhl und schrie seinen Triumph hinaus.

Mit seinen Vereinen wurde der 1,99 Meter große Ausnahmespieler neunmal italienischer Meister, fünfmal italienischer Pokalsieger, viermal „Champions League"-Sieger, zweimal Europapokalsieger der Pokalsieger und viermal CEV-Pokalsieger. Er wurde von der FIVB Anfang 2001 zum besten Spieler des 20. Jahrhunderts gekürt und 2011 in die „Volleyball Hall of Fame" aufgenommen.

Im Jahr 2007 wechselte der 306-fache Nationalspieler die Rolle und fungiert seither als Trainer mit Stationen in Polen, der Türkei und Italien.

11.2.3 Andrea Giani

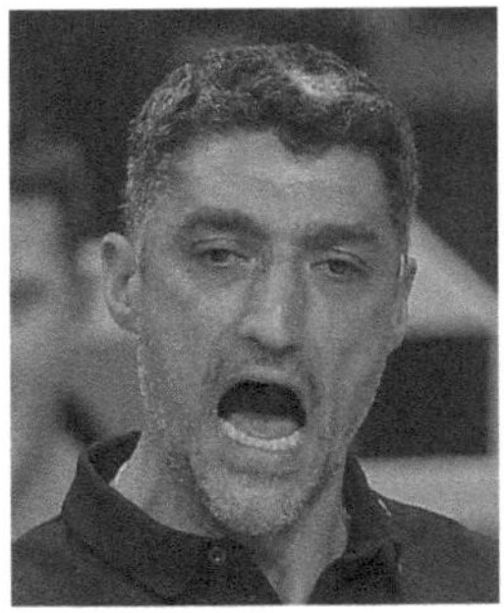

Nation:	Italien
Karriere als Spieler:	1982-2007
Karriere als Trainer:	2007-heute
Position:	Mittelblock/Universal/ Trainer

„Ich glaube an die Arbeit und die Stärken der Personen in unserer Gruppe. Vier Punkte sind für mich dabei entscheidend: Kommunikation, Glaube an das Projekt, Disziplin und Einstellung."

Auch wenn er der zweite Italiener in dieser Auflistung ist – an Andrea Giani kommt man nicht vorbei. Er avancierte mit 474 Länderspielen zum Rekord-Nationalspieler Italiens. Das Besondere dabei: Der sprunggewaltige Italiener spielte als Mittelblocker, Diagonal- und Außenangreifer.

Insgesamt 22 Jahre spielte „der Beständige" in der italienischen Serie A1, jedoch lediglich bei den beiden Spitzenvereinen Pallavolo Parma und Pallavolo Modena. In dieser Zeit wurde er fünfmal italienischer Meister und Pokalsieger, zweimal Champions League-Sieger, dreimal Europapokalsieger der Pokalsieger, dreimal CEV-Pokalsieger sowie einmal Klub-Weltmeister. Sage und schreibe fünfmal nahm Andrea Giani als Spieler im Zeitraum 1988-2004 an den Olympischen Spielen teil und konnte dabei zwei Silber- und eine Bronzemedaille gewinnen.

Für seine Leistungen wurde der Ausnahmespieler 2004 mit dem „Offiziellen Verdienstorden der Italienischen Republik" und 2005 mit dem „Ritterorden für Verdienste um die Italienische Republik" ausgezeichnet. Im Jahr 2008 wurde er in die „Volleyball Hall of Fame" aufgenommen.

Im Jahr 2007 startete der 1,96 Meter große „Volleyball-Flüsterer" seine Trainerkarriere und gewann mit dem Außenseiter Slowenien 2015 bei der Europameisterschaft Silber. Seit 2017 ist er der Coach der deutschen Männernationalmannschaft und parallel dazu auch des Erstligisten Revivre Powervolley Mailand.

11.2.4 Mireya Luis

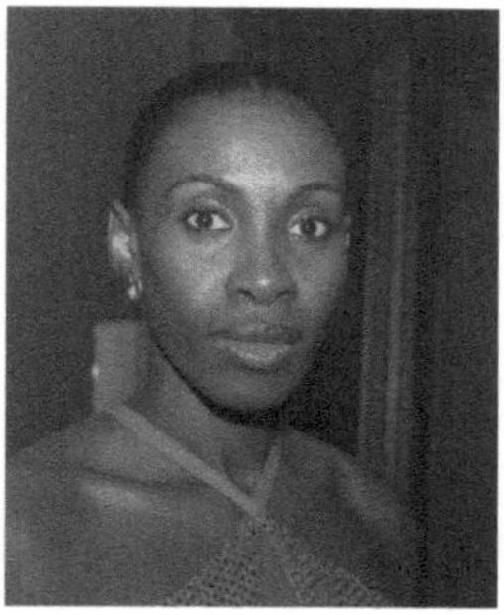

Nation:	Kuba
Karriere als Spielerin:	1982-2001
Position:	Annahme-Außenangriff

„Man muss sich vorbereiten, man muss trainieren und man muss Disziplin haben, sehr viel Disziplin. […] Das ist ein Opfer, aber es ist ein süßes Opfer, weil du es liebst."

Mireya Luis gilt als eine der besten Volleyballerinnen aller Zeiten. Ihr Markenzeichen waren ihre spektakulären Sprünge, von denen sie in ihrer Erwärmung bereits 200 absolvierte. Trotz ihrer im Volleyball eher geringen Körpergröße von lediglich 1,76 Meter hatte sie eine im Damenvolleyball unerreichte Abschlaghöhe von 3,38 Metern (zum Vergleich: Deutschlands Louisa Lippmann liegt mit 1,91 Meter bei 3,19 Metern). Damit besaß sie die größte Bodendifferenz im Frauen- und Männervolleyball.

Ihre kubanische Nationalmannschaft war das dominierende Team der Neunziger Jahre. Mireya Luis gewann mit dieser 1992, 1996 und 2000 dreimal in Folge die Goldmedaille bei den Olympischen Spielen, zweimal Gold bei den Weltmeisterschaften (1994 und 1998), dreimal den World Cup (1989, 1991 und 1995) sowie zweimal den World Grand Prix (1993 und 2000). Darüber hinaus erhielt sie bei mehreren internationalen Wettbewerben individuelle Ehrungen als beste Angreiferin und wurde 2004 in die „Volleyball Hall of Fame" aufgenommen.

Sie gilt als die charismatischste und seriöseste Spielerin der Neunziger Jahre und ist ein Vorbild für jüngere Spielerinnen auf der ganzen Welt. Mit ihrer bloßen Anwesenheit und ihrer stoischen Ruhe und Gelassenheit verunsicherte Mireya Luis die Gegnerinnen mehr, als durch die am Netz üblichen Drohgebärden und den hier oft ausgetragenen Psychokrieg. Heute ist die Absolventin eines Sportstudiums in zahlreichen Volleyballkommissionen tätig.

11.2.5 Nikola Grbic

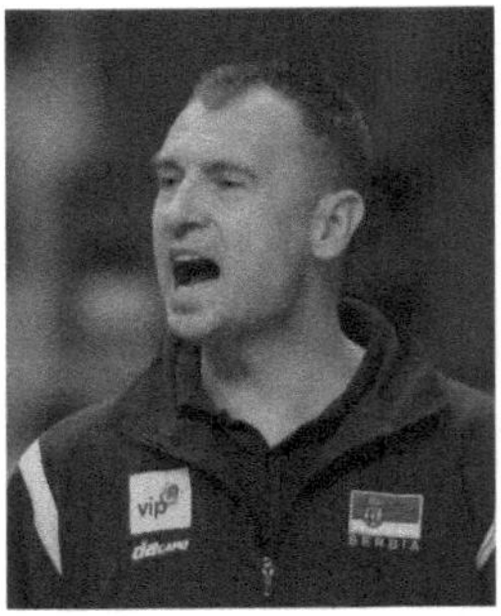

Nation:	Serbien
Karriere als Spieler:	1991-2010
Karriere als Trainer:	2014-heute
Position:	Zuspiel/Trainer

„Ich sage meinen jungen Spielern immer, dass sie den Stolz spüren sollen, das Trikot unserer Nationalmannschaft zu tragen. Das ist nicht nur etwas, dass deine Karriere im Ausland ankurbeln kann, sondern in erster Linie solltest du dir bewusst sein, was es bedeutet, dieses Trikot zu tragen."

Nikola Grbic zählt zu den besten Zuspielern der Welt. Er und sein älterer Bruder Wladimir wurden als erstes Brüderpaar in die „Volleyball Hall Of Fame" aufgenommen. Highlight ihrer Karrieren war der Olympiasieg 2000 in Sidney mit Jugoslawien. Er trat zwar schon 1991 im jungen Alter von 18 Jahren in die jugoslawische Nationalmannschaft ein, aber seine internationale Karriere wurde von 1992 bis 1994 aufgrund eines internationalen Embargos der Vereinten Nationen gegen sein Land auf Eis gelegt. Der Zuspieler setzte seine Karriere als Vereinsvolleyballer bei Vojvodina Novi Sad fort und führte die Mannschaft zu drei jugoslawischen Meisterschaften und einem jugoslawischen Pokaltitel.

Nachdem das Embargo 1994 aufgehoben wurde, nahm Nikola Grbics jugoslawische Nationalmannschaftskarriere wieder Fahrt auf, als er zum italienischen Klubteam Gabeca Montichiari wechselte. Eine 19-jährige Karriere in Italien begann, in der der 1,94 Meter große Zuspieler für acht verschiedene Mannschaften spielte und von 1994 bis 2013 acht Ligatitel, davon zwei Meistertitel, errang. Zudem wurde er zweimal „Champions League"-Sieger und gewann 2014 mit Kazan die russische Meisterschaft.

Nikola Grbic spielte insgesamt unter drei verschiedenen Landesflaggen – Jugoslawien, Serbien und Montenegro sowie Serbien. Nach seiner aktiven Karriere ist er seit 2014 als Coach im Spitzenbereich tätig.

11.2.6 Sergio Dutra Santos

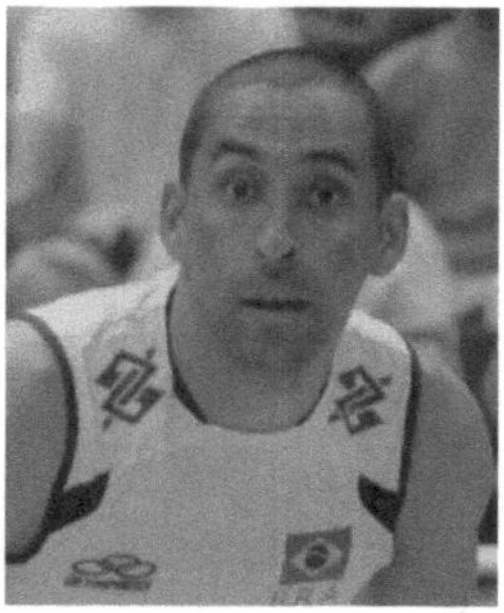

Nation:	Brasilien
Karriere als Spieler:	1992-2020
Position:	Libero

„Ich kann am Ende sagen, dass sich alles gelohnt hat. Jeder gewonnene oder verlorene Titel war es wert. [....] Leute, die sich an mich erinnern wollen, spielen Volleyball."

Sergio gilt als einer der besten Liberos aller Zeiten und ist unangefochten der beste Libero der 2000er-Jahre, da er weitaus häufiger ausgezeichnet wurde als jeder andere Libero. Der Defensivspezialist wurde viermal als MVP, 18-mal als bester Libero, siebenmal als bester Abwehr- und zehnmal als bester Annahmespieler ausgezeichnet. Er gewann während seiner gesamten Karriere in der Nationalmannschaft jede südamerikanische Meisterschaft sowie unter anderem sieben Goldmedaillen in der Weltliga.

In den Jahren 2002 und 2006 wurde der lediglich 1,84 Meter große Sergio Weltmeister und 2004 zum ersten Mal Olympiasieger. 2008 und 2012 gewann er Silber. Selbst im Alter von 41 Jahren wurde er ein letztes Mal für die olympischen Spiele rekrutiert, um seine Mannschaft mit seiner langjährigen Erfahrung und Reife zu unterstützen. Innerhalb der Mannschaft verlieh man ihm den Titel „König", da er noch in diesem Alter die olympische Goldmedaille bei der Olympiade in seinem Heimatland gewinnen konnte.

Durch seine souveräne Annahme mieden ihn gegnerische Teams regelmäßig bei ihren Aufschlägen. Abgesehen von seinen defensiven Fähigkeiten gilt er auch als ein sehr guter zweiter Zuspieler, wenn der Hauptzuspieler zur Abwehr gezwungen ist und somit für das Zuspiel ausfällt. Diese Fähigkeit hat sich schon in seiner Jugend entwickelt, wo er im Laufe der Jahre als Zuspieler in Profi-Teams einsprang.

11.2.7 Jekaterina Gamowa

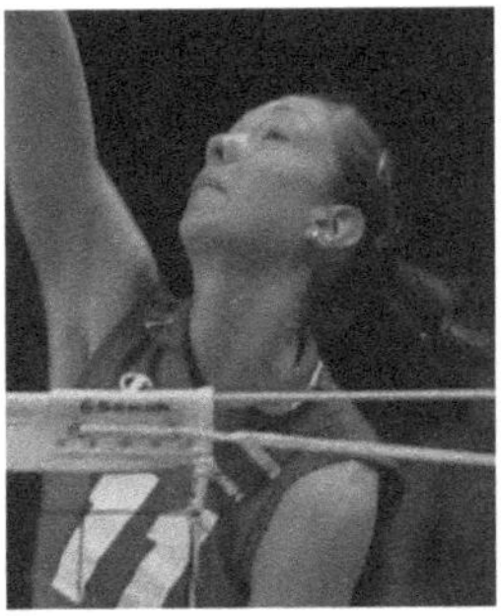

Nation:	Russland
Karriere als Spielerin:	1996-2016
Position:	Diagonalangriff

„Ich halte nichts von Titeln. Für mich ist das Gewinnen prinzipiell wichtig. Jedes Match, jedes Turnier, immer."

Jekaterina Gamowa gilt als die „Zarin" des Volleyballs und zählt mit einer Körpergröße von 2,02 Meter (Schuhgröße 49) zu den größten Sportlerinnen der Welt. Mit ihrer Abschlaghöhe von 3,50 Metern schlägt sie aus einem anderen Stockwerk und besitzt dabei noch eine sehr gute Koordination. Die Diagonalangreiferin verdiente bereits mit 14 Jahren Geld mit Volleyball und war viele Jahre Mitglied der Nationalmannschaft.

Mit dieser holte die Ausnahmeangreiferin zweimal die Goldmedaille bei Weltmeisterschaften (2006 und 2010) und zweimal die olympische Silbermedaille (2000 und 2004). In ihrer beispiellosen Karriere bekam sie bei großen Turnieren etliche Auszeichnungen als beste Spielerin und beste Scorerin.

Im Vereinsteam wurde „Katja" mehrmals russischer Meister und Pokalsieger, aber auch bei ihrer einzigen Auslandsstation in der Türkei holte sie 2010 den Meistertitel, Pokal und Supercup. 2014 gewann sie mit Dinamo Kazan nicht nur die Champions League, sondern holte auch die Klub-Weltmeisterschaft. Experten schätzten ihr Saisoneinkommen auf eine Viertel- bis halbe Million Euro netto.

11.2.8 Saeid Marouf

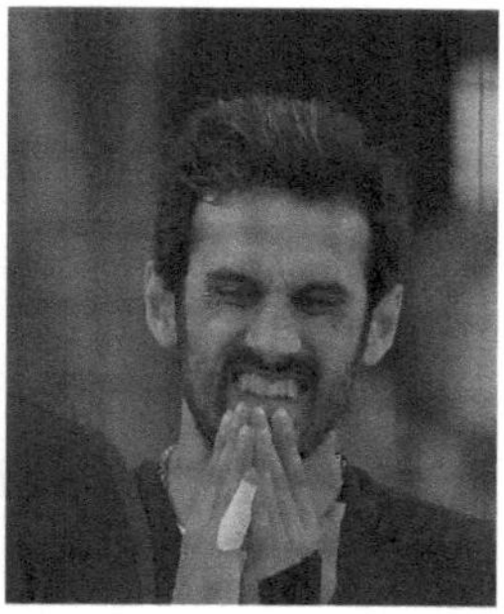

Nation:	Iran
Karriere als Spieler:	2003-heute
Position:	Zuspiel

Vital Heynen (als Nationaltrainer Belgiens nach einem verlorenen Spiel gegen den Iran): „Ich wünschte, ich könnte die Nationalität von Saeid Marouf in eine belgische ändern. Natürlich haben wir einen guten Zuspieler in unserem Team, aber gegen Marouf zu spielen ist so schwierig."

Der lediglich 1,89 Meter große Kapitän der iranischen Nationalmannschaft ist die treibende Kraft hinter dem Aufstieg Irans an die Spitze des internationalen Volleyballs. Der Zuspieler verfügt über „goldene Hände", was seine zahlreichen Einzelauszeichnungen belegen. So wurde er zum besten Zuspieler der Weltliga 2014 und der Olympia-Qualifikationsturniere 2008, 2012 und 2016 ernannt. Auch in den Jahren 2008 und 2012 erhielt der Iraner bei den asiatischen Olympia-Qualifikationsturnieren die Auszeichnung als bester Zuspieler.

Im Jahr 2014 unterschrieb der Mann mit den „tödlichen Finten" einen Einjahresvertrag beim russischen Super League-Meister Zenit Kazan mit einer Option auf eine einjährige Verlängerung. Der Vertrag soll über eine Million US-Dollar wert gewesen sein, womit er im Jahr 2014 zu einem der bestbezahlten Volleyballspieler der Welt aufstieg. Mit Kazan, wo ihn ein eigener Dolmetscher sogar im Training begleitete, gewann er nicht nur den russischen Meistertitel, sondern 2015 auch die Champions League. Er nahm außerdem an den Olympischen Sommerspielen 2016 in Rio teil und wurde von einem iranischen Fernsehsender zum iranischen Sportler des Jahres 2015 gewählt. Zudem ist er laut „volleytimes" der Volleyballer mit den meisten, stolze 1,8 Millionen, Instagram-Followern.

Neben seiner Sportlerkarriere äußert sich Marouf kritisch gegen das Regime im Iran und unterstützt den Kampf gegen Armut und Hunger.

11.2.9 Kim Yeon-koung

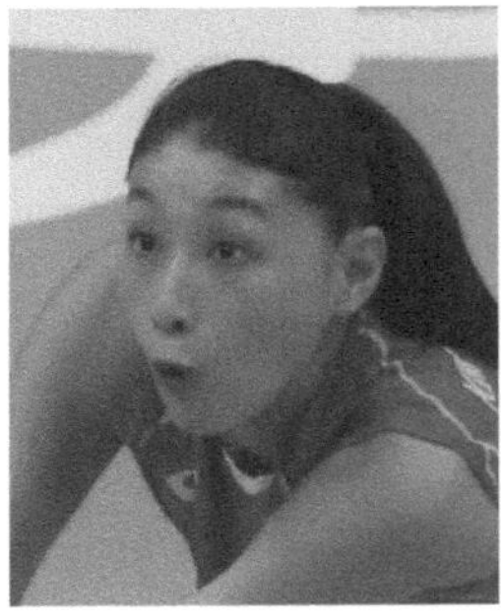

Nation:	Korea
Karriere als Spielerin:	2005-heute
Position:	Annahme-Außenangriff

Giovanni Guidetti: „Sie punktet wie eine Diagonale; sie nimmt an, wehrt ab wie eine Libera, sie schlägt auf wie eine Maschine, sie blockt wie eine Mittelblockerin und was noch wichtiger ist, sie gibt ihren Mitspielerinnen unglaubliche Energie. Sie ist wirklich etwas Außergewöhnliches."

Die Koreanerin gilt derzeit als eine der besten und auch reichsten Volleyballerinnen der Welt. Sie ging von 2005 bis 2009 in ihrer Heimat bei Heungkuk Life ans Netz und wurde dort dreimal südkoreanischer Meister. Von 2009 bis 2011 spielte sie in Japan und von 2011 bis 2017 in der Türkei, wo sie 2012 die Champions League, 2014 den CEV-Pokal und 2015 sowie 2017 das nationale Double gewann. Zur Saison 2017/18 wechselte Kim Yeon-koung nach China zu Shanghai Volleyball. Seit 2018 ist sie wieder in der Türkei bei Eczacıba ı VitrA aktiv.

In ihrer bisherigen Laufbahn erhielt sie unzählige Auszeichnungen. Mit der südkoreanischen Nationalmannschaft erreichte die Diagonalangreiferin 2012 bei den Olympischen Spielen in London den vierten Rang und wurde als Topscorerin und MVP ausgezeichnet. Sie hält den Olympiarekord für die höchste Punktzahl von 207 Punkten in acht Spielen. Bei den Olympischen Spielen 2016 in Rio de Janeiro belegte sie mit ihrem Team Platz fünf.

Die 1,92 Meter große Diagonalangreiferin, deren jährliches Gehalt auf bis zu einer Million US-Dollar geschätzt wird, ist neben ihrer sportlichen Karriere auch Mitglied in der FIVB Athletes' Comission. Sie trat noch dazu schon in 19 Filmen in einer Gastrolle auf und veröffentlichte zwei Bücher.

11.2.10 Wilfredo Léon

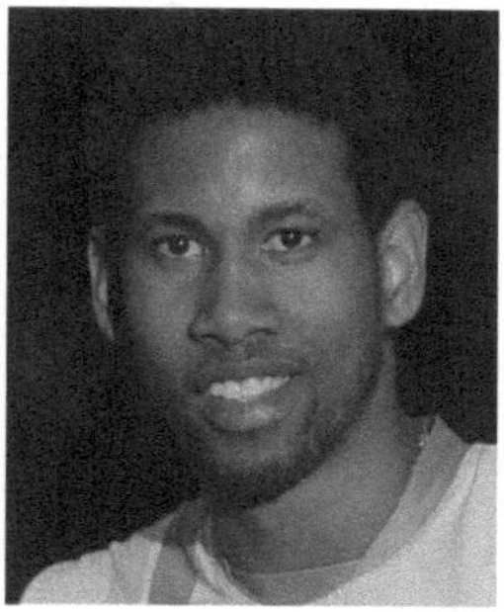

Nation:	Kuba (bis 2013), Polen (seit 2019)
Karriere als Spieler:	2008-heute
Position:	Annahme-Außenangriff

„Ich bereite mich nur darauf vor, Gold zu gewinnen, nicht auf Silber oder Bronze. Ich trainiere, um zu gewinnen, und gewinnen bringt dich zu Gold."

Wilfredo Léon gilt als einer der besten Volleyballer der Welt, spielte bereits mit 14 erstmals in der kubanischen Nationalmannschaft und war mit 17 der jüngste Kapitän der Geschichte in der Weltliga. Er hat eine unglaubliche Abschlaghöhe von 3,70 Metern und scheint bei seinen Sprüngen in der Luft zu stehen.

Der 2,01 Meter große Außenangreifer gilt als eine Mischung aus Ronaldo und Messi, nur eben als Volleyballspieler, weshalb er laut „InstaVolley.com" mit einem geschätzten Gehalt von umgerechnet 1,4 Millionen US-Dollar auch als der bestbezahlteste Spieler seiner Sportart gilt.

2013 wurde Wilfredo Léon aus der kubanischen Nationalmannschaft ausgeschlossen, weil er ins Ausland floh, um seine Karriere voranzutreiben. Er zog mit seiner Frau, die polnische Wurzeln hatte, nach Polen, heiratete sie dort und erhielt die polnische Staatsangehörigkeit. Seit 2019 darf er auch offiziell in der polnischen Nationalmannschaft antreten.

Er war dreifacher kubanischer Meister und spielte von 2014 bis 2018 beim russischen Verein Zenit Kasan, mit dem er vier Meisterschaften und Pokalsiege, drei Supercups, vier „Champions League"-Siege (dabei wurde er zweimal MVP) und die Klub-Weltmeisterschaft 2017 gewann. 2018 wechselte er zu Sir Safety Perugia in die italienische A1-Serie, gewann 2019 den italienischen Pokal und wurde Vizemeister.

11.2.11 Zhu Ting

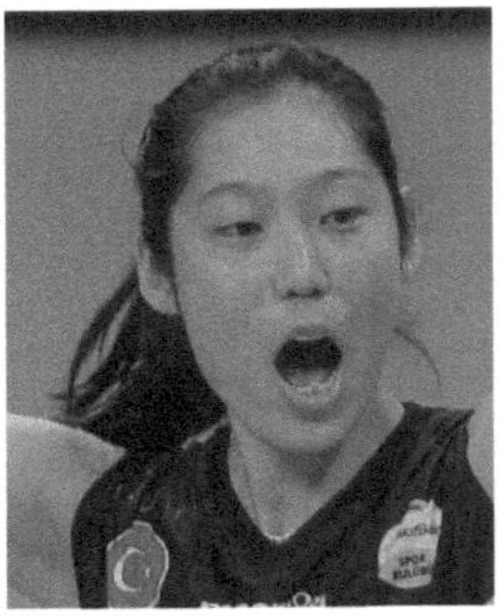

Nation:	China
Karriere als Spielerin:	2012-heute
Position:	Annahme-Außen-angreiferin

„Ich habe großes Glück im Volleyball, weil mir so viele Leute auf meinem Weg geholfen haben. Ohne sie wäre ich nicht hier. Talent und harte Arbeit sind gleichermaßen wichtig."

Zhu Ting, die in ärmlichen Verhältnissen aufwuchs und deren ländliche Eltern keinen sportlichen Hintergrund haben, ist die Kapitänin der chinesischen Nationalmannschaft, die sie zu zahlreichen Erfolgen führte. So wurde die 1,98 Meter große Außenspielerin 2014 in Italien Vizeweltmeisterin, 2015 Asienmeisterin und holte zweimal (2015 und 2019) die Goldmedaille beim World Cup in Japan. Bei den Olympischen Spielen 2016 in Rio de Janeiro gewann sie Gold sowie Bronze 2018 und 2019 bei der Nations League und bei der Weltmeisterschaft 2018.

In ihrer dreijährigen Zeit im Ausland bei Vakıfbank Istanbul galt sie als bestbezahlte Volleyballspielerin der Welt. Ihr jährliches Gehalt in der Türkei wird auf 1,35 Millionen US-Dollar im Jahr geschätzt. Mit dem Klub gewann sie jeweils zweimal den Meistertitel, die Champions League und die Klub-Weltmeisterschaft. „Zhu Zhu" wurde in ihrer Karriere sowohl auf Nationalmannschafts- als auch auf Vereinsebene vielfach als wertvollste Spielerin und beste (Außen)angreiferin ausgezeichnet.

Die Spielerin ist sehr beliebt in ihrer Heimat. So wurde ein Feldweg am Ortseingang ihres Heimatdorfes durch eine Betonstraße, die die Dorfbewohner nach der Außenangreiferin „Zhu Ting Road" genannt haben, ersetzt.

★ 12 ★

VARIANTEN DES SPORTSPIELS VOLLEYBALL

12.1 BEACH-VOLLEYBALL

Entwicklung

Der Ursprung des Beach-Volleyballspielens ist umstritten. Fest steht aber, dass die Meilensteine in den 1920er-Jahren an den Stränden von Waikiki, Honolulu und im südkalifornischen Santa Monica gelegt wurden. Bereits seit den 1930er-Jahren ist Santa Monica ein Hotspot für Beach-Volleyball. Doch von dem „normalen" Beach-Volleyball, wie wir es heute kennen, war anfangs noch nicht viel zu erkennen. Zu Beginn wurde „sechs gegen sechs" gespielt, welches sich durch einen Spielermangel in ein „vier gegen vier" entwickelte und in den 1930er-Jahren schließlich zum bekannten „zwei gegen zwei" wurde und so bis heute blieb.

Während des Zweiten Weltkriegs schlief das Beach-Volleyballspielen in Kalifornien nahezu ein. Nur die US-Soldaten spielten weiter und verbreiteten den Sport dadurch auch international.

Im Jahr 1948 wurde das erste Beach-Volleyballturnier am amerikanischen State Beach gespielt, allerdings noch nicht mit den Regeln, wie wir sie heute kennen. Bis zum Ende der 1940er-Jahre wurde ohne Block und Angriffsschlag auf einem sehr niedrigen Netz gespielt, was dazu führte, dass die Spiele sehr lang und die Turniere sehr zeitaufwändig wurden.

Rekordverdächtig! Das längste Beach-Volleyballspiel war das Finale der Manhattan Beach Open im Jahr 1968 und dauerte 7,5 Stunden. Das Fünf-Satz-Match ging am späten Abend im Licht geparkter Autos zu Ende.

Um den Zuschauern etwas zu bieten und damit ihnen während der langen Spiele nicht langweilig wurde, wurden Miss-Wahlen in das Turnier-Programm mit aufgenommen.

Durch die Kombination aus Unterhaltung und Sport erhielt der Beach-Volleyballsport um die 1950er-Jahre immer mehr Aufmerksamkeit und erreichte eine internationale Ausbreitung. In den USA fanden an fünf Standorten die ersten offenen Beach-Volleyballmeisterschaften statt. Die Turniere wurden immer größer und populärer, sodass begonnen wurde, diese in Leistungsklassen zu unterteilen. Durch die erste Weltmeisterschaft und immer höher werdende Preisgelder, kann ab 1976 von einer Professionalisierung des Sportes gesprochen werden.

Durch diese Professionalisierung wurden auch erste Spielregeln aufgestellt. Diese Regeln wurden durch die Agenturen allerdings häufig geändert, was bei den Athleten zu großer Unzufriedenheit führte. Um dies zu umgehen, wurde die Association Volleyball Professionals (AVP) gegründet, durch die nun auch die Athleten ein Mitspracherecht hatten. Ab 1985 war die AVP dann der alleinige Veranstalter der Beach-Volleyballturniere. Erst 1986 durften auch die Frauen am Profisport teilnehmen und seit 1988 erhielten die Frauen auf den Turnieren die ersten Preisgelder.

Kurz bevor Beach-Volleyball das erste Mal bei den Olympischen Spielen 1992 als Demonstrationssportart gezeigt wurde, spielten die Athleten 1991 die erste Beach-Volleyball World Series. Bei den Olympischen Spielen 1996 in Atlanta war Beach-Volleyball zum ersten Mal als echte Wettkampfdisziplin dabei.

In Deutschland fanden im Jahr 1989 die ersten Beach-Volleyballturniere statt, die von Beginn an vom DVV organisiert wurden. 1991 gab es die erste deutsche Turnierserie. Seit 1992 bildet die Deutsche Meisterschaft den Abschluss und Höhepunkt der Turnierserie. Die erste Deutsche Meisterschaft wurde im Ostseebad Damp ausgetragen, bevor sich 1993 der Timmendorfer Strand als ständiger Veranstaltungsort etablierte.

Mit der Zeit stiegen die Preisgelder auf den Turnieren und auch die Anzahl der ausgerichteten Turniere an. Mit der Masters-Serie setzte sich die Entwicklung der Sportart fort. Die Anzahl der Turniere stieg bis Mitte der 1990er-Jahre zeitweise auf über 30 Veranstaltungen. 2005 geriet der nationale Beach-Volleyballsport in eine Krise. Nachdem bereits im Vorjahr nur noch fünf Masters-Turniere stattgefunden hatten, sollten TV-Übertragungen bei RTL der Serie zu neuer Aufmerksamkeit verhelfen, doch nach einem Sommer beendete der Fernsehsender die Kooperation.

Seit 2006 gab es als einzige deutsche Turnierserie die „Smart Beach Tour", welche im Jahr 2018 als „Techniker Beach Tour" neugestaltet wurde. Angesichts der Absagen anderer Wettbewerbe im Rahmen der Corona-Pandemie wurde von einer Spielergruppe im Sommer 2020 die „Beach-Liga" als neuer Wettbewerb ins Leben gerufen. Im Januar und Februar wurden von der „New Beach Order" die Folgeformate „German Beach Trophy" sowie der internationale „Nations Clash" durchgeführt.

Auch zahlreiche internationale Turniere fanden bereits in Deutschland statt. Zunächst etablierte sich Berlin als regelmäßiger Gastgeber. Von 1995 bis 2008 gastierte die FIVB World Tour jedes Jahr in der Hauptstadt, ab 2003 mit einem Grand Slam. 2005 fand die Weltmeisterschaft in Berlin statt. 2004 am Timmendorfer Strand, 2008 in Hamburg und 2010 wurden in Berlin Europameisterschaften ausgetragen.

Derzeit ist der Hamburger Rothenbaum der wichtigste Standort für internationale Turniere in Deutschland. 2017 und 2018 fand dort jeweils das

Finale der World Tour sowie 2019 die Beach-Volleyball-Weltmeisterschaft vor 13.000 Zuschauern statt.

Der DVV konzentriert seit Anfang des Jahres 2017 seine Spitzenathleten und -trainer am Beach-Volleyballstützpunkt in Hamburg, den er zu seinem Leitstützpunkt erklärt hat. Je drei Top-Teams bei den Damen und Herren und jeweils ein Nachwuchsteam sowie zahlreiche Trainer sind dort angesiedelt. Hierzu haben der DVV, die Stadt Hamburg und der HSV eine strategische Partnerschaft unterzeichnet. Der DVV reagierte damit auf die zuvor uneinheitlichen Trainingsstrukturen, denn es herrschten bei den deutschen Beach-Volleyballern bis dato eher individuelle Trainingssettings, sogenannte „Insel-Lösungen" vor. Nach anfänglicher Kritik einzelner Spieler setzte sich das „Hamburger Modell" mittlerweile durch – nicht zuletzt auch Dank der Verpflichtung von Jürgen Wagner als „Head of Beach-Volleyball" im DVV. Mittels seiner Erfahrung und Expertise soll nicht nur der Blick auf Olympia 2024, sondern auch bereits langfristig auf die Olympischen Spiele 2028 gelegt werden.

Aus erster Hand ... „Ich glaube, dass unsere Teams in Hamburg die optimalen Bedingungen vorfinden, um sich in der Weltspitze etablieren zu können. Wir haben eine hervorragende Infrastruktur und zahlreiche Experten vor Ort, die unsere Athletinnen und Athleten auch abseits des Courts, z. B. im Hinblick auf Krafttraining, Leistungsdiagnostik und im psychologischen Bereich, betreuen. Ich bin kein Freund von größeren Trainingsgruppen – auch in Hamburg werden die Teams sehr spezifisch arbeiten, um ihre individuelle Qualität bestmöglich zu steigern."

Jürgen Wagner, zweifacher Olympiasiegertrainer und „Head of Beach-Volleyball" im DVV

Doch nicht nur im Profi-, sondern auch im Freizeitbereich ist Beach-Volleyball eine sehr beliebte Sportart, die von vielen Menschen mit Freude betrieben wird, was die zahlreichen großen Beach-Volleyballanlagen wie die 55 Felder umfassende Anlage in Berlin-Mitte belegen.

Regelunterschiede zum Hallenvolleyball

Auf den ersten Blick ist das Beach-Volleyballspiel dem Hallenvolleyball sehr ähnlich. Auch beim Beach-Volleyball sind die Athleten durch ein Netz getrennt, dass auf derselben Höhe wie beim Volleyball hängt. Allerdings wird Beach-Volleyball zwei gegen zwei ohne Auswechselspieler gespielt. Der Untergrund ist aus Sand und eine Feldseite ist lediglich 8 x 8 Meter groß und damit pro Seite einen Meter kürzer als das Feld in der Halle. Der Ball unterscheidet sich in Gewicht und Größe nicht bedeutsam, aber der Beach-Volleyball weist einen deutlich geringeren Innendruck auf, womit er nicht so hart und schnell geschlagen werden kann.

Aus erster Hand ... „Im Nachwuchs und bis zum mittleren Leistungsbereich sollen alle Volleyballer die Möglichkeit haben, im Sand und in der Halle zu spielen. Beide Disziplinen ergänzen sich hervorragend. Aber auch für Hallen-Profis eignet sich das Spiel im Sand im Sommer, um in allen Elementen universeller ausgebildet zu werden. So hat zum Beispiel Diagonal-Ass Louisa Lippmann für ein paar Wochen im Sommer 2020 bei uns Beach-Volleyball trainiert."

Fabian Tobias, Bundesstützpunkttrainer Beach-Volleyball am OSP Hamburg/Schleswig-Holstein und Trainer des Nationalteams Bieneck/Schneider

Beim Beach-Volleyball werden zwei Gewinnsätze bis 21 Punkte gespielt. Der dritte Satz, der Entscheidungssatz, wird immer bis 15 Punkte gespielt. Ein Satz ist somit gewonnen, wenn ein Team die Marke von 21 oder 15 Punkten erreicht hat. Allerdings muss das Team, das gewonnen hat immer zwei Punkte Vorsprung haben, sodass den Sätzen nach oben hin keine Grenzen gesetzt sind und ein Satz erst beendet ist, wenn ein Team zwei Punkte Vorsprung hat.

Rekordverdächtig! Der längste gespielte Satz ging 46:44 aus und wurde von Giaoui/Giordano und de Vries/Labee 2006 in Hamburg gespielt.

Coaching ist – außer im Nachwuchsbereich – nicht erlaubt und jedes Team kann pro Satz eine Auszeit von 30 Sekunden nehmen. Alle sieben

Punkte tauschen die beiden Teams die Seiten, damit die äußeren Einflüsse wie Sonne und Wind den Wettbewerb nicht verzerren. Aufstellungsfehler gibt es im Beach-Volleyball nicht – eine falsche Aufschlagreihenfolge muss vom Schiedsrichter vor Beginn des Ballwechsels korrigiert werden.

Aus erster Hand ... „Der Reiz im Beach-Volleyball liegt für mich in der Herausforderung, nicht ausgewechselt werden zu können. Erst wenn ein Sieger ermittelt ist, verlässt man den Platz."

Kay Matysik, Ex-Beach-Volleyballprofi und jetziger Nachwuchs-Bundestrainer beim DVV

Doch nicht nur bei den äußeren Regeln, sondern auch in einigen Regeln zu den Spieltechniken unterscheidet sich Beach- vom Hallenvolleyball. In der Annahme darf der Ball zwar gepritscht werden, jedoch nur mit einer perfekten, sauberen, in der Praxis kaum umzusetzenden Technik, weshalb in der Annahme ausschließlich gebaggert wird. Auch das obere Zuspiel wird sehr streng gepfiffen, sodass die überwiegende Mehrheit der Teams primär den Zuspielbagger einsetzen.

Im Angriff darf der Ball nicht mit der offenen Hand als Tipp-Ball/Finte gelegt werden. Alternativ zum Angriffsschlag und Shotschlag wird aus diesem Grund der Ball mit den Fingerknochen als Pokeshot gespielt.

Aus erster Hand ... „Für mich war der Angriff auf die lange Position VI (lang nach hinten in die Mitte des Felds) mein Ball für Situationen, in denen ich unter Druck stand und einen sicheren Side-out brauchte. Wenn man nicht gerade jeden Ball dorthin schlägt, ist dieser höchst erfolgreich, weil 99 Prozent der Verteidigungsaktionen klassisch in der Diagonalen oder nah an Longline-Linie enden. Ich frage mich bis heute, warum nicht mehr Spieler diesen Schlag in ihr Repertoire aufnehmen. Das Schöne an ihm ist auch, dass man nicht einmal den Block- oder Feldspieler beobachten muss, weil diese in der Regel diesen Bereich gar nicht abdecken."

Jonas Reckermann, Olympiasieger 2012 im Beach-Volleyball

Zudem darf der Ball nur im rechten Winkel zur Schulterachse – und damit meist vorhersehbar – über das Netz gepritscht werden. Dabei muss er wie beim Zuspiel ebenfalls technisch perfekt ausgeführt werden.

In der Abwehr darf ein hart geschlagener Ball zwar unsauber im oberen Zuspiel abgewehrt werden, doch auch hier dominiert der Abwehrbagger. Zudem wird natürlich der Hechtbagger aufgrund des sandigen, weicheren Untergrunds gerne angewendet.

Beim Blocken gibt es einen essenziellen Unterschied zur Halle, denn beim Beach-Volleyball zählt der Block als erste Ballberührung. Somit darf der Ball nach einem Blocktouch nur noch zwei weitere Male gespielt werden, was zu speziellen Angriffssituationen aus der Abwehr führt. Dabei darf der Blockspieler jedoch den Ball auch selbst direkt nach dem Block noch ein zweites Mal spielen.

Aus erster Hand ... „Als Beach-Volleyballer ist man im Gegensatz zum Hallenvolleyball fast komplett auf sich allein gestellt. Man plant seine Reisen selber, kümmert sich um die Vermarktung und stellt zum Teil sogar seine eigenen Trainer ein und bezahlt sie. Beach-Volleyballer sind somit eher als Selbstständige oder Freiberufler zu bezeichnen, während die Hallenspieler eher als Angestellte durchgehen."

Alexander Walkenhorst, langjähriger Beach-Volleyballprofi

Wettkämpfe und deutsche Erfolge

Landesverbandsturniere

Diese von den einzelnen Landesverbänden ausgerichteten Turniere sind in verschiedene Leistungsklassen (A-, B-, C- und D-Turniere) unterteilt, sodass für jedes Spielniveau Turniere stattfinden. Bei diesen Turnieren können Punkte für die einzelnen Landesverbandsranglisten gesammelt werden. Bei einigen höher kategorisierten Landesverbandsturnieren können bereits Punkte für die deutsche Rangliste gesammelt werden.

Rekordverdächtig! Das größte Beach-Volleyballturnier fand im Rahmen der Beach-Volleyball-WM 2015 in Scheveningen und in Den Haag in den Niederlanden statt. Es nahmen insgesamt 2355 Amateure am Turnier teil.

Die Techniker Beachtour

Die Techniker Beachtour ist die höchste deutsche Turnierserie. Sie fand 2019 an acht Austragungsorten statt, von denen jeweils die Hälfte in Städten und am Strand liegen. Sie gilt als die größte nationale Beach-Volleyballserie Europas und die drittgrößte weltweit. Pro Standort werden 16 Teams zugelassen, wobei zwei Plätze an Nachwuchsteams des DVV vergeben und die restlichen 14 Startplätze über Ranglistenpunkte besetzt werden. Pro Geschlecht und Standort können zwei internationale Teams teilnehmen, welche nach der internationalen FIVB-Rangliste gesetzt werden. Bei jedem Tourstop werden insgesamt 30.000 Euro Preisgeld verteilt, wovon das Siegerteam mit 3.000 Euro ausgezeichnet wird.

Deutsche Meisterschaft

Die Deutsche Meisterschaft ist der Saisonhöhepunkt der deutschen Tour und findet jedes Jahr am Timmendorfer Strand statt. Es werden die 16 besten Teams der deutschen Rangliste zugelassen, welche den Deutschen Meister küren. Hierbei werden in jedem Jahr 60.000 Euro Preisgeld verteilt, wovon der Deutsche Meister 10.000 Euro erhält. Unter der Schirmherrschaft von Smart gab es früher zudem je einen Smart fortwo für die Gewinnerteams.

Einige Spieler und Teams können sich nicht nur einfacher Deutscher Meister nennen, sondern haben bereits zahlreiche Titel erringen können. Die Einzelrangliste wird von Laura Ludwig mit sieben Deutschen Meistertiteln angeführt. Darauf folgen Julius Brink, Jörg Ahmann, Axel Hager und Andreas Scheuerpflug mit jeweils fünf Siegen. Die Team-Rangliste wird angeführt von Ahmann/Hager, die gemeinsam fünf Siege verzeichnen können, dicht gefolgt von Goller/Ludwig auf Platz zwei, die gemeinsam vier Siege erreicht haben.

Europameisterschaft

In jedem Jahr wird von Europas Dachverband (CEV) die Europameisterschaft ausgerichtet. Bei diesem Turnier spielen die deutschen Teams häufig eine wichtige Rolle. In den vergangenen zehn Jahren holten deutsche Teams insgesamt dreizehn Medaillen bei den Europameisterschaften, davon sechsmal Gold. Im Jahr 2009 und 2011 wurden Brink/Reckermann, in den Jahren 2015 und 2016 Ludwig/Walkenhorst und im Jahr 2017 bei den Damen das Überraschungsteam Glenzke/Großner Europameister.

FIVB World Tour

Aus erster Hand … „Die Beach-Volleyball World Tour war und ist voller ‚Typen' – Genie und Wahnsinn liegen da oft nah beieinander. Doch die Zeiten, als Spieler nach durchfeierter Nacht kurz vor dem Spiel aus der Werbebande rauskrochen und ein Halbfinale der Deutschen Meisterschaft bestritten, sind lange vorbei. Mittlerweile hat sich Beach-Volleyball zum Hochleistungssport entwickelt."

Markus Dieckmann, Ex-Beach-Volleyballprofi und mittlerweile Trainer

Die FIVB World Tour ist eine interkontinentale Turnierserie für Beach-Volleyballer. Aus einzelnen Turnieren entwickelte sich zu Beginn der 1990er-Jahre die Weltserie, die bis 2016 aus Majors, Grand Slams, Open, dem World Tour Finale und den zweijährlich stattfindenden Weltmeisterschaften bestand. Seit 2017 gibt es auf der World Tour eine umfangreichere Klassifizierung mit einem Stern für die kleinsten Turniere und fünf Sternen für die höchstdotierten Turniere. Die Preisgelder reichen von 20.000 bis 600.000 US-Dollar.

Seit 2015 findet am Ende der Weltserie das World Tour Final mit einem Gesamtpreisgeld von bis zu 800.000 US-Dollar statt. Die besten acht Teams der Saison plus zwei Wild Cards in jedem Geschlecht dürfen dabei antreten. 2015 gewannen Ludwig/Walkenhorst hierbei Silber und 2016 und 2017 konnten sie sich über Gold und 100.000 US-Dollar freuen.

2018 erhielt der Sieger sogar 150.000 US-Dollar. Im Jahr 2019, als Ludwig/Kozuch überraschend Gold und Thole/Wickler Silber holten, gab es „nur" 40.000 bzw. 32.000 US-Dollar.

Aus erster Hand ... „Der Schein trügt... Viele beneiden einen um die schönen Strände und guten Spots, an denen man als Profi spielt. Was die Wenigsten wissen: Viel mehr als Flughäfen, Shuttlebusse und Hotelzimmer sieht man bei einem internationalen Turnier nicht. Dazu kommen oftmals dezentrale und schlecht besuchte Turnierorte. Die internationale Tour ist nichts anderes als Arbeit!"

Alexander Walkenhorst, langjähriger Beach-Volleyballprofi

Weltmeisterschaft

Die Weltmeisterschaft wird alle zwei Jahre ausgetragen. Dabei messen sich die Top Teams der Welt, um den Weltmeister zu küren. Durch die Teilnahme der gesamten Beach-Volleyballweltelite zählt das Turnier als das anspruchsvollste Turnier der Profi-Beach-Volleyballer. Auch hier konnten die deutschen Teams schon Siege verzeichnen. 2013 holten Karla Borger und Britta Büthe die Silbermedaille und 2017 Laura Ludwig und Kira Walkenhorst sogar Gold. Bei den Herren gewannen Julius Brink und Jonas Reckermann 2009 Gold und 2011 Bronze. 2019 holten die „Underdogs" Julius Thole und Clemens Wickler bei der WM in Hamburg sensationell die Silbermedaille.

Olympische Spiele

Die Olympischen Spiele gelten als Traum eines jeden Athleten. Seit 1996 ist Beach-Volleyball als Wettkampf bei den Olympischen Spielen dabei. Pro Nation dürfen maximal zwei Teams teilnehmen, welche aber unter den besten 16 Teams der Weltrangliste stehen müssen. Im Jahr 2000 gewannen Jörg Ahmann und Axel Hager die erste olympische Medaille für Deutschland. Mit einem dritten Platz landeten sie als erstes deutsche Team bei einer Olympiade auf dem Treppchen.

Aus erster Hand ... „Unmittelbar nach dem Bronze-Sieg habe ich mit dem Handy meine völlig perplexe Mutter in Goch am Niederrhein angerufen. ‚Wieso, ich denke ihr spielt noch?', fragte sie mich. Meine Antwort: ‚Nee, Mama – wir haben schon gewonnen.' Des Rätsels Lösung: Meine Mutter hatte im Ersten das Spiel verfolgt, bis die ARD, kurz vor Spielschluss, zum Dressurreiten umschaltete und erst später im ‚re-live' auch das Ende des zweiten Satzes zeigte."

Jörg Ahmann, Olympia-Bronzegewinner 2000 und derzeit leitender Bundestrainer Nachwuchs des DVV

Im Jahr 2012 gewann das Team Brink/Reckermann die Goldmedaille und konnte den ersten Beach-Volleyball-Olympiasieg Deutschlands feiern. Vier Jahre später zogen Ludwig/Walkenhorst bei den Damen nach und holten im Finale in Rio gegen die Brasilianerinnen Agatha/Barbara ebenfalls Gold.

Aus erster Hand ... „Bei Olympia spielen die wenigsten Teams ihr bestes Beach-Volleyball. Es geht darum, mit den besonderen Umständen besser zurechtzukommen als die Konkurrenz. Wenn man dies vergegenwärtigt, nimmt es etwas Druck vom eigenen Leistungsanspruch. In unserem Team hatten Julius und ich sehr unterschiedliche Motive bzw. Ziele: Julius wollte diese Medaille holen – das war sein Antrieb. Ich wollte immer ‚das beste Beach-Volleyball, was in dem jeweiligen Moment möglich ist', spielen. Sehr unterschiedliche Herangehensweisen, für uns selbst die richtigen, wären sie für den jeweils anderen sicherlich leistungsmindernd gewesen."

Jonas Reckermann, Olympiasieger 2012 im Beach-Volleyball

12.2 SNOW-VOLLEYBALL

Entwicklung

Die jüngste Form des Volleyballs ist Snow-Volleyball. Schriftlich belegte Anfänge dazu gab es laut „Bild-Zeitung" bereits im Jahr 2001 in den Alpen. Ende Januar wurde am Fuße des Hausberges in Garmisch ein Gästeturnier organisiert, bei dem die Beachlegenden Jörg Ahmann und Axel Hager dick vermummt und eingepackt in Ski-Hose, Pullover und Pudelmütze den Pokal mit nach Hamburg nehmen konnten.

Dennoch wird Österreich als die europäische Geburtsstätte des Snow-Volleyballs angesehen. Der Salzburger Eventmanager Martin Kaswurm, der vor seinem Restaurant in Österreich ein Schneespielfeld errichtet hatte, begann im Jahr 2008, den Sport in Wagrain, einem Skigebiet, zu professionalisieren. Ein Jahr später fanden bereits die ersten Snow-Volleyballturniere am selben Ort statt. 2011 wurde die neue Sportart vom Österreichischen Volleyballverband als offizielle Sportart anerkannt.

2012 wurde die erste Snow-Volleyball-Tour, mit Stopps in St. Anton, Wagrain und am Spitzingsee (Deutschland), gespielt. Snow-Volleyball wurde als neue Trendsportart schnell populärer. 2015 wurde bereits eine Tour mit sechs Stopps in fünf Ländern (Schweiz, Tschechische Republik, Deutschland, Österreich und Italien) ausgerichtet. Nachdem die CEV 2015 die Sportart anerkannt hatte, wurde im Folgejahr die erste europäische Snow-Volleyball-Tour ausgerichtet. 2016 schloss sich auch der DVV mit der Anerkennung der Sportart an. Ab 2017 wurde Snow-Volleyball auch außereuropäisch populärer. In Dizin im Iran wurde in diesem Jahr das erste außereuropäische Snow-Volleyball-Turnier ausgetragen.

2018 fand erstmals die Deutsche Snow-Volleyball-Meisterschaft statt und auch andere Länder führten erste nationale Meisterschaften in der noch jungen Sportart durch. Auch bei den internationalen Turnieren gab es 2018 eine Neuheit, denn es wurde erstmalig eine Europameisterschaft ausgerichtet. In den Folgejahren wurde jährlich eine Deutsche Meisterschaft gespielt, die ihren Austragungsort jährlich gewechselt hat.

Seit 2019 versucht auch die FIVB Snow-Volleyball populärer zu machen. In diesem Jahr wurde zum ersten Mal eine Snow-Volleyball World Tour mit drei Stopps in Österreich, Italien und Argentinien gespielt.

Zu dem jetzigen Zeitpunkt ist Snow-Volleyball allerdings noch kein echter Amateur-/Freizeitsport, denn es gibt verhältnismäßig wenige Amateurturniere und generell nur sehr wenige Möglichkeiten, den Sport in der Freizeit als Hobby auszuüben.

Aus erster Hand ... „Snow-Volleyball ist bei Kaiserwetter die Alternative zum Skifahren. Die Menschen genießen die Events bei Sonnenschein und klarer Sicht wie Beach-Volleyball im Sommer. Bei schlechtem Bergwetter ist Snow-Volleyball leider genauso wenig attraktiv wie Skifahren oder auch Beach-Volleyball im Regen."

Niclas Hildebrand, Sportdirektor Beach- und Snow-Volleyball des DVV

Regelunterschiede zum Beach- und Hallenvolleyball

Die Regeln des Snow-Volleyballs sind denen des Beach-Volleyballs sehr ähnlich. Der Hauptunterschied bei gleicher Feldgröße und Netzhöhe ist der Untergrund, auf dem gespielt wird: Schnee. Somit greifen die Athleten auf Stollenschuhe und zum Teil Handschuhe zurück. Und auch die Anzahl der Spieler ist seit 2019 nicht mehr dieselbe. Bis 2018 wurden beim Snow-Volleyball wie auf Sand „zwei gegen zwei", seit 2019 wird nun „drei gegen drei" mit einem vierten Auswechselspieler gespielt.

Aus erster Hand ... „Es war echt lustig, nach langer Zeit mal wieder mit drei Leuten auf dem Feld zu stehen – das letzte Mal gab es das in der E-Jugend. So konnten wir ganz neue Taktiken ausprobieren."

Lena Overländer, Hallen- und Beach-Volleyballerin sowie dreifache Deutsche Meisterin im Snow-Volleyball

Beim Snow-Volleyball werden zwei Gewinnsätze bis 15 Punkte (zwei Punkte Vorspung) gespielt. Es gibt keine feste Aufstellung und somit auch keine Aufstellungsfehler. Vor Beginn des Spiels wird lediglich eine Aufschlagreihenfolge festgelegt, die im ganzen Satz eingehalten werden muss. Der vierte Spieler darf einmal pro Satz ein- und gegen denselben Spieler wieder ausgewechselt werden. Die Teams tauschen nach jeweils fünf gespielten Punkten die Feldhälften.

Schon gewusst? Bei Turnieren muss der Schnee mindestens 30 cm dick sein.

Es sind, wie bei allen Varianten des Volleyballs, maximal drei Kontakte erlaubt. Beim Snow-Volleyball zählt der Blockkontakt jedoch wie in der Halle nicht als Berührung, das heißt nach der Blockberührung dürfen innerhalb der Mannschaft drei weitere Ballberührungen erfolgen. In den weiteren technischen Komponenten gleicht Snow-Volleyball vom Regelwerk her dem Beach-Volleyballspiel, das heißt es muss in einer außerordentlich sauberen Technik zugespielt werden und es sind keine Doppelberührungen erlaubt.

Wettkämpfe und deutsche Erfolge

Deutsche Meisterschaft

Im Jahr 2018 wurde in Winterberg (Sauerland) die erste deutsche Snow-Volleyball-Meisterschaft (damals noch zwei gegen zwei) gespielt. Im Folgejahr wurde die Meisterschaft in Willingen (Sauerland) und 2020 in Oberstaufen (Oberallgäu) ausgetragen. Die Meisterschaften erstreckten sich jeweils über zwei Tage mit acht Teams pro Geschlecht. Am ersten Tag wurden Gruppenspiele durchgeführt und am zweiten Tag wurden die Spiele vom Viertelfinale bis zum Finale ausgetragen. Das Siegerteam sicherte sich 2018 und 2020 als deutscher Meister einen Platz bei den Snow-Volleyball-Europameisterschaften. 2021 wurde die Meisterschaft aufgrund der Corona-Pandemie abgesagt.

Rekordverdächtig! Lena Overländer holte als einzige Spielerin bei jeder der deutschen Snow-Volleyball-Meisterschaften den Titel und ist somit dreifache deutsche Snow-Volleyball-Meisterin.

CEV Snow-Volleyball European Tour

Die Snow-Volleyball World Tour wurde erstmalig im Jahr 2016 von der CEV ausgerichtet. Im ersten Jahr wurde die Tour mit drei Turnieren in Österreich, Tschechien und in Italien durchgeführt. Bereits im Folgejahr wuchs sie auf sechs Turniere in sechs Ländern an. Zu den Standorten des Vorjahres kamen noch Lichtenstein, die Schweiz und Slowenien hinzu. Seitdem werden jährlich internationale Turniere veranstaltet.

Europameisterschaft

Die Europameisterschaft im Snow-Volleyball findet alle zwei Jahre an wechselnden Orten statt. Erstmalig fand diese 2018 im Urspungsort des Snow-Volleyballs in Waigran (Österreich) statt. Es durften insgesamt 24 Damen- und Herrenteams teilnehmen, die sich großteils über nationale Meisterschaften qualifizierten. Als Vertretung für Deutschland waren als amtierende deutsche Meister die Teams Becker/Schröder (Herren) und Fröhlich/Overländer (Damen) dabei. Den Herren gelang auf Anhieb ein Erfolg, denn sie konnten das Turnier mit der Silbermedaille beenden. Insgesamt wurden beim Turnier 20.000 Euro Preisgeld ausgeschüttet, wobei sich der Sieger über 3.000 Euro freuen durfte.

Aus erster Hand ... „Bei der Snow-Volleyball-EM in Wagrain haben wir oben neben der Bergstation gespielt. In einem Spiel hat es so viel geschneit, was die Sicht im Spiel krass beeinflusst hat. Man konnte den gegnerischen Aufschlagspieler kaum sehen."

Lena Overländer, dreifache Deutsche Meisterin im Snow-Volleyball

Die zweite Snow-Volleyball-Europameisterschaft sollte 2020 im österreichischen St. Anton am Arlberg stattfinden. Diese wurde aber aufgrund der Corona-Pandemie abgesagt.

Ziel: Olympische Winterspiele

Die noch junge Sportart Snow-Volleyball hat große Ziele. 2017 kündigte die FIVB ihre Pläne an, Snow-Volleyball zum Teil des zukünftigen olympischen Winterspielprogramms zu machen, um die Winterolympiade mit einer weiteren Spielsportart zu bereichern. Durch die offensichtlichen Unterschiede zu den anderen olympischen Volleyballdisziplinen, sieht der FIVB gute Voraussetzungen für die Trendsportart. Da es bereits nationale Meisterschaften, eine Europameisterschaft und eine World Tour gibt, sind die Grundsteine, um die junge Sportart voranzutreiben, gelegt.

Im Jahr 2018 wurde Snow-Volleyball im Rahmen der olympischen Winterspiele in Südkorea am österreichischen Haus mit ehemaligen Beach-Volleyball-Olympioniken vorgestellt und es galt als eines der Top-Events während der Spiele. Olympiasieger wie Gilberto „Giba" Amaury de Godoy Filho, Vladimir Grbic oder Emanuel Rego baggerten und smashten im Schnee. NBC übertrug live und mehr als 30 TV-Teams sowie 50 Fotografen kämpften um Interviews mit den Volleyball-Legenden. Das große Ziel sind die Winterspiele 2026. Wenn die FIVB dieses Ziel erreichen sollte, wäre Volleyball die erste Sportart, die sowohl bei den Olympischen Sommer-, als auch bei den Winterspielen vertreten wäre.

12.3 SITZVOLLEYBALL

Entwicklung

Sitzvolleyball ist eine Abwandlung des Volleyballs im Behindertensport. Entstanden ist diese Form des Volleyballs 1950 in den Niederlanden. Der Gedanke dahinter war es, den Kriegsversehrten aus dem Ersten und Zweiten Weltkrieg sportliche Betätigung zu ermöglichen. Sitzvolleyball stammt ursprünglich vom Sitzball ab. Sitzball wird auch von zwei Teams gespielt, die durch ein Netz getrennt sind und als Team maximal drei Ballberührungen haben. Allerdings gibt es keine technischen Regeln, wie der Ball gespielt werden muss und der Ball darf vor jeder Ballberührung einmal den Boden berühren. Diese Sonderregelungen machen den Sport sehr langsam und dadurch sehr einfach. Daher wurde 1950 Sitzball mit Volleyball gekoppelt und Sitzvolleyball erfunden.

1979 wurde in den Niederlanden das erste offizielle Sitzvolleyball-Turnier gespielt und im Folgejahr war der Sport erstmals Teil der auch in den Niederlanden stattfindenden Paralympischen Spiele, allerdings vorerst nur für die Herren. 1982 wurde die erste Deutsche Sitzvolleyball-Meisterschaft ausgespielt Bei den Paralympischen Spielen 2004 in Athen durften endlich auch die Frauen das erste Mal teilnehmen.

Seit 2012 ist der Sport auch teilweise für Menschen ohne Behinderung geöffnet. So dürfen sich zum Beispiel bei den Deutschen Meisterschaften zwei Spieler pro Team ohne Behinderung auf dem Spielfeld befinden.

Regelunterschiede zum Volleyball

Auch wenn sich Sitzvolleyball und Volleyball vom Regelwerk sehr ähnlich sind, so gibt es doch einige Unterschiede, um sich an die anderen äußeren Umstände anzupassen. Der offensichtlichste Unterschied ist bereits im Namen erkennbar: Sitzvolleyball wird im Sitzen und ohne Springen gespielt. Am Netz darf kein Spieler das Gesäß vom Boden heben, egal, ob er am Ball ist oder nicht. Dieses sogenannte „Liften" ist im Vorderfeld beim Ballkontakt generell verboten, im Hinterfeld bei Rettungssituationen, wenn der Ball unterhalb der Netzkante gespielt wird, jedoch erlaubt.

Allerdings ist der Name der dynamischen Sportart, die noch deutlich schneller als Volleyball ist, eher unpassend. „Rutschvolleyball" würde es deutlich besser treffen, da sich die Spieler mittels unterschiedlicher Rutschtechniken auf dem Spielfeld bewegen.

Aufgrund der geringeren Reichhöhe und -weite im Sitzen ist das Spielfeld auf 6 m Breite und 10 m Länge (pro Seite 5 m) verkleinert. Das Netz ist bei den Frauen lediglich 1,05 m und bei den Herren 1,15 m hoch. Statt einer Dreimeterlinie gibt es eine Zweimeterlinie.

Der Aufschlag darf vom Gegner direkt geblockt werden, damit die Aufschläge nicht so scharf über das Netz gespielt werden können. Des Weiteren ist es beim Aufschlag erlaubt, mit den Händen und Füßen das Feld zu berühren, lediglich das Gesäß muss sich zum Zeitpunkt des Aufschlags hinter der Linie befinden. Auch beim Angriffsschlag ist es erlaubt, die Füße im gegnerischen Feld zu haben, solange der Gegenspieler nicht eingeschränkt wird.

Dadurch, dass Springen nicht zulässig ist und das Netz flacher hängt, kann es am Netz, oberhalb der Netzkante zwischen Angreifer und Blockspieler, zu gehaltenen Bällen kommen. In diesen Situationen wird der Ballwechsel wiederholt. Generell versuchen die Angreifer im Sitzvolleyball häufig mit „Anschlagen des Blocks" zum Punkterfolg zu kommen, da der Block aufgrund des fehlenden Sprunges kein „Timingproblem" hat und somit stets ein großes Hindernis darstellt.

Aus erster Hand ... „Bei unserem Bronze-Coup 2012 in London stand es vor 7.500 Zuschauern 14:14 im Tiebreak gegen das Profi-Team aus Russland. Bei den folgenden beiden Angriffen der Russen zog unser Block zweimal hintereinander die Arme weg – und das gegen den besten Angriffsspieler des Turniers. Das war ein echtes Pokern, aber es hat sich ausgezahlt – er war auf ‚Block-Anschlagen' aus und unser Traum ging in Erfüllung. Wenn ich heute daran zurückdenke, bekomme ich immer noch eine Gänsehaut."

Torben Schiewe, Bronzemedaillen-Gewinner bei den Paralympics 2012

Klassifizierung

Im Sitzvolleyball gibt es eine Klassifizierung über die Schwere der Behinderung und damit zusammenhängende Regeln, wie eine Mannschaft aufgestellt sein darf. Der Grad der Behinderung wird in MD „minimal disabled" (MD) und „disabled" (D) unterschieden. Dieser ist zum Beispiel beeinflussbar durch den Verlust von Muskelkraft, Beweglichkeit, Amputationen, Längendifferenzen, etc. Durch die Verrechnung der Einschränkungen in einem Punktesystem wird die Einstufung vorgenommen.

Bei internationalen Wettkämpfen, wie zum Beispiel auch bei den Paralympischen Spielen, darf eine Person auf dem Feld als MD eingestuft sein, die anderen fünf müssen als D klassifiziert sein. National wird Sitzvolleyball integrativ gespielt, das heißt, dass es bei solchen Turnieren keine Vorgaben gibt, wie der Kader auf dem Feld zusammengesetzt sein muss. Bei der Deutschen Meisterschaft müssen allerdings vier der sechs Spieler auf dem Spielfeld eine Einschränkung von mindestens 20 Prozent vorweisen, bei den anderen beiden Spielern gibt es keine Vorgaben.

Wettkämpfe und erfolgreichste Nationen

Im Sitzvolleyball gibt es einige sehr erfolgreiche Nationen. Bei den Herrenteams fällt auf, dass Nationen mit einer höheren Anzahl von Menschen mit körperlicher Beeinträchtigung in der Weltrangliste weit vorne liegen. Der Grund dafür könnte sein, dass in diesen Ländern ein größerer Fokus auf die Förderung des Behindertensports gelegt wird.

Sichtbar ist dies zum Beispiel in Bosnien und Herzegowina. Hier gab es durch den Jugoslawienkrieg eine sehr hohe Zahl an Kriegsverletzten, wodurch die Popularität und somit auch der Erfolg des Sitzvolleyballs anstieg. Ein weiteres Beispiel ist der Iran. Im Iran ist die Zahl an Kinderlähmungserkrankungen immer noch sehr hoch, wodurch bereits viele junge Menschen an den Rollstuhl gefesselt sind.

Bei den Damenteams führen die USA und China die Weltrangliste an. Beide Länder sind auch im Hallenvolleyball starke Nationen.

Deutsche Meisterschaft

Die Deutsche Meisterschaft im Sitzvolleyball findet jährlich an einem Wochenende statt. Es ist erlaubt, in Mixed-Teams anzutreten, es wird aber immer auf Herrenhöhe gespielt. Deutschlands führender Sitzvolleyballverein ist der TSV Bayer 04 Leverkusen mit 25 errungenen Meisterschaften. Bielefeld kommt auf vier und Leipzig immerhin auf drei Meistertitel.

Euro-Cup (der Landesmeister)

Im Europapokal der Landesmeister holt seit vielen Jahren nur noch eine Nation den Cup. Nachdem Leverkusen 1997 und 1998 den Titel erringen konnte, gewannen ab dem Jahr 2000 mit SDI SPID und OKI Fantomi nur noch Teams aus Bosnien und Herzegowina den Titel.

Europameisterschaft

Die Europameisterschaft, bei der die Nationalteams der Länder gegeneinander antreten, findet alle zwei Jahre immer in den ungeraden Jahren statt. Hierbei darf eine Person mit MD teilnehmen, die anderen fünf Personen müssen als D klassifiziert sein. Es wird in Geschlechter unterschieden und Mixed-Teams dürfen nicht teilnehmen. Von 1999 bis 2015 triumphierte Bosnien und Herzegowina neunmal in Folge. Bei den Europameisterschaften 2017 und 2019 setzte sich das Profi-Nationalteam aus Russland durch.

Weltmeisterschaften

Die Sitzvolleyball-Weltmeisterschaften finden alle vier Jahre immer zwei Jahre nach dem paralympischen Jahr statt. Bei der Weltmeisterschaft, bei denen die gleichen Klassifizierungsregeln wie bei der Europameisterschaft gelten, machen seit 1990 Bosnien und Herzegowina sowie der Iran den Titel unter sich aus.

Rekordverdächtig! Der Iran hat mit dem 2,46 m großen Morteza Mehrzad den größten (Sitz-)Volleyballer der Welt in seinem Team. Mit seiner sitzenden doppelhändigen Blockhöhe von 1,96 m und einem sitzenden Greifradius von 2,30 m ist er ein wichtiger Bestandteil des iranischen Sitzvolleyball-Nationalteams. Seitdem er Teil der Mannschaft ist, gilt der Iran als „unbezwingbar".

Paralympische Spiele

Die Paralympischen Spiele finden alle vier Jahre im Jahr der Olympischen Spiele statt. Es gelten die Klassifizierungsregeln der internationalen Turniere. Auch bei den Paralympics haben seit 1988 der Iran sowie Bosnien und Herzegowina den Titelkampf unter sich ausgemacht. Sechsmal konnte der Iran gewinnen, Bosnien und Herzegowina darf sich zweimal Paralympic-Sieger nennen. Der deutschen Nationalmannschaft gelang 2012 ein sensationeller Coup, als man das Profi-Team aus Russland im Spiel um Bronze im fünften Satz mit 16:14 bezwingen konnte.

12.4 STANDVOLLEYBALL

Entwicklung und deutsche Erfolge

Auch beim Standvolleyball ist der Begriff irreführend, denn es wird zwar „im Stehen" gespielt, aber die Spieler müssen beim Standvolleyball genauso agieren, laufen und springen wie beim Volleyball. Es gelten auch die gleichen Spielregeln.

Standvolleyball wurde als eigene Form im Behindertensport seit 1950 gespielt. Seit 1965 gab es Deutsche Meisterschaften und 1973 wurden die ersten Welt- und Europameisterschaften gespielt. 1976 durften die Standvolleyballer das erste Mal an den Paralympischen Spielen teilnehmen, jedoch wurde Standvolleyball nach den Paralympics 2000 aus dem Programm gestrichen, womit die Sportart immer mehr an aktiven Spielern verlor. 2011 wurde die letzte Standvolleyball-Weltmeisterschaft gespielt.

Deutschlands Standvolleyball-Herren waren das mit Abstand erfolgreichste Standvolleyball-Team der Welt. Dabei ist der Erfolg eng mit dem Namen Athanasios Papageorgiou, ihrem langjährigen Trainer, verknüpft. Bis zum Jahr 2000 konnte man viermal in Folge Paralympisches Gold gewinnen. Seit 1985 holten die deutschen Standvolleyballer viermal den Weltmeistertitel, wurden fünfmal Europameisterl und gewannen dreimal den Welt-Cup.

Aus erster Hand ... „Aus meiner mehr als 30-jährigen Erfahrung sind/waren unsere/meine Spieler in erster Linie VOLLEYBALLER, dann kommt lange nichts und zuletzt Spieler mit einer Behinderung."

Athanasios Papageorgiou, langjähriger Trainer der Standvolleyball-Nationalmannschaft

Seit einigen Jahren gibt es Bestrebungen, Beach-Standvolleyball in der Form „drei gegen drei" zu spielen. Seit 2011 werden internationale (Test-) Turniere im Beach-Volleyball ausgetragen. Der Durchbruch gelang bislang jedoch noch nicht. Das Ziel der Para-Beach-Volleyballer ist es, den Sport 2028 bei den Paralympischen Spielen in Los Angeles zu etablieren.

Klassifizierung

Beim Standvolleyball werden die Athleten in drei Kategorien unterschieden. Bei nationalen Wettkämpfen erhalten die Spieler Punkte von 0-8 und bei internationalen Wettkämpfen Punkte von 1-8. Durch diese Punkte lassen sich die Spieler in drei Kategorien unterteilen. Kategorie A sind Spieler mit Punkten von 1-2, die eine leichte Behinderung aufweisen, wie zum Beispiel eine Amputation des Sprunggelenks. Zur Kategorie B gehören Spieler mit 3-5 Punkten, das heißt einer mittelschweren Behinderung, wie zum Beispiel einer Unterschenkelamputation. In die letzte Kategorie C mit 6-8 Punkten werden Spieler mit einer schweren Behinderung, wie zum Beispiel einer Oberschenkelamputation eingeordnet. Bei Wettkämpfen darf maximal ein Spieler der Kategorie A und es muss mindestens ein Spieler der Kategorie C auf dem Spielfeld sein.

Aus erster Hand ... „Ich glaube, alle Spieler in unserer Mannschaft hatten ein persönliches Schicksal, mit dem man sich auch hätte zurückziehen können. Aber gerade die Umkehrung, sich im Sport mit der Behinderung, seiner persönlichen Schwäche, zu zeigen und diesen Umstand für sich als ‚normal' zu definieren, hat zum Beispiel bei mir viel zur Persönlichkeitsentwicklung und psychischer Gesundheit beigetragen."

Timo Hager, Paralympics-Sieger und Weltmeister mit der Standvolleyballnationalmannschaft

★ 13 ★

VOLLEYBALL-ABC

Aus erster Hand ... „Volleyball ist wie das Leben. Erst der Fokus auf die Details macht aus einem Bild ein Kunstwerk."

Michael Warm, Ex-Trainer u. a. beim SCC Berlin und beim VfB Friedrichshafen

A

Abklatschen: Dient zur Motivation innerhalb des Teams.

Abwehr: Erster Ballkontakt der verteidigenden Mannschaft nach einem Angriff des Gegners.

Abwehrbagger: Die Spieltechnik des Baggers, angewendet in der Spielsituation der Abwehr in tiefer Körperposition, wobei dem Ball in der Regel durch Zurückziehen der Arme/Schultern oder Fallen des Körpers die Energie genommen wird.

Abwehrformation: Systematische Positionierung der Abwehrspieler untereinander.

Abwehrspieler: Bezeichnung für die nicht blockenden Spieler, die die Angriffe des Gegners im Spielfeld verteidigen.

Aktiver Block: Blockart, bei der die Blockspieler oberhalb der Netzkante weit ins gegnerische Spielfeld hineingreifen, um den Angriffskorridor des Angreifers einzuschränken. Dabei dürfen die Blockspieler erst nach dem Kontakt des Angreifers den Ball berühren.

Anfeuerungssprüche: Dienen zur Motivation innerhalb des Teams und können zudem den Gegner beeinflussen.

Angreifer: Spieler, der einen Angriff ausführt.

Angriff: Alle Bälle, die aus dem Spiel heraus in Richtung des Gegners über das Netz gespielt werden. Im höheren Bereich werden diese meistens als Schmetterschläge ausgeführt.

Angriffsfinte: Andere Bezeichnung für → ***Tipp-Ball***.

Angriffsaufbau: Bezeichnet das dreimalige Spielen des Balls mit dem Ziel, seine Angreifer in eine günstige Angriffssituation zu bringen.

Angriffskombination: Gruppentaktik im Angriff, bei der sich zwei Angreifer nahezu gleichzeitig für einen Angriff vorbereiten und die Blockspieler dadurch lange Zeit nicht wissen, wem der Ball vom Zuspieler zugespielt wird. Somit sind sie nicht oder meist zu spät am Blockort. Die wichtigste Angriffskombination im Spitzenbereich ist der Pipe-Angriff.

Angriffslinie: Linie, die parallel zur Mittel- und Grundlinie verläuft und drei Meter von der Mittellinie bzw. dem Netz entfernt ist. Sie trennt die Vorder- von der Hinterzone.

Angriffsraum: Andere Bezeichnung für → ***Vorderzone***.

Angriffsschlag: Die wichtigste Handlung beim Angriff. Dabei wird der Ball meist nach einem Stemmschritt im Sprung mit einer Hand am höchsten Punkt vor dem Körper über das Netz zum Gegner geschlagen. Während die Vorderspieler von überall im eigenen Spielfeld angreifen dürfen, darf der Hinterspieler einen Angriff oberhalb der Netzkante nur ausführen, wenn er hinter der Angriffslinie abspringt.

Angriffssicherung: Mannschaftstaktik, die beim eigenen Angriff angewendet wird. Bei diesem sollten sich alle Spieler in tiefer Körperposition mit ausgestreckten Armen um ihren Angreifer spielbereit positionieren, um den möglicherweise geblockten Ball des Gegners wieder hochzuspielen. Der Angreifer übernimmt dabei selbt die Eigensicherung.

Angriffstempo-/wellen: Unterschiedliche Geschwindigkeiten der Zuspielpässe.

Annahme: Der erste Ballkontakt (in der Regel im Baggern oder Pritschen) nach einem Aufschlag der gegnerischen Mannschaft.

Annahme-Außenspieler: Spielposition im Volleyball. Muss annehmen und über Außen (meist Position IV) sowie aus dem Hinterfeld über die Position VI angreifen.

Anschreiber: Andere Bezeichnung für → ***Schreiber***.

Antennen: Dienen zur Kennzeichnung der seitlichen Begrenzung des Netzes, sind senkrecht am Netz über den Seitenlinien befestigt und ragen 80 Zentimeter über das Netz hinaus. Die Antennen begrenzen zusammen mit dem Netz und der Decke den Überquerungssektor, durch den der Ball zum Gegner gespielt werden muss.

Antennenberührung: Der Kontakt des Balls mit der Antenne über die vollständigen 1,80 Meter wird stets als Fehler abgepfiffen. Der Spieler hingegen darf die Antenne nur in den oberen 80 Zentimetern nicht berühren.

Armsleeve: Armbandage, durch welche die Durchblutung angeregt wird, um die Muskulatur leistungsfähiger zu machen. Zudem schützt sie vor Abschürfungen am Hallenboden. Annahmespieler nutzen sie zudem als Schutz vor Schweiß, der sonst von den Armen über den Ball auf die Hände (des Zuspielers) übertragen wird.

Ass: Direkter Punkt bei einem Aufschlag, ohne dass der Gegner den Ball berührt hat bzw. mit lediglich einem Ballkontakt des Gegners.

Assistant-Coach: Andere Bezeichnung für → ***Co-Trainer***.

Attack: Andere Bezeichnung für → ***Angriffsschlag***.

Aufschlag: Erste Handlung zur Eröffnung eines Spielzugs, welche innerhalb von acht Sekunden nach dem Anpfiff ausgeführt werden muss. Dazu muss der Ball angeworfen und einhändig über das Netz geschlagen werden. Während des Schlages muss der Aufschlagspieler hinter der Grundlinie stehen oder abgesprungen sein. Eine Netzberührung des Balls ist dabei erlaubt. Wird ***fälschlicherweise*** auch als Angabe oder Aufgabe bezeichnet, was jedoch nicht mehr zeitgemäß ist.

Aufschlagspieler: Spieler, der beim aufschlagenden Team auf der Position I steht und den Aufschlag ausführt. Er ist von der Rotationsfolge ausgenommen, kann keinen Positionsfehler mit der Position V oder VI begehen und darf somit überall hinter der Grundlinie stehen, d. h. auch links von Position V oder VI.

Aufschlagwinner: Andere Bezeichnung für → ***Ass***.

Aufschlagzone: 9 Meter breiter Bereich hinter der Grundlinie, aus welchem der Aufschlagspieler heraus den Aufschlag ausführen muss.

Aufschlag-Annahme(-Training/-zeit): Die Mannschaften haben vor dem Spiel bis einschließlich zur 2. Bundesliga getrennt 15 Minuten Zeit, um sich auf der gesamten Spielfeldfläche einzuspielen. Diese Zeit nutzen viele Teams für das Training der beiden Elemente Aufschlag und Annahme.

Aufsteiger: Angriffsvariante des ersten Tempos, bei welcher der Schnellangreifer nahe beim Zuspieler zum Angriff abspringt, kurz bevor der Zuspieler den Ball berührt bzw. abspielt. Der Ball wird noch in der aufsteigenden Phase des Balls abgeschlagen.

Aufstellungsfehler: Andere Bezeichnung für → ***Positionsfehler***.

Aufstellungskarten: Vor jedem Satz wird vom Trainer die Startaufstellung aufgeschrieben. Diese muss dem 2. Schiedsrichter spätestens mit dem Beginn des offiziellen Einspielens (Einschlagen am Netz) übergeben werden und darf nach der Übergabe nicht mehr verändert werden.

Aufwärmfläche: Ca. 3 m x 3 m große Fläche an beiden Ecken der Spielfläche auf der Seite der Mannschaftsbänke außerhalb der Freizone, in der sich die Wechselspieler während des Spiels aufhalten und aufwärmen dürfen.

Auslosung/Wahl: Vor dem Spiel wählen die Mannschaftskapitäne beim 2. Schiedsrichter aus, welche Mannschaft den ersten Aufschlag bzw. die erste Annahme ausführt und auf welcher Seite die Mannschaften jeweils beginnen. In der Bundesliga darf das Heimteam jedoch grundsätzlich die Anfangsseite bestimmen – hier sucht sich der Gewinner lediglich Aufschlag oder Annahme aus. Beim Tiebreak wird die Auslosung erneut durchgeführt.

Auswechselspieler: Andere Bezeichnung für → ***Wechselspieler***.

Außenangreifer/-spieler: Ist meist mit der Spielposition des Annahme-Außenangreifers verknüpft. Der Außenangreifer geht, wenn er in der Vorderreihe steht, während eines Ballwechsels in der Regel auf die Position IV und greift über die linke Spielfeldseite an. Wenn er in der Hinterreihe steht, wechselt er meistens auf die Position VI und greift aus dem Hinterfeld über die Position VI an.

Außenangriff: Der Angriffsort über eine der beiden äußeren Seiten (Position IV und II) des Spielfelds. Meist ist damit in Anlehnung an den Annahme-Außenangreifer der Angriff über die Position IV gemeint.

Außenblockspieler: Der Blockspieler auf den Positionen II und IV.

Außenstart: Ausgangsposition des Außenblockspielers, wenn er sich voll auf seinen direkten Gegenspieler konzentriert und somit außen nahe der Antenne steht.

Auszeit: 30-sekündige Spielunterbrechung, die jedes Team in jedem Satz zweimal, jeweils zwischen den Ballwechseln, beantragen darf. Sie dient dem Coaching des eigenen Teams und der Rhythmusunterbrechung des Gegners. Siehe auch → ***Technische Auszeit***.

B

Baggern: Grundtechnik im Volleyball, welche genutzt wird, wenn das Pritschen des Balls aufgrund der tiefen Ballposition nicht mehr möglich ist oder der Ball eine zu hohe Geschwindigkeit hat, wie zum Beispiel bei der Abwehr eines Angriffs oder bei der Annahme eines Aufschlags. Beim Baggern, auch „unteres Zuspiel" genannt, wird der Ball mit den gestreckten Arminnenseiten, dem sogenannten Spielbrett, gespielt. Das Baggern wird auch im Feldzuspiel eingesetzt, um als Spieler einen technischen Fehler beim Pritschen zu vermeiden oder auch, um als zuspielender Libero im Angriffsraum seinen Angreifern einen regelgerechten Angriff oberhalb der Netzoberkannte zu ermöglichen.

Ball: Alle Spielbälle werden vom Deutschen Volleyball-Verband nach internationalen Vorschriften geprüft. Innerhalb Deutschlands wird meist mit Volleybällen der Marken Mikasa oder Molten gespielt. Der Ball muss einen Umfang von 65 bis 67 Zentimetern besitzen und zwischen 260 und 280 Gramm wiegen.

Ballholer/-roller: Sind beim Drei- oder Fünf-Ball-System für das Holen und Verteilen der Bälle bei einem offiziellen Wettkampf zuständig, sodass der Aufschläger stets einen Ball zur Verfügung hat.

Ballwechsel: Zeitdauer eines einzelnen ausgespielten Punktes, das heißt die Zeitspanne, in welcher der Ball von der Ausführung des Aufschlags bis zum Abpfiff des Spielzugs durch den Schiedsrichter im Spiel ist.

Base: Andere Bezeichnung für → ***Setter Call***.

Bestrafung: Ein unkorrektes, ungebührliches Verhalten, wie zum Beispiel das unberechtigte Kommentieren von Schiedsrichterentscheidungen wird (meist, wenn bereits vorher jemand im Team eine gelbe Karte bekommen hat) mit einer roten Karte geahndet. Diese wird in den Spielberichtsbogen eingetragen und hat einen Spielzugverlust zur Folge. Es gibt sie auch als Teambestrafung bei der zweiten Zeitverzögerung.

Big-Point: Wichtige Punkte, bei denen man entweder unter Druck geraten ist oder eine Chance für einen entscheidenden Punkterfolg hat und die somit den Ausgang und den Spielcharakter prägen. Hiermit werden beispielsweise besonders umkämpfte oder bedeutende Punkte in der Crunchtime sowie Satzbälle oder wesentliche Punkte im Tie-Break bezeichnet.

Big-Point-Situation: Diese beschreibt eine Spielsituation, bei der die Teams einen entscheidenden Big-Point erzielen können.

Blicksprung(-technik): Die bewusste Veränderung der Augenausrichtung, um etwas außerhalb des bisherigen Blickzentrums scharf zu sehen. Der Zuspieler benutzt diese zum Teil bei der Beobachtung der Feldverteidiger.

Block: Grundtechnik im Volleyball, mittels derer die Blockspieler der verteidigenden Mannschaft versuchen, den vom Gegner angegriffenen Ball durch Strecken der Arme über die Netzkante direkt abzuwehren oder ihren Feldverteidigern durch Stellen eines guten Blockschattens die Abwehr zu erleichtern. Dabei darf das Netz nicht berührt werden. Das Regelwerk unterscheidet zwischen ausgeführtem Block (Ball wird vom Block berührt) und einem Blockversuch (Ball wird nicht vom Block berührt). Ein Blockversuch darf von allen Spielern mit Ausnahme des Liberos unternommen werden; einen Block ausführen dürfen hingegen nur die Vorderspieler. Nach einem Block darf der Spieler den Ball ein weiteres Mal berühren und es sind ebenfalls drei weitere Ballkontakte erlaubt. Der Block des Aufschlags ist verboten und wird als Fehler deklariert. Auch darf der gegnerische Zuspieler durch einen Block nicht beim Zuspiel behindert werden.

Block-Out-Ball: Der Ball wird beim Angriff so an die gegnerischen Blockhände geschlagen, dass er danach nicht mehr von der blockenden Mannschaft weitergespielt werden kann, sondern der Ball ins Aus geht.

Blockreihe: Bezeichnung für die jeweiligen drei Blockspieler am Netz.

Blockschatten: Korridor des eigenen Spielfelds, den die Blockspieler mit ihrem Block gegen harte Angriffe verteidigen, um ihren Feldverteidigern die Abwehr zu erleichtern.

Blocksicherung: Prallt der Ball am eigenen Block ab, so versuchen die Abwehrspieler den Ball weiterzuspielen.

Blockspieler: Diejenigen der drei Vorderspieler am Netz, die einen Block gegen den gegnerischen Angriff stellen.

Break(-punkt): Punkterfolg bei eigenem Aufschlag.

Breakchance: Möglichkeit des Punktes bei eigenem Aufschlag.

Briefkasten: Umgangssprachlich für den Abstand, den ein Blockspieler zwischen seinen Armen und der Netzoberkante lässt. In diese Lücke kann ein gegnerischer Angreifer den Angriffsball spielen oder es fallen unabsichtlich Bälle hinein.

C

Call: Die Absprachen bzw. Zurufe der Spieler zur Verständigung untereinander.

Challenge-System: Videobeweis im Spitzenbereich, den jedes Team zweimal pro Satz beantragen darf. Ist die Mannschaft damit erfolgreich, so verliert sie dafür keine ihrer beiden Challenge-Anträge.

Chickenwing: Not-Abwehrtechnik des Balls seitlich am Körper mit angewinkeltem Arm und der Trefffläche des Dreiecks aus Unter- und Oberarm.

Coach: Andere Bezeichnung für → ***Trainer***.

Coachingzone: Der Trainer darf sich während des Spiels innerhalb der Freizone vor seiner Mannschaftsbank bis zum Spielfeld und von der Dreimeterlinie bis zur Aufwärmfläche bewegen.

Commitblock: Blockstrategie, bei welcher der Blockspieler mit seinem gegnerischen Angreifer mitspringt, unabhängig davon, ob dieser den Ball vom Zuspieler zugespielt bekommt oder nicht.

Co-Trainer: Der zweite (und dritte) Trainer unter dem (Chef-)Trainer.

Crunchtime: Entscheidende Endphase eines Satzes ab ca. 18:18 oder 20:20, wenn beide Mannschaften maximal lediglich zwei oder drei Punkte voneinander entfernt sind.

Cut(-shot): Angriffsvariante, bei welcher der Ball als Handgelenksschlag extrem diagonal kurz hinter das Netz gespielt wird. Dieser ist vor allem im Beach-Volleyball populär.

D

Dankeball(-situation): Ein leicht von unten nach oben im Pritschen, Baggern oder mittels Angriff aus dem Stand über das Netz gespielter (Not-)Ball, gegen den das gegnerische Team keinen Block stellt und aus dem ein guter Angriffsaufbau erfolgen kann.

Defense: Andere Bezeichnung für → ***Abwehr***.

Diagonalangriff/-shot: Diagonal von Position IV auf die gegnerische Position V oder umgekehrt von Position II auf die gegnerische Position I angegriffener Ball.

Diagonalangreifer/-spieler: Spielposition im Volleyball. Der Hauptangreifer steht in der Startaufstellung auf der diagonalen Position zum Zuspieler und wird auch als „Powerhitter" bezeichnet. Während eines Ballwechsels geht der Diagonalspieler, wenn er in der Vorderreihe steht, in der Regel auf die Position II und greift über die rechte Spielfeldseite an. Wenn er in der Hinterreihe steht, wechselt er auf die Position I und agiert als Hauptangreifer aus dem Rückraum.

Dig: Pritschähnliche Abwehrtechnik mit offenen Händen.

Disqualifikation: Ein unkorrektes Verhalten in Form einer Tätlichkeit, wie zum Beispiel einem physischen Angriff, wird mit der gelben und roten Karte in jeweils einer Hand geahndet. Diese wird in den Spielberichtsbogen eingetragen und der Betroffene darf in das laufende Spiel nicht mehr eingreifen. Ein Spieler muss dementsprechend ausgewechselt werden und den Wettkampfbereich verlassen.

Doppelberührung: Wird der Ball von einem Spieler zwei oder mehrmals hintereinander berührt, so ist das ein Fehler. Beim Zuspieler wird das meist durch eine Rotation des Balls sicht- oder ein Geräusch hörbar. In der Annahme und Abwehr ist jedoch eine Mehrfachberührung des Balls innerhalb einer Aktion erlaubt.

Doppelblock: Gruppentaktik im Block, bei der zwei Blockspieler gemeinsam den gegnerischen Angreifer blocken, indem sie zu zweit nebeneinander hochspringen und bestenfalls keine Lücke zwischen ihren Armen frei lassen.

Doppelfehler: Der 1. Schiedsrichter kann den Spielzug bei einem Doppelfehler wiederholen lassen: Entweder haben beide Mannschaften gleichzeitig einen Fehler begangen, oder der Schiedsrichter kann nicht erkennen, welcher der beiden Fehler zuerst geschehen ist. Im Ermessen des Schiedsgerichts kann ein Spielzug auch aus anderen Gründen wiederholt werden.

Doppelwechsel: Gleichzeitiger Wechsel des Zuspielers und Diagonalangreifers überkreuz, wenn der Zuspieler nach vorne auf die Position IV wechselt. Hierdurch stehen einem Team wieder drei Vorderangreifer zur Verfügung. Beide Spieler werden meistens aus dem gleichen Grund nach drei Rotationen, wenn die Diagonalangreifer zum Aufschlag rotiert, zurückgewechselt.

Drehschlag: Angriffsvariante, bei der der Angreifer beim Ansprung eine Körperdrehung nach links oder rechts im Winkel von 45-90 Grad vollzieht, um den Ball hart am durch den Anlauf getäuschten Block vorbeizuschlagen.

Dreierblock: Guppentaktik im Block, bei der alle drei Vorderspieler zusammen gegen den gegnerischen Angreifer den Block stellen und somit im besten Fall einen großen Blockschatten bilden. Er kommt in erster Linie bei einem hohen Zuspielpass vor.

Drei-/Fünf-Ball-System: Bei Spielen in höheren Ligen müssen bei einem Spiel drei/fünf Bälle zur Verfügung stehen, wofür meist mindestens drei Ballholer/-roller eingesetzt werden.

Dreimeterlinie: Andere Bezeichnung für → ***Angriffslinie***.

Dreimeterraum: Andere Bezeichnung für → ***Vorderzone***.

Drittes Tempo/dritte Welle: Halbhohe Pässe im Zeitfenster von ca. 0,9-1,2 Sekunden nach außen oder für die Hinterfeldangreifer, bei denen der Angreifer nach dem Zuspiel anläuft (und abspringt).

Driveschlag: Leicht abzuwehrender Angriffsschlag mit aufsteigend-absteigender Flugkurve und einer Vorwärtsrotation des Balls. Beim Abschlag des Balls befindet sich der Angreifer unter/hinter dem Ball.

E

E-Scoring: Spielprotokollierung mittels eines elektronischen Spielberichtsbogens.

Eigensicherung: Der angreifende Spieler sichert seinen eigenen Angriffsball unmittelbar nach seinem Angriff in der Angriffssicherung.

Einbeiner: Angriffsvariante, bei der die Schnellangreiferin den über Kopf gespielten Ball der Zuspielerin mit einem einbeinigen Absprung zwischen Zuspielerin und Antenne ins gegnerische Feld angreift. Kommt nahezu ausschließlich bei den Frauen vor.

Einerblock: Individualtaktik im Block, bei der es lediglich ein Spieler schafft, einen Block gegen den gegnerischen Angreifer zu stellen.

Eingerückter Pass: Angriffsvariante über die Außenpositionen IV oder II sowie auch Hinterfeldposition I, der ca. zwei Meter weiter innerhalb des Felds angegriffen wird.

Einschlagen: Beide Teams haben unmittelbar vor dem Spiel zusammen zehn Minuten zur Verfügung, in welchen sie untereinander abgestimmt Angriffe von der Position IV und den Positionen III und II sowie den Aufschlag üben können.

Einspielen: Die Spieler machen sich vor dem Spiel zu zweit oder zu dritt senkrecht oder parallel zum Netz ballgebunden mit den Volleyballspieltechniken warm.

Entscheidungssatz: Andere Bezeichnung für → ***Tiebreak***.

Erstes Tempo/erste Welle: Schnelle Pässe des Zuspielers für den Schnellangreifer, bei welchen der Angreifer vor dem Zuspiel anläuft und abspringt. Diese werden innerhalb von ca. 0,4-0,6 Sekunden nach Verlassen der Zuspielhände angegriffen. Darunter fallen beispielsweise der Aufsteiger und der Zwei-Meter-Schuss.

F

Feldverteidiger: Andere Bezeichnung für → ***Abwehrspieler***.

Feldabwehr/-verteidigung: Abwehrpositionierung und -handlung der nicht blockenden Spieler gegen einen gegnerischen Angriff.

Feldzuspiel: Der Zuspieler spielt den Ball im oberen Zuspiel mindestens von 4,5 Meter vom Netz entfernt oder von außerhalb des Spielfelds oder generell im Baggern zu. Ein Nicht-Zuspieler spielt den Ball im oberen oder unteren Zuspiel im gesamten Spielfeld oder von außerhalb des Spielfelds zu.

Finte: Andere Bezeichnung für → ***Tipp-Ball***.

Flatteraufschlag: Aufschlagart, bei welcher der Ball „flatternd" (daher auch die Bezeichnung) durch die Luft fliegt. Dies erreicht man dadurch, dass der Ball schnell, mit kurzem Kontakt, mittig und mit einem stabilen Handgelenk, welches nicht abgeklappt wird, abgeschlagen wird. Dadurch erfährt der Ball keine Rotation und schiebt die Luftmassen vor sich her. Diese Ströme fließen nicht gleichmäßig am Ball vorbei und verursachen ein unvorhersehbares Flattern des Balls.

Float(-Aufschlag): Andere Bezeichnung für → ***Flatteraufschlag***.

Fußabwehr: Notabwehrtechnik, bei welcher der Ball bewusst mit dem Fuß gespielt wird. Wird in der Regel lediglich als Rettungsaktion eingesetzt.

G

Gelbe Karte: Siehe → ***Verwarnung***.

Gerader Block: Hauptblocktechnik und -taktik, bei welcher der Blockspieler seine Arme bei einer Blockaktion in Verlängerung seines Körpers gerade nach oben positioniert.

Geschlossener (Doppel-)block: Gruppentaktik, bei der die Blockspieler gemeinsam den gegnerischen Angreifer blocken und dabei mit ihren Armen eine geschlossene Blockfläche bilden.

Grundlinie: 9 Meter vom Netz entfernte und parallel dazu verlaufende Linie, die das hintere Ende einer jeden Feldseite markiert. Diese darf beim Aufschlag nicht übertreten werden.

Grundtechniken: Das Pritschen, Baggern, Schlagen und Blocken eines Balls, was jeweils in unterschiedlichen Spielelementen situationsadäquat angewendet wird.

H

Handgelenkschlag: Angriffstechnik, bei welcher der Angreifer einen starken Abschlussimpuls durch das Abknicken seines Handgelenkes auf den Ball überträgt. Häufig von Schnellangreifern eingesetzt. Der Cut(-shot) im Beach-Volleyball ist der bekannteste Handgelenksschlag.

Handzeichen Blockspieler: Viele Blockspieler zeigen hinter ihrem Rücken mit den Fingern an, wie sie den nächsten Ball tendenziell blockieren werden (Linie oder diagonal bzw. zur Position V oder Position I).

Handzeichen Mittelblocker: Der Mittelblocker zeigt seinen Mitspielern hinter seinem Rücken mit den Fingern an, welche Angriffsvariante er spielen wird. Daraus ergibt sich die entsprechende Angriffskombination. Jeder Angriffsball hat ein eigenes Handzeichen bzw. eine eigene Zahl.

Handzeichen Trainer/Co-Trainer: Viele Trainer oder auch Co-Trainer zeigen ihren Aufschlagspielern bei eigenem Aufschlag an, auf welche Position der Aufschlag gespielt werden soll.

Handzeichen Zuspieler: Der Zuspieler zeigt seinen Angreifern mit verschiedenen Handzeichen bzw. Zahlen die Angriffsbälle oder Kombinationen an, die im nächsten Ballwechsel aus der Annahme herausgespielt werden.

Hauptangreifer: Der Spieler, der vom Zuspieler die meisten Bälle im Angriff erhält, da er am durchsetzungsfähigsten ist. In der Regel ist dies der Diagonalangreifer.

Hauptannahmespieler: Der Spieler, der die meiste Verantwortung in der Annahme übernimmt. In der Regel ist dies der Libero.

Hechtbagger: Die Königsdisziplin der Abwehrtechniken, auch „frontaler Abwehrbagger im Fallen vorwärts" genannt. Er ist eine Hilfstechnik und wird zur Verteidigung sehr kurzer Angriffe oder Angriffsfinten angewendet. Aufgrund des großen Zeitdrucks „fliegt" der Abwehrspieler mit einem Hechtsprung zum Ball und landet im Anschluss geschmeidig auf dem Bauch.

Heranfliegender Block: Hat der Mittelblocker unter Zeitdruck bei schnellen Außenpässen des Gegners keine Zeit, den Doppelblock mit dem Außenblockspieler sauber zu stellen, kann er mit zur Seite wischenden Armen zu ihm fliegen, um den Block noch zu schließen.

Das komplette Volleyball-ABC findet ihr unter folgendem Link:

https://download.m-m-sports.com/extras/volleyball_awmwm/volleyball_abc.pdf

★★★

ANHANG

1 LITERATURVERZEICHNIS

Becker, L. (2020). Aufschlag in die Zukunft. *Volleyball Magazin*, 2020 (8), 48-51.

Brandel, G. (1988). *Volleyball-Weltgeschichte*. München: Copress.

Bundesschiedsrichterausschuss des Deutschen Volleyball-Verbandes (2017). *Internationale Spielregeln Volleyball* (46. völlig neu bearbeitete Auflage). Schorndorf: Hofmann.

Beach-Volleyball-Ausschuss u. Schiedsrichterkommission d. DVV (2013*).* *Offizielle Spielregeln Beach-Volleyball* (6. völlig neu bearbeitete Auflage). Schorndorf: Hofmann.

Czimek, J. & DVV (Hrsg., 2017). *Volleyball – Training & Coaching. Vom Jugend- zum Leistungsvolleyballer. Kombinierte Rahmentrainingskonzeption Volleyball und Beach-Volleyball des Deutschen Volleyball-Verbandes.* Aachen: Meyer & Meyer.

Czimek, J., Corts, B., Filip, M., Timmer, S. (2020). *Volleyball in der Grundschule – Vom Fangen und Werfen zum Volley-Spielen. Unterrichtshilfen für die Klassen 1-4.* Frankfurt: Deutsche Volleyball-Jugend (dvj).

Czimek, J., Corts, B., Filip, M., Timmer, S. (2020). *Volleyball in der weiterführenden Schule – Vom Volley-Spielen zum Volleyball. Unterrichtshilfen für die Klassen 5-10.* Frankfurt: Deutsche Volleyball-Jugend (dvj).

Fédération Internationale de Volleyball (1996). *100 Years of Global Link – Volleyball Centennial 1895-1995.* Milano: Publieditor.

Hömberg, S. & Papageorgiou, A. (1997). *Handbuch für Beachvolleyball. Technik, Taktik, Training* (2. überarb. Neuaufl.) Aachen: Meyer & Meyer.

Kroemer, U. (2010). Polens ganzer Stolz. *Volleyball Magazin*, 2010 (6), 8-13.

Kurth, C. (2020). Der Mila-Boom. *Volleyball Magazin*, 2020 (9), 38-41.

Papageorgiou, A. & Czimek, J. (2020). *Volleyball spielerisch lernen* (5. überarb. Aufl.). Aachen: Meyer & Meyer.

Reichelt, P. (2004). *Volleyball verständlich gemacht.* München: Copress.

Sabarz, J. (2010). Heroen der Neunziger. *Volleyball Magazin*, 2010 (9), 46-52.

Zudem zahlreiche Internetquellen sowie selbst vom Autor geführte Interviews bzw. schriftlich eingeholte Zitate. So stammen alle Zitate in Kästen aus Interviews, die der Autor selbst geführt hat.

2 BILDNACHWEIS

Coverfoto: © dpa - picture alliance

Coverlayout: Katerina Georgieva

Innenlayout: Isabella Frangenberg

Abbildungen und Fotos: S. 30, 32, 48-49, 51-53, 86, 111: Dr. Jimmy Czimek; S. 43-44: © Schleswig-Holsteinischer Volleyballverband; S. 183: privat; S. 184: keine Nennung; S. 185: privat; S. 186: image-me.hamburg 1; S. 187: privat; S. 191: privat; S. 173, 179-181, 184-194: dpa - picture alliance

Korrektorat: Sonja Rose

Satz: zerosoft

Projektleitung: Riccardo Rip